독자의 1초를
아껴주는 정성을
만나보세요!

세상이 아무리 바쁘게 돌아가더라도 책까지 아무렇게나 빨리 만들 수는 없습니다.

인스턴트 식품 같은 책보다 오래 익힌 술이나 장맛이 밴 책을 만들고 싶습니다.

땀 흘리며 일하는 당신을 위해 한 권 한 권 마음을 다해 만들겠습니다.

마지막 페이지에서 만날 새로운 당신을 위해 더 나은 길을 준비하겠습니다.

길벗IT 도서 열람 서비스

도서 일부 또는 전체 콘텐츠를 확인하고 읽어볼 수 있습니다.
길벗만의 차별화된 독자 서비스를 만나보세요.

더북(TheBook) ▶ https://thebook.io

더북은 (주)도서출판 길벗에서 제공하는 IT 도서 열람 서비스입니다.

Efficient Linux at the Command Line

© 2023 Gilbut Publishing Co., Ltd.

Authorized Korean Translation of the English edition of *Efficient Linux at the Command Line* ISBN 9781098113407 © 2022 Daniel Barrett.

This translation is published and sold by permission of O'Reilly Media, Inc., which owns or controls all rights to publish and sell the same.

이 책의 한국어판 저작권은 에이전시 원을 통한 저작권사와의 독점 계약으로 ㈜도서출판 길벗에 있습니다.
저작권법에 의해 한국 내에서 보호를 받는 저작물이므로 무단전재와 복제를 금합니다.

효율적인 리눅스 명령어 사용의 기술
Efficient Linux at the Command Line

초판 발행 • 2023년 11월 30일

지은이 • 대니얼 J. 바렛
옮긴이 • 심효섭
발행인 • 이종원
발행처 • ㈜도서출판 길벗
출판사 등록일 • 1990년 12월 24일
주소 • 서울시 마포구 월드컵로 10길 56(서교동)
대표 전화 • 02)332-0931 | **팩스** • 02)323-0586
홈페이지 • www.gilbut.co.kr | **이메일** • gilbut@gilbut.co.kr

기획 및 책임편집 • 이다인(dilee@gilbut.co.kr) | **디자인** • 박상희 | **제작** • 이준호, 손일순, 이진혁, 김우식
영업마케팅 • 임태호, 전선하, 차명환, 박민영, 지운집, 박성용 | **영업관리** • 김명자 | **독자지원** • 윤정아, 전희수

교정교열 • 전도영 | **전산편집** • 박진희 | **출력·인쇄** • 정민문화사 | **제본** • 경문제책

▶ 잘못 만든 책은 구입한 서점에서 바꿔 드립니다.
▶ 이 책은 저작권법에 따라 보호받는 저작물이므로 무단전재와 무단복제를 금합니다.
   이 책의 전부 또는 일부를 이용하려면 반드시 사전에 저작권자와 ㈜도서출판 길벗의 서면 동의를 받아야 합니다.

ISBN 979-11-407-0745-4 93000
(길벗 도서번호 080342)

정가 33,000원

독자의 1초를 아껴주는 정성 길벗출판사

㈜도서출판 길벗 | IT교육서, IT단행본, 경제경영서, 어학&실용서, 인문교양서, 자녀교육서 www.gilbut.co.kr
길벗스쿨 | 국어학습, 수학학습, 어린이교양, 주니어 어학학습, 학습단행본 www.gilbutschool.co.kr

페이스북 • www.facebook.com/gbitbook
예제소스 • https://github.com/gilbutITbook/080342

Efficient Linux
at the Command Line

효율적인 리눅스 명령어 사용의 기술

대니얼 J. 바렛 지음 | 심효섭 옮김

O'REILLY® 길벗

지은이의 말

이 책을 쓰는 동안 정말 즐거웠으며, 오라일리의 직원 분들께 감사드린다. 특히 편집자 버지니아 윌슨과 존 데빈스, 제작 편집자 케이틀린 기건과 그레고리 하이먼, 콘텐츠 매니저 크리스틴 브라운, 교열을 맡아주신 킴 웜프셋, 인덱스를 담당해주신 수 클렙스태드 등이 많은 도움을 주셨다. 이 책의 테크니컬 리뷰를 맡아주신 분들께도 감사드린다. 폴 베이어, 존 보네시오, 댄 리터, 칼라 슈뢰더는 통찰력이 번뜩이는 조언과 비평을 해주셨다. 제목을 짓는 데 도움을 주신 보스턴 리눅스 사용자 그룹에도 감사드린다. 또한, 내가 이 책을 쓰도록 허락해주신 구글의 매기 존슨에게도 특별한 감사를 드린다.

35년 전 존스 홉킨스 대학 시절부터의 학우인 칩 앤드류스, 매튜 디아즈, 로버트 스트랜드에게도 감사의 마음을 전하고 싶다. 이들이 한창 유닉스에 관심이 많던 나를 놀랍게도 컴퓨터과학과의 시스템 관리자로 추천해줬기에 지금의 내가 있을 수 있었다(로버트는 이 외에도 3장에서 다룬 터치 타이핑과 관련한 팁을 제공해줬다). 리눅스, GNU 이맥스(Emacs), Git, 아스키닥 등 여러 오픈 소스 도구의 개발자 및 개발 참여자 여러분께도 감사드린다. 이분들의 노력이 없었다면 내 경력은 지금과는 매우 다른 모습이 됐을 것이다.

마지막으로, 사랑과 인내를 보여줬던 나의 가족 리사와 소피아에게 감사한다.

옮긴이의 말

이 책은 명령행 인터페이스를 통해 리눅스를 효율적이고 자유자재로 사용하는 방법을 다룬다.

리눅스를 본격적으로 사용하려면 명령행 인터페이스를 피해갈 수 없다. 조금은 투박한 기본 데스크톱 환경을 입맛에 맞게 꾸미기 위한 자잘한 트윅부터 시스템을 깊이 건드리는 설정에 이르기까지, 리눅스를 쓰다 보면 결국은 싫든 좋든 명령행 인터페이스를 익히게 된다. 따라서 리눅스 사용자라면 모두 어느 정도는 이미 명령행 인터페이스에 익숙하다고도 말할 수 있겠다.

하지만 명령행 인터페이스를 통해 여러 개의 정보 출처를 넘나드는 복잡한 작업까지 원하는 대로 처리할 수 있는 이용자는 그리 많지 않다. 역자 또한 이런 부류의 작업은 대개 그래픽 인터페이스로 잠시 후퇴해 스프레드시트나 편집기 같은 별도 애플리케이션의 힘을 빌려왔다. 이러한 일시적 후퇴 없이 명령행 인터페이스에서 이러한 작업을 수행하는 능력을 갖추고 싶다면 여러분은 이 책이 필요하다.

이 책의 구성은 크게 기초편과 응용편 두 개의 부로 나뉜다. 1부인 기초편은 명령행 인터페이스에 익숙하지 않은 독자를 위해 기초적인 셸 사용법과 명령 파이프라인을 구성하는 방법, 파일 시스템 내 이동에서 자주 사용하는 패턴, 셸 환경 설정의 구성 원칙 및 설정 방법 등을 다룬다. 응용편은 명령행 인터페이스에서 사용 빈도가 높은 리눅스 명령을 소개하고 기능에 대한 설명 및 사용 예를 제시한다. 그리고 셸에서 사용할 수 있는 명령과 그 자세한 동작 형태를 설명한다. 마지막으로는 여러 가지 리눅스 명령을 원하는 대로 엮어 하나의 명령으로 우리가 원하는 정보 처리를 수행할 수 있는 한 줄 명령을 작성하는 요령을 설명한다. 처음에는 무슨 뜻인지 이해하기 어렵고 복잡하게만 보이는 명령이 막막하겠지만, 한 부분씩 풀어 설명한 본문을 읽어나가다 보면 자신의 업무에 적용할 만한 실력을 기를 수 있을 것이다.

역자 개인적으로는 셸에서 프로세스를 어떻게 다루는지에 대한 설명이 셸의 동작을 이해하는 데 큰 도움이 됐다. 또 여러 해 동안 아쉽게 생각만 해왔던 awk를 실제로 익혀 사용하는 계기가 됐다. 독자 여러분에게도 이 책이 도움이 되길 바란다.

들어가며

이 책은 여러분의 리눅스 실력을 한 단계 끌어올려 일상적인 작업을 빠르고 간결하면서 효율적으로 할 수 있도록 돕는 것을 목적으로 한다.

여러분도 대부분의 리눅스 사용자와 마찬가지로 실제 업무를 수행하거나, 입문서를 읽거나, 리눅스를 설치한 컴퓨터의 명령행(command line)에서 실습을 하며 리눅스 명령을 다루는 실력을 키워 왔을 것이다. 이 책은 여러분의 명령행 사용 실력을 중급 또는 고급 수준으로 한 단계 끌어올리는 것을 목표로 한다. 이를 위해 여러분의 리눅스 실력과 생산성을 향상시키는 데 필요한 여러 기법과 개념을 소개하는데, 이 과정은 실력 측면에서 리눅스의 기초 단계를 넘어서기 위한 발판과도 같다.

명령행은 가장 간단한 형태의 인터페이스이며 형태가 간단한 만큼 사용하기 어렵다. 프롬프트만 깜박거리는 화면에서 여러분이 이미 알고 있는 명령어를 떠올려야 사용할 수 있기 때문이다.[1]

```
$
```

명령행은 프롬프트 외의 모든 것이 온전히 여러분의 몫이므로 까다롭게 느껴지며, 눈에 익은 아이콘, 버튼, 메뉴의 도움을 받을 수도 없다. 따라서 입력하는 명령 모두가 여러분의 창의력이 발휘된 결과인 셈이다. 디렉터리의 파일 목록을 확인하는 가장 기본적인 명령조차도 그렇다.

```
$ ls
```

간단한 명령을 엮은 복잡한 명령은 말할 것도 없다.

```
$ paste <(echo {1..10}.jpg | sed 's/ /\n/g') \
        <(echo {0..9}.jpg | sed 's/ /\n/g') \
  | sed 's/^/mv /' \
  | bash
```

위의 명령을 보고 '도대체 저게 무슨 뜻이지?' 또는 '나도 저런 명령을 직접 작성할 수 있을까?'라는 생각이 들었다면, 이 책은 바로 여러분을 위한 책이다.[2]

---

[1] 이 책에서는 리눅스 프롬프트를 달러($) 기호로 나타낸다. 단, 여러분이 사용하는 환경의 프롬프트는 이와 다를 수 있다.
[2] 이 명령의 의미는 8장을 읽으면 알 수 있다.

이 책의 내용

이 책의 목표는 독자 여러분이 다음 세 가지 능력을 갖추도록 돕는 것이다.

- 당면한 문제를 해결하기 위한 적절한 명령을 선택하고 조합하는 능력
- 선택한 명령을 효율적으로 실행하는 능력
- 리눅스 파일 시스템 속을 효율적으로 이동하는 능력

이 책을 모두 읽고 나면, 리눅스 명령을 실행했을 때 내부에서 일어나는 일을 더 잘 이해하고 그만큼 (잘못된 믿음을 키우는 대신) 명령의 실행 결과를 잘 예측할 수 있다. 또한, 명령을 실행하는 십여 가지의 방법을 배우고 필요에 따라 가장 적절한 것을 선택해 사용하는 방법을 익힌다. 이 외에도 실용적이고 생산성을 높여주는 다음 팁과 요령을 다룬다.

- 단계적으로 단순한 명령을 조합해 복잡한 작업을 처리할 수 있는 명령을 만드는 방법. 패스워드를 관리하거나 수천 개에 이르는 테스트 파일을 관리하는 실무 문제를 예제로 삼는다.
- 홈 디렉터리를 깔끔하게 구성해 파일을 일일이 찾느라 낭비하던 시간을 절약하는 방법
- 텍스트 파일을 변형하고 이를 마치 데이터베이스와 같이 검색해 비즈니스 목표에 유용한 해답을 찾는 방법
- 클립보드의 내용을 복사 및 붙여넣기, 마우스를 사용하지 않고 웹 데이터를 획득하고 처리하기 등 기존에 포인트 앤 클릭(point-and-click) 방식으로 사용했던 리눅스의 기능을 명령행을 통해 제어하는 방법

이 외에도 모든 리눅스 명령에 적용할 수 있는 일반적인 모범 사례를 소개한다. 이러한 내용을 익혀두면 일상에서 더 효율적으로 리눅스를 사용할 수 있을 것이다. 이 책은 내 스스로가 '리눅스를 처음 배울 때 알았다면 좋았을 텐데'라며 아쉽게 생각했던 내용을 모두 담아냈다.

이 책에서 다루지 않는 내용

이 책은 독자 여러분의 컴퓨터를 효율적으로 최적화하는 방법을 다루지 않는다. 이 책의 목표는 리눅스 명령을 효율적으로 다루는 방법을 알려주는 것이다.

또한, 이 책은 명령행에서 사용하는 리눅스 명령의 완전한 레퍼런스 문서를 지향하지도 않는다. 따라서 이 책에서 다루지 않은 수많은 명령이 있다. 이 책은 리눅스 명령행 명령이라는 전문 주제를 다루며, 신중하게 선택된 명령행과 관련된 지식을 여러분의 기술을 갈고 닦기에 적합한 순서로 제공하도록 구성됐다. 완전한 레퍼런스 유형의 길잡이 문서를 원한다면, 내 이전 책 〈Linux Pocket Guide: Essential Commands〉(O'Reilly, 2016)를 읽어보길 바란다.

이 책의 예상 독자와 배경지식

이 책을 잘 이해하려면 어느 정도의 리눅스 사용 경험이 필요하다. 이 책은 리눅스 입문서가 아니며, 학생 또는 시스템 관리자, 소프트웨어 개발자, 사이트 신뢰성 엔지니어, 테스트 엔지니어, 취미로 리눅스를 사용하는 일반인 등 리눅스 명령행을 더 능숙하게 사용하길 원하는 일반적인 리눅스 사용자를 대상으로 한다. 리눅스 고급 사용자 역시 이 책에서 무언가를 배울 수 있다. 특히 시행착오를 통해 리눅스 명령 사용법을 익혔고 명령에 대한 개념적 이해를 원하는 사용자라면 이 책이 더욱 유용할 것이다.

이 책을 가장 효율적으로 활용하려면 다음과 같은 배경지식이 필요하다(다음 주제에 대해 현재 잘 알지 못한다면, 부록 A를 먼저 읽어 리눅스에 대해 대략적으로 이해할 수 있다).

- vim, emacs, nano 또는 pico 등의 텍스트 편집기를 이용해 텍스트 파일을 편집하는 방법
- cp(파일 복사), mv(파일 이동 또는 이름 변경), rm(파일 삭제), chmod(파일 권한 설정) 등의 명령을 사용한 기본적인 파일 관리 방법
- cat(전체 파일 내용 화면 출력), less(파일 내용을 한 페이지씩 보기) 등의 명령을 사용한 기본적인 파일 내용 확인 방법
- cd(작업 디렉터리 변경), ls(디렉터리 내 파일 목록 확인), mkdir(디렉터리 생성), rmdir(디렉터리 삭제), pwd(현재 작업 디렉터리 확인) 등의 명령을 이용한 기본적인 디렉터리 관리 방법
- 셸 스크립트의 기초. 일련의 리눅스 명령을 파일에 저장하고 (chmod 755 또는 chmod +x 명령을 사용해) 이 파일을 실행 가능하게 만든 다음, 파일을 실행하기

- 리눅스에 내장된 참조 문서인 man 도움말을 활용하기(예: man cat 명령으로 cat 명령의 도움말을 볼 수 있다.)
- sudo 명령을 사용해 사용 중인 리눅스 시스템의 관리자 권한을 획득하는 방법(예를 들어 sudo nano /etc/hosts 명령을 사용하면 일반 사용자 권한으로는 편집할 수 없는 시스템 파일인 /etc/hosts 파일을 편집할 수 있다.)

(* 또는 ? 기호를 이용하는) 파일명에 대한 패턴 매칭, 입/출력 리다이렉션(< 또는 > 기호), 파이프(| 기호) 등과 같은 기본적인 명령행 기능을 이해하고 있다면 더욱 좋다.

셸의 종류

이 책에서는 대부분의 리눅스 배포판에서 널리 사용되는 셸인 bash를 사용한다고 가정한다. 따라서 이 책에서 '셸(shell)'이라고 부르는 것은 bash를 의미한다. 이 책의 내용은 대부분 zsh 또는 dash 등 다른 셸에도 적용할 수 있다. 이 책의 예제를 다른 셸에서 사용 가능한 명령으로 변환하는 방법은 부록 B에서 소개한다. 그러나 예제 대부분은 zsh를 사용하는 애플의 macOS 컴퓨터 터미널에서도 그대로 동작한다. 물론 macOS에서도 bash를 사용할 수 있다.[3]

예제 코드 활용하기

이 책의 예제 코드 및 연습 문제는 길벗출판사 깃허브 https://github.com/gilbutITbook/080342나 https://efficientlinux.com/examples에서 내려받을 수 있다.

이 책은 독자 여러분의 목표를 달성하기 위한 수단이다. 따라서 특별한 언급이 없는 한, 이 책의 예제 코드는 여러분이 작성한 프로그램이나 문서에 자유로이 사용할 수 있다. 코드의 상당 부분을 복제하는 것이 아니라면 특별히 저자에게 허락을 구할 필요는 없다. 예를 들어 예제 코드의 여러 곳을 그대로 사용한 프로그램을 작성하는 것은 괜찮지만, 길벗에서 발행한 책의 예제를 판매하거나 재배포하려면 허락을 구해야 한다. 다른 사람의 질문에 답하기 위해 이 책을 언급하거나 예제

---

[3] macOS에 포함된 bash는 상당히 오래된 버전으로, 중요한 기능이 누락돼 있다. bash를 최신 버전으로 업그레이드하고 싶다면, 대니얼 웨이벨이 쓴 'macOS의 bash 업그레이드하기(Upgrading Bash on macOS)'라는 문서(https://oreil.ly/35jux)를 참고하길 바란다.

코드를 인용하는 행위도 따로 허락을 구하지 않아도 된다. 하지만 여러분의 제품 문서에 이 책 예제 코드의 상당량을 포함시키려면 별도로 허락을 구해야 한다.

이 책을 인용하더라도 꼭 참고 문헌으로 언급할 필요는 없지만, 감사히도 이 책을 언급한다면 제목과 저자, 출판사, ISBN 정보를 포함해주길 바란다.

표지 설명

이 책의 표지 일러스트에 실린 동물은 세이커 매(Falco cherrug)다.

세이커 매는 날래고 강력하며 공격적인 동물로, 수천 년 동안 매사냥꾼들에게 큰 사랑을 받아왔다. 오늘날에는 헝가리, 몽골, 아랍 에미리트 연합을 비롯한 여러 나라의 국조로서 사랑받고 있다.

세이커 매 성체는 45~57cm까지 자라며, 날개 폭은 97~126cm에 이른다. 암컷이 수컷보다 훨씬 덩치가 큰데, 무게를 비교해보면 암컷은 970~1,300g, 수컷은 730~990g 정도다. 암수 모두 색이 짙은 갈색부터 옅은 황갈색까지 다양한데, 드물게는 흰색 깃을 가지며 여기에 갈색 줄무늬가 추가된다.

야생에서 세이커 매는 주로 다른 조류나 설치류를 사냥하며, 먹이를 덮칠 때의 비행 속도는 최대 시속 120~150km에 이른다. 이 새는 초지, 절벽, 갤러리 숲을 아우르는 폭넓은 환경에서 서식하며 다른 새가 버리고 떠난 둥지를 사용한다. 서식지의 최남단에서는 1년에 한 번씩 동유럽 및 중앙아시아와 북아프리카 및 남아시아를 오가는 철새가 되기도 한다.

세이커 매는 야생에서 인간을 제외하면 천적이 없다. 그러나 빠른 개체 수 감소로 인해 다른 오라일리 표지 일러스트의 생물과 마찬가지로 멸종 위기종으로 지정된 상태다.

이 책의 활용법

EFFICIENT LINUX

예제 파일 내려받기

책에서 사용하는 예제 코드는 길벗출판사 웹 사이트에서 도서 이름으로 검색해 내려받거나 다음 깃허브에서도 내려받을 수 있다.

- **길벗출판사 웹 사이트**: http://www.gilbut.co.kr
- **길벗출판사 깃허브**: https://github.com/gilbutITbook/080342

예제 파일 구조

이 책의 예제 파일은 장별로 나뉘어 있으며, 각 장 폴더에는 실습 예제에 활용할 수 있는 리눅스 소스 코드 파일이 들어 있다. 코드 실습 경로를 책의 해당 위치에 명시했으니 참고하길 바란다.

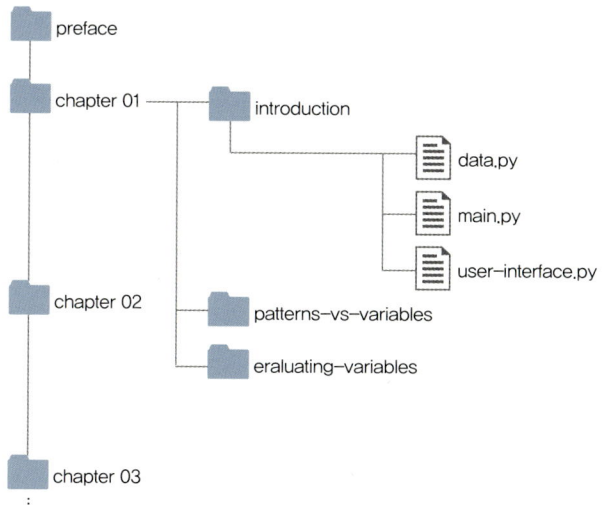

다음 환경에서 테스트를 완료했다.

- **옮긴이**: Linux Ubuntu 20.04 LTS
- **편집자**: Linux Ubuntu 22.04.2 LTS

베타테스터 후기

요즘은 리눅스 서버를 다룰 수 있는 많은 도구가 있습니다. 그럼에도 리눅스 명령어를 알아야 하는 이유는 명확한데, '효율은 키보드에서 나온다'라는 말로 표현할 수 있겠네요. 키보드만으로 보다 빠르고 편안하게 해결할 수 있는 다양한 명령어를 배울 수 있으며, 이 책을 통해 셸에 숨겨져 있던 보물들을 찾을 수 있습니다. 특히 초보자들에게는 신세계를 보여줄 책입니다.

실습 환경 macOS Sonoma 14.0, Warp v0.2023

김동우_프리랜서 백엔드 개발자

제대로 된 리눅스 명령어의 사용 원리와 활용 방법을 짧은 시간에 익힐 수 있게 하는 책입니다. 저자가 그동안 쌓은 노하우를 하나하나 알려주는 식으로 내용이 전개돼 친절하다는 느낌을 받았고, 체계적이고 논리적인 순서로 내용이 구성돼 있어서 중반 이후에 나오는 복잡한 명령어 구조도 쉽게 이해할 수 있었습니다. 명령어를 익히는 과정이 마치 축구의 빌드업(Build-up)을 보는 것처럼 다음 전개 내용을 기대하게 만들면서 흥미진진했습니다. '이다음 내용은 뭘까?'라는 생각을 하며 명령어를 타이핑하다 보니 며칠 만에 책을 완독할 수 있었습니다.

실습 환경 Ubuntu 22.04 LTS

진영학_경상남도교육청 미래교육원 컴퓨터교육 박사

리눅스는 엔지니어 혹은 개발자라면 반드시 알아야 하는 운영체제입니다. 리눅스를 잘 다루기 위해 명령어 숙지는 필수적인 요소입니다. 간단한 것들은 인터넷 검색으로 찾을 수 있지만, 이 책에서는 기본 명령어보다 조금 더 발전된 내용까지 다루고 있습니다. 그래서 리눅스 명령어를 이미 알고 있는 분들도 분명히 얻어가는 게 있을 것입니다. 특히 책의 마지막 부분에 재미있는 꿀팁이 많은데, 앞에서 배운 명령어를 응용해 배송 상태 확인 등을 실습해보는 내용이 정말 재미있고 인상 깊었습니다.

실습 환경 Ubuntu 20.04.3 LTS

이장훈_DevOps 엔지니어

10년간 리눅스 서버 기반의 업무를 진행해온 개발자로서, 효율적인 리눅스 명령어 사용은 업무 경쟁력을 끌어올리는 중요한 포인트라고 생각합니다. 이 책은 단순한 명령어 사용이 아닌 다양한 예제와 설명을 담고 있으며, 명령어 수행과 프로세스 구조 같은 중요한 지식과 노하우를 알려주고 있습니다. 리눅스의 수많은 명령어 중 꼭 필요한 명령어를 적절하게 활용하도록 도와주고 리눅스와 자연스레 친해지게 만드는 이 책을 강력히 추천합니다!

실습 환경 Rocky Linux 8

김요한_클루닉스 클라우드서비스개발팀 팀장

EFFICIENT LINUX

셸 커맨드를 정확히 다룰 수 있게 도와주는 좋은 책입니다. 리눅스를 사용해본 적이 있다면, 셸에서 쌍따옴표(")의 유무로 인해 전혀 다른 결과를 얻은 경험이 있을 것입니다. 이 책은 단순히 셸 커맨드를 나열하는 것이 아니라, 셸 커맨드가 셸에서 어떻게 해석되고 어떤 순서로 처리되는지를 상세히 설명하고 있습니다. 이러한 지식은 셸 커맨드를 정확히 다루기 위해 반드시 필요하며, 오랫동안 리눅스를 사용했음에도 잘못 이해하고 있었던 정보들을 바로잡아줍니다. 리눅스를 처음 접하거나 셸 커맨드에 대한 경험이 많지 않다면, 이 책은 셸을 처음부터 제대로 이해하고 사용할 수 있도록 도와주는 훌륭한 가이드가 될 것입니다.

실습 환경 Ubuntu 22.04 LTS

홍수영_LINE+ 백엔드 개발자

서버 개발자나 DevOps 직군은 리눅스를 다뤄야 하는 일이 매우 많습니다. 그리고 수많은 서버에서 한 번에 복잡한 일을 자동화하는 경우도 빈번합니다. 시중에서 셸 스크립트를 다루는 책을 많이 찾아봤습니다만, 백과사전처럼 명령어들을 나열해놓은 것이 대부분이었습니다. 이처럼 리눅스 명령에 익숙해지는 것은 상당한 진입 장벽이 있는 일입니다. 그러나 이 책은 처음부터 구성이 다르다는 느낌을 받았습니다. 체계적으로 기초를 조금씩 쌓아서 응용으로 나아가는 전개를 택했습니다. 이전 단계에서 익힌 명령어들을 조합해 복잡한 명령들을 만들어냅니다. 단순히 결과만 보여주는 것이 아니라 셸과 프로그램의 관점에서 어떤 식으로 명령을 해석하고 동작하는지 원리를 이해시키고자 합니다. 개발자들이 복잡하고 어려워 보이는 명령어나 셸 스크립트를 어떻게 만들어내는지 알고 싶은 분들께 적극적으로 추천합니다.

실습 환경 Ubuntu 22.04.3 LTS

임혁_(주)휴노 파이썬 백엔드 개발자

리눅스를 사용한 지 20년이 넘었습니다. 이 책의 저자와 같은 시간 동안 같은 길을 걸어온 셈입니다. 이전에는 서버를 베어메탈 서버에 설치하고 설정해야 했기 때문에 리눅스 명령어 사전 형태의 책을 탐독한 후 업무를 수행했습니다. 그러나 요즘은 IaaS와 같은 클라우드 기술 때문인지 기본 리눅스 사용법조차 모르는 엔지니어와 개발자가 많습니다. 이 책은 클라우드 기술로 순식간에 생성되는 서버를 제대로 사용할 수 있는 기본 기술을 가르쳐주고 있습니다. 서버를 좀 더 효율적으로 제대로 사용하고 싶은 독자를 올바른 길로 인도해줄 리눅스 기본서로서 추천합니다.

실습 환경 fedora 38

최규민_국가정보자원관리원

목차

1부 핵심 개념

1장 리눅스 명령 결합하기 ····· 23

1.1 입력과 출력, 그리고 파이프 25

1.2 기본 명령 여섯 가지 27
    1.2.1 첫 번째 명령 – wc 28
    1.2.2 두 번째 명령 – head 30
    1.2.3 세 번째 명령 – cut 31
    1.2.4 네 번째 명령 – grep 33
    1.2.5 다섯 번째 명령 – sort 35
    1.2.6 여섯 번째 명령 – uniq 38

1.3 중복 파일 찾아내기 40

1.4 정리 43

2장 셸과 친해지기 ····· 45

2.1 셸에 관한 용어 47

2.2 파일명 패턴 매칭 47

2.3 변수 값의 평가 51
    2.3.1 변수 값의 출처는 어디일까? 51
    2.3.2 변수에 대해 오해하기 쉬운 것 52
    2.3.3 패턴과 변수 53

2.4 별명을 사용해 명령 단축하기 55

2.5 입력과 출력 리다이렉트하기 56

2.6 따옴표와 이스케이프를 이용해 변수의 평가를 차단하기 59

2.7 실행할 프로그램 찾기 61

2.8 환경 설정 및 초기화 파일, 간단히 설명하기 63

2.9 정리 65

3장 실행했던 명령을 다시 실행하기 ····· 67

3.1 명령 히스토리 열람하기 69

3.2 명령 히스토리에서 이전 명령 불러오기 70
3.2.1 명령 히스토리를 거슬러 올라가기 70
3.2.2 히스토리 확장 72
3.2.3 파일 삭제 실수는 이제 안녕(명령 히스토리를 활용한 방법) 75
3.2.4 명령 히스토리에 대한 증분 검색 77

3.3 명령행 편집 79
3.3.1 명령어 안에서 커서를 옮겨가며 편집하기 80
3.3.2 캐럿을 이용한 히스토리 확장 81
3.3.3 이맥스 및 Vim 스타일의 명령행 편집 82

3.4 정리 84

4장 파일 시스템을 자유롭게 이동하기 ····· 85

4.1 특정한 디렉터리로 빠르게 이동하기 86
4.1.1 홈 디렉터리로 빠르게 이동하기 87
4.1.2 탭 자동 완성을 이용한 빠른 디렉터리 이동 88
4.1.3 별명 또는 환경변수를 이용해 자주 사용하는 디렉터리로 빠르게 이동하기 89
4.1.4 CDPATH 설정을 이용한 간편 디렉터리 이동 91
4.1.5 빠른 이동을 위한 홈 디렉터리 구성하기 93

4.2 이전 디렉터리로 편리하게 돌아가기 96
4.2.1 'cd -'로 두 디렉터리 사이를 반복해서 오가기 96
4.2.2 pushd와 popd로 세 개 이상의 디렉터리를 반복해서 오가기 97

4.3 정리 104

2부 응용 기법

5장 리눅스 명령을 몸에 익히기 ····· 107

5.1 텍스트 생성하기 109
  5.1.1 date 명령 110
  5.1.2 seq 명령 110
  5.1.3 중괄호 확장(셸 내장 기능) 112
  5.1.4 find 명령 113
  5.1.5 yes 명령 115

5.2 문자열 추출하기 116
  5.2.1 단순 문자열 일치 그 이상의 기능: grep 117
  5.2.2 tail 명령 120
  5.2.3 awk {print} 명령 122

5.3 텍스트 결합하기 124
  5.3.1 tac 명령 125
  5.3.2 paste 명령 126
  5.3.3 diff 명령 127

5.4 텍스트 변환하기 128
  5.4.1 tr 명령 129
  5.4.2 rev 명령 129
  5.4.3 awk 명령과 sed 명령 131

5.5 더 많은 리눅스 명령 익히기 141

5.6 정리 142

6장 부모 프로세스와 자식 프로세스, 그리고 환경 ····· 143

6.1 셸은 실행 파일이다 145
6.2 부모 프로세스와 자식 프로세스 147
6.3 환경변수 149

6.3.1 환경변수 만들기 150
6.3.2 오해하기 쉬운 것 – '전역' 변수 151

6.4 자식 셸과 하위 셸 152

6.5 환경 설정하기 154
6.5.1 설정 파일 다시 읽어들이기 156
6.5.2 다른 컴퓨터로 환경 파일 가져가기 157

6.6 정리 157

7장 명령을 실행하는 열한 가지 방법 ····· 159

7.1 리스트 형태로 명령 실행하기 160
7.1.1 첫 번째 방법: 조건부 리스트 사용하기 161
7.1.2 두 번째 방법: 무조건 리스트 사용하기 163

7.2 치환으로 명령 실행하기 163
7.2.1 세 번째 방법: 명령 치환하기 164
7.2.2 네 번째 방법: 프로세스 치환하기 167

7.3 문자열로 명령 실행하기 170
7.3.1 다섯 번째 방법: bash에 문자열을 인수로 전달해 명령으로 실행하기 170
7.3.2 여섯 번째 방법: bash에 문자열을 파이핑해 명령 실행하기 172
7.3.3 일곱 번째 방법: ssh를 사용해 원격에서 문자열을 명령으로 실행하기 174
7.3.4 여덟 번째 방법: xargs를 사용해 명령의 연속열 실행하기 175

7.4 프로세스를 제어해 명령 실행하기 180
7.4.1 아홉 번째 방법: 백그라운드 실행하기 180
7.4.2 열 번째 방법: 명시적 하위 셸 186
7.4.3 열한 번째 방법: 프로세스 교체하기 188

7.5 정리 190

8장 한 줄로 끝내는 명령 작성하기 ····· 193

8.1 한 줄로 끝내는 명령을 작성하기 위해 필요한 것 196
    8.1.1 유연한 사고 196
    8.1.2 시작점 정하기 197
    8.1.3 작성된 명령을 테스트하기 199

8.2 연속열에 파일명 삽입하기 200

8.3 파일의 쌍 확인하기 203

8.4 홈 디렉터리 구조로부터 CDPATH 생성하기 206

8.5 테스트용 파일 만들기 208

8.6 빈 파일 생성하기 212

8.7 정리 213

9장 텍스트 파일 활용하기 ····· 215

9.1 첫 번째 예제: 파일 찾기 218

9.2 두 번째 예제: 도메인 만료 일자 확인하기 220

9.3 세 번째 예제: 지역 코드 데이터베이스 구축하기 223

9.4 네 번째 예제: 패스워드 관리 도구 만들기 225

9.5 정리 233

3부 그 외 주제

10장 효율은 키보드에서 나온다 ····· 237

10.1 창 다루기 238
- 10.1.1 터미널 창과 웹 브라우저 창 바로 띄우기 238
- 10.1.2 원샷 윈도 239
- 10.1.3 웹 브라우저 단축키 240
- 10.1.4 창과 바탕화면 전환하기 241

10.2 명령행으로 웹 검색하기 242
- 10.2.1 명령행에서 웹 브라우저 실행하기 242
- 10.2.2 wget과 curl을 사용해 HTML 내려받기 244
- 10.2.3 HTML-XML 유틸리티를 이용한 HTML 처리 246
- 10.2.4 텍스트 기반 웹 브라우저에서 렌더링된 웹 콘텐츠 내려받기 250

10.3 명령행에서 클립보드 다루기 252
- 10.3.1 셀렉션을 표준 입력과 표준 출력 스트림에 연결하기 253
- 10.3.2 패스워드 관리 도구 개선하기 255

10.4 정리 258

11장 시간을 절약하는 팁 ····· 259

11.1 빠른 자가 승리한다 260
- 11.1.1 less 명령에서 편집기로 바로 이동하기 260
- 11.1.2 지정된 문자열이 포함된 파일을 편집하기 261
- 11.1.3 잦은 오타를 자동 처리하기 261
- 11.1.4 빠르게 빈 파일을 생성하기 262
- 11.1.5 한 줄씩 파일 처리하기 262
- 11.1.6 재귀 실행을 지원하는 명령 확인하기 263
- 11.1.7 man 도움말 읽기 264

11.2 장기적인 학습이 필요한 것들 264
- 11.2.1 bash의 man 도움말 읽기 264
- 11.2.2 cron, crontab, at 익히기 265

11.2.3 rsync 명령 익히기 266
11.2.4 다른 스크립트 언어 익히기 267
11.2.5 프로그래밍이 아닌 작업에 make 명령 활용하기 268
11.2.6 일상적으로 수정하는 파일에 형상 관리 적용하기 270

11.3 정리 272

부록 A 리눅스 기초 사용법 ····· 273

A.1 명령과 인수, 옵션 274
A.2 파일 시스템과 디렉터리, 경로 275
A.3 디렉터리 이동하기 276
A.4 파일 생성 및 편집하기 277
A.5 파일 및 디렉터리 다루기 278
A.6 파일 내용 확인하기 280
A.7 파일 권한 조정하기 280
A.8 프로세스 다루기 282
A.9 참조 문서 보기 282
A.10 셸 스크립트 283
A.11 슈퍼 유저 권한 획득하기 285
A.12 참고 도서 목록 286

부록 B bash 외의 다른 셸을 위한 도움말 ····· 287

찾아보기 293

제 1 부

핵심 개념

1장 리눅스 명령 결합하기
2장 셸과 친해지기
3장 실행했던 명령을 다시 실행하기
4장 파일 시스템을 자유롭게 이동하기

효율적인 학습을 위해 1장부터 4장까지는 당장 활용할 수 있는 개념과 기법을 익힌다. 파이프를 이용해 명령을 결합하는 방법, 리눅스 셸의 정확한 역할, 이전에 입력했던 명령을 다시 활용하거나 수정해 사용하는 방법과 함께 리눅스 파일 시스템 속에서 원하는 대로 이동하는 방법을 배운다.

1장
리눅스 명령 결합하기

1.1 입력과 출력, 그리고 파이프
1.2 기본 명령 여섯 가지
1.3 중복 파일 찾아내기
1.4 정리

우리는 윈도우, macOS 같은 운영체제에서 웹 브라우저, 워드 프로세서, 스프레드시트, 게임 등의 애플리케이션을 실행하며 컴퓨터를 사용한다. 대부분의 애플리케이션은 사용자가 필요로 하는 여러 가지 일련의 기능을 이미 갖고 있으므로, 그 자체로 자기 완결적이며 다른 애플리케이션에 의존할 필요가 없다. 가끔 애플리케이션을 오가며 내용을 복사하고 붙여넣는 경우가 있지만, 그 외에는 애플리케이션의 사용이 대체로 독립적이다.

그러나 리눅스 명령행은 그렇지 않다. 리눅스에서는 수십 내지 수백 가지 기능을 갖춘 커다란 애플리케이션 대신, 단 몇 가지 기능만을 가진 작은 크기의 여러 가지 명령을 사용한다. 예를 들면 cat 명령은 파일의 내용을 화면에 출력하는 명령이고 ls는 디렉터리 속 파일의 목록을 출력하는 명령이며, mv는 파일명을 변경하는 명령이다. 각 명령은 간단하지만 확실한 목적을 갖는다.

만약 조금 더 복잡한 작업이 필요하다면 어떻게 해야 할까? 그렇더라도 전혀 문제가 되지 않는다. 리눅스에서는 명령을 결합하는 방식으로 여러 가지 기능을 조합해 우리가 원하는 목적을 달성할 수 있다. 그러나 이런 방식을 잘 사용하려면 컴퓨터 사용에 대한 마인드를 밑바닥부터 바꿔야 한다. 원하는 일을 하기 위해 가장 먼저 생각해야 하는 것이 '어떤 애플리케이션을 사용해야 하는가'가 아니라 '어떤 명령을 조합해야 하는가'가 돼야 한다.

이번 장에서는 여러 가지 명령을 구성하고 원하는 목적에 따라 결합해 실행하는 방법을 배운다. 먼저 여섯 가지 리눅스 명령과 그 기본적인 기능을 배운 다음, 이들을 조합해 학습 난이도를 급격하게 높이지 않고도 더 복잡하고 흥미로운 목표를 달성하는 방법을 알아볼 것이다. 비유하자면, 여섯 가지 재료만을 사용하는 요리책이나 망치와 톱만을 사용하는 기초 목공과 같다고 볼 수 있다 (이 여섯 가지에 더해 다른 명령을 추가로 배우는 것은 5장부터다).

명령을 조합하기 위해서는 **파이프**(pipe)를 사용한다. 파이프는 어떤 명령의 출력을 다음 명령의 입력으로 이어주는 리눅스의 기능이다. 앞으로 각 명령(wc, head, cut, grep, sort, uniq)을 소개할 때마다 바로바로 해당 명령에 파이프를 사용하는 방법도 함께 설명한다. 이들 중 몇 가지는 일상적인 리눅스 사용에도 유용하지만, 나머지는 중요한 기능을 설명하기 위한 예제 용도다.

1.1 입력과 출력, 그리고 파이프

대부분의 리눅스 명령은 키보드로부터 입력을 받거나 화면으로 결과를 출력하며, 입력과 출력이 모두 있는 명령도 있다. 리눅스에는 이 입력과 출력을 지칭하는 다음과 같은 용어가 있다.

stdin(표준 입력)
리눅스 운영체제가 키보드로부터 입력을 받는 입력 스트림이다. 프롬프트에서 명령을 입력하면 바로 이 표준 입력을 통해 명령이 입력된다.

stdout(표준 출력)
리눅스 운영체제가 화면에 결과를 출력하는 출력 스트림이다. ls 명령을 실행해 파일 목록을 출력하면, 그 결과가 바로 이 표준 출력을 통해 출력된다.

신기한 것은 지금부터다. 리눅스에서는 어떤 명령의 표준 출력을 다음 명령의 표준 입력으로 연결할 수 있다. 그러면 두 번째 명령이 첫 번째 명령의 출력을 입력으로 받는다. 먼저 우리에게 익숙한 명령인 ls를 사용하자. 자세한 내용을 담도록 -l 옵션을 붙이고 /bin 디렉터리의 파일 목록을 확인한다.

📁 chapter01 〉 input_output_pipes

```
$ ls -l /bin
total 12104
-rwxr-xr-x 1 root root 1113504 Jun  6 2019 bash
-rwxr-xr-x 1 root root  170456 Sep 21 2019 bsd-csh
-rwxr-xr-x 1 root root   34888 Jul  4 2019 bunzip2
-rwxr-xr-x 1 root root 2062296 Sep 18 2020 busybox
-rwxr-xr-x 1 root root   34888 Jul  4 2019 bzcat
...
-rwxr-xr-x 1 root root    5047 Apr 27 2017 znew
```

이 디렉터리의 파일 수는 화면의 줄 수보다 훨씬 많기 때문에 순식간에 여러 페이지가 스크롤될 것이다. ls 명령이 파일 목록을 차근차근 볼 수 있도록 한 화면씩 나눠 출력할 수 없다는 것은 참 아쉬운 일이다. 하지만 바로 이런 기능을 갖춘 리눅스 명령이 있다. less 명령에는 파일의 내용을 한 화면씩 나눠 출력하는 기능이 있다.

```
$ less myfile
```

ls 명령은 stdout으로 결과를 출력하고 less 명령은 stdin에서 입력을 받으므로, 두 명령을 조합해 사용할 수 있다. 파이프를 사용해 ls 명령의 출력을 less 명령의 입력으로 연결해보자.

```
$ ls -l /bin | less
```

조합된 명령을 실행하면 디렉터리의 파일 목록이 한 화면씩 나눠 출력된다. 두 명령 사이에 끼워진 세로 바(|) 기호가 리눅스의 파이프 기호[1]인데, 이 기호는 첫 번째 명령의 표준 출력을 두 번째 명령의 표준 입력으로 연결하라는 뜻이다. 이렇게 파이프가 사용된 명령을 파이프라인(pipeline)이라고 한다.

특별한 경우가 아닌 한, 각각의 명령은 자신들이 파이프로 연결된 사실을 알지 못한다. ls 명령은 less 명령의 입력으로 출력을 전달 중이지만 화면에 출력 중이라 생각하며, less 명령 역시 ls 명령의 출력을 입력으로 받고 있지만 자신이 키보드로부터 입력을 받고 있다고 생각한다.

명령이란?

리눅스에서 말하는 '명령(command)'이라는 단어가 가리키는 대상은 크게 다음 세 가지다(그림 1-1).

프로그램

하나의 단어로 이름 붙여진 실행 가능한 프로그램. ls나 이와 비슷하지만 셸에 내장된 프로그램인 cd가 있다(**셸 내장 프로그램**(shell builtin)[2]이라고 한다).

단순 명령

프로그램(또는 셸 내장 프로그램)명 뒤로 명령 인수(argument)가 붙은 것(반드시 필요한 것은 아니다). ls -l /bin과 같은 것이 있다.

결합 명령

여러 단순 명령이 결합된 것. 파이프라인 ls -l /bin | less가 결합 명령의 예다.

○ 계속

---

1 쿼티(QWERTY) 키보드에서 파이프 기호는 역슬래시(원화 기호)와 같은 키를 사용한다. 이 키는 대체로 [Enter] 키와 [Backspace] 키 사이에 있다.
2 POSIX 표준에서는 이러한 프로그램을 유틸리티라고 부른다.

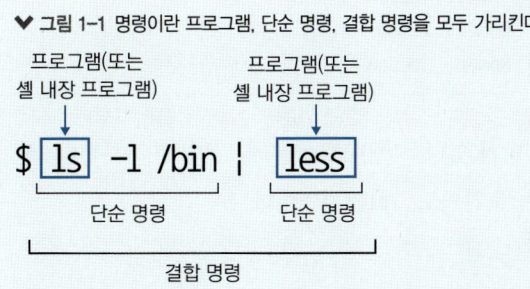

▼ 그림 1-1 명령이란 프로그램, 단순 명령, 결합 명령을 모두 가리킨다.

이 책에서 사용되는 명령이라는 단어는 이들 세 가지 의미를 모두 갖는다. 대부분 문맥에서 세 가지 중 어느 의미로 사용했는지 구분할 수 있지만, 그렇지 못한 경우에는 명확히 지칭하는 단어를 사용할 것이다.

1.2 기본 명령 여섯 가지

리눅스를 제대로 사용하려면 파이프를 반드시 사용할 수 있어야 한다. 몇 가지 기본 명령을 소재로 파이프 사용법을 익혀보자. 파이프 사용법을 제대로 익히고 나면 어떤 리눅스 명령도 문제없이 사용할 수 있다.

기본 명령(wc, head, cut, grep, sort, uniq)에도 다양한 옵션과 실행 모드가 있지만, 우선 이런 세부 사항은 모두 건너뛰고 파이프 사용법에 집중하겠다. 궁금한 명령이 있다면 다음과 같이 man 명령을 사용해 해당 명령의 참조 문서를 볼 수 있다.

```
$ man wc
```

여섯 가지 기본 명령의 기능을 확인하기 위해 예제 1-1과 같이 여러 권의 오라일리 도서 정보가 담긴 animals.txt 파일을 사용할 것이다.

예제 1-1 animals.txt 파일의 내용

```
python   Programming Python        2010  Lutz, Mark
snail    SSH, The Secure Shell     2005  Barrett, Daniel
alpaca   Intermediate Perl         2012  Schwartz, Randal
robin    MySQL High Availability   2014  Bell, Charles
```

```
horse    Linux in a Nutshell            2009   Siever, Ellen
donkey   Cisco IOS in a Nutshell        2005   Boney, James
oryx     Writing Word Macros            1999   Roman, Steven
```

한 줄마다 오라일리 도서의 네 가지 정보가 담겨 있다. 각 정보는 탭(tab) 문자로 구분된다. 한 줄에 담긴 정보는 표지 일러스트 동물, 책 제목, 출간연도, 제1저자명이다.

1.2.1 첫 번째 명령 – wc

wc 명령은 파일 내용의 줄 수, 단어 수, 문자 수를 세어 출력하는 명령이다.

📁 chapter01 〉 command_1_wc

```
$ wc animals.txt
  7  51   325  animals.txt
```

위 실행 결과는 animals.txt의 파일 내용이 7개 줄, 51개 단어, 325개 글자라는 의미다. 파일을 열어 글자 수를 직접 세어보면 공백과 탭 문자를 포함해 318개 문자이지만, 여기에 우리 눈에 보이지 않는 개행 문자 7개를 더하면 325개가 된다.

-l, -w, -c 옵션은 각각 줄 수, 단어 수, 문자 수만을 출력하라는 의미다.

```
$ wc -l animals.txt
7 animals.txt
$ wc -w animals.txt
51 animals.txt
$ wc -c animals.txt
325 animals.txt
```

집계 기능은 매우 일반적이고 유용한 기능이므로 wc 명령에도 파이프를 적용할 수 있다. 파일명을 생략하면 표준 입력으로 입력을 받으며, 결과는 표준 출력으로 출력한다. 현재 디렉터리에 대한 ls 명령의 실행 결과를 wc로 연결해 줄 수를 세어보자. 이렇게 만든 파이프라인의 의미는 '현재 디렉터리의 파일 수는 몇 개인가?'가 될 것이다.

```
$ ls -1
animals.txt
myfile
myfile2
test.py
```

```
$ ls -1 | wc -l
4
```

ls 명령의 -1 옵션은 파일명을 한 줄에 하나씩 출력하라는 뜻으로, 여기서 반드시 필요한 옵션은 아니다. 여기서 이 옵션을 사용한 이유는 곧 이어질 박스 설명 '입출력이 리다이렉트되면 프로그램의 동작이 달라질까?'를 참고하길 바란다.

아직 wc라는 하나의 명령밖에 배우지 않았으니 파이프로 할 수 있는 일이 많지 않다. 재미 삼아 wc의 출력을 다시 wc 명령에 입력하는 파이프라인을 만들어보자. 파이프라인에 한 가지 명령이 두 번 이상 등장하는 예라고 할 수 있다. 파이프라인에서 출력된 값은 wc의 출력 내용의 단어 수인 4이다. 그중 셋은 숫자이고, 나머지 하나는 파일명이다.

```
$ wc animals.txt
  7  51 325 animals.txt
$ wc animals.txt | wc -w
4
```

파이프라인을 더 길게 늘릴 수도 있다. 세 번째 wc를 추가해 출력된 '4'에서 줄 수, 단어 수, 글자 수를 세어보자.

```
$ wc animals.txt | wc -w | wc
      1       1       2
```

출력된 내용을 보면 줄 수가 1, 단어 수가 1, 글자 수는 2라고 나온다. 왜 글자 수가 2일까? '4' 뒤에 우리가 볼 수 없는 개행 문자가 있기 때문이다.

엉터리 파이프라인은 여기까지 하겠다. 더 많은 명령을 배우게 되면 이보다 훨씬 유용한 파이프라인을 만들 수 있을 것이다.

입출력이 리다이렉트되면 프로그램의 동작이 달라질까?

대부분의 리눅스 명령과 달리, ls 명령은 표준 출력 스트림의 대상이 화면인지 아닌지(파이프 또는 그 외 대상)를 구분할 수 있다. 이를 구분하는 이유는 사용성 때문이다. 표준 출력이 화면으로 이어져 있다면 ls 명령은 가독성을 배려해 한 줄에 여러 개의 파일명을 출력한다.

```
$ ls /bin
bash      dir       kmod      networkctl     red       tar
bsd-csh   dmesg     less      nisdomainname  rm        tempfile
...
```

◐ 계속

반면 표준 출력이 화면 외의 대상과 이어져 있다면 한 줄에 하나의 파일명만 출력한다. 이를 확인하기 위해 ls 명령의 출력을 cat[3] 명령으로 리다이렉트한다. cat 명령은 입력된 내용을 그대로 화면에 출력하는 명령이다.

```
$ ls /bin | cat
bash
bsc-csh
bunzip2
busybox
...
```

이런 차이 때문에 다음과 같이 언뜻 생각하면 이해하기 어려운 결과를 낳기도 한다.

```
$ ls
animals.txt   myfile    myflie2   test.py
$ ls | wc -l
4
```

첫 번째 ls 명령은 모든 파일명이 한 줄에 출력됐는데, 두 번째 ls 명령은 출력 내용이 네 줄이나 된다. 따라서 ls 명령의 표준 출력 대상에 따른 동작 차이를 모르는 사람이라면 상당한 혼란을 겪을 것이다.

ls 명령에는 이 같은 기본 동작을 차단할 수 있는 옵션도 있다. 항상 한 줄에 파일명 하나만 출력하려면 -1 옵션을 사용하고, 반대로 항상 한 줄에 여러 개의 파일명을 출력하고 싶다면 -C 옵션을 사용하면 된다.

1.2.2 두 번째 명령 - head

head 명령은 파일의 첫 번째 줄 내용을 화면에 출력하는 명령이다. 출력할 줄 수를 원하는 만큼 지정하려면 -n 옵션을 사용하면 된다.

📁 chapter01 〉 command_2_head

```
$ head -n3 animals.txt
python   Programming Python        2010   Lutz, Mark
snail    SSH, The Secure Shell     2005   Barrett, Daniel
alpaca   Intermediate Perl         2012   Schwartz, Randal
```

파일의 전체 내용보다 많은 줄 수를 출력하라고 하면, 파일 내용 전체가 출력된다(cat 명령과 동일한 동작). -n 옵션을 생략하면 기본값 10이 적용된다(-n10).

---

[3] 시스템 설정에 따라, ls 명령에는 파일명에 색상을 적용하는 등 표준 출력의 대상이 화면일 때만 적용되는 포매팅 기능이 있다.

뒷 내용과 상관없이 파일의 앞부분 내용만 알고 싶을 때 단독으로 사용하기에 유용한 명령이다. 파일 내용의 전체를 훑지 않기 때문에 파일 크기가 크더라도 빠르고 효율적으로 원하는 목적을 달성할 수 있다. 또한, 표준 출력으로 결과를 출력하기 때문에 파이프라인에 사용하기도 좋다. 예를 들어 animals.txt 파일의 내용 중 앞에서부터 세 줄의 단어 수를 세어보자.

```
$ head -n3 animals.txt | wc -w
20
```

head 명령은 표준 입력으로부터 입력을 받을 수도 있다. 파이프라인에서는 다른 명령의 출력이 너무 길어서(이를테면 파일이 많은 디렉터리의 파일 목록) 불필요한 내용을 생략하고자 할 때 주로 쓰인다. 다음은 /bin 디렉터리의 파일 목록 중 처음 다섯 개만을 출력하는 예다.

```
$ ls /bin | head -n5
bash
bsc-csh
bunzip2
busybox
bzcat
```

1.2.3 세 번째 명령 - cut

cut 명령은 파일의 내용 중 특정 열만을 출력하는 명령이다. 예를 들어 animals.txt 파일에서 두 번째 열에 해당하는 책 제목만을 골라 출력하려면 다음과 같은 파이프라인을 사용한다.

📁 chapter01 〉 command_3_cut

```
$ cut -f2 animals.txt
Programming Python
SSH, The Secure Shell
Intermediate Perl
MySQL High Availability
Linux in a Nutshell
Cisco IOS in a Nutshell
Writing Word Macros
```

cut 명령에 '열'의 범위를 지정하는 방법은 두 가지다. 첫 번째는 각 줄의 필드가 탭 문자 하나로 구분된 경우에 사용하는 -f 옵션이다. 다행히도, 우리가 가진 animals.txt 파일의 내용이 이러한 형식으로 돼 있다. 따라서 앞에서 본 cut 명령은 -f2 옵션이 쓰였으므로 각 줄에서 (탭으로 구분된) 두 번째 필드의 값을 출력하는 명령이 된다.

출력된 내용에서 처음 세 줄만 남기도록, cut 명령의 출력을 head 명령으로 파이핑한다.

```
$ cut -f2 animals.txt | head -n3
Programming Python
SSH, The Secure Shell
Intermediate Perl
```

파일에서 여러 개의 필드를 골라 출력할 수도 있다. 출력할 필드의 번호를 콤마로 구분해 지정하면 된다.

```
$ cut -f1,3 animals.txt | head -n3
python   2010
snail    2005
alpaca   2012
```

연속되는 필드라면 범위로 지정한다.

```
$ cut -f2-4 animals.txt | head -n3
Programming Python       2010    Lutz, Mark
SSH, The Secure Shell    2005    Barrett, Daniel
Intermediate Perl        2012    Schwartz, Randal
```

cut 명령에서 '열'의 범위를 지정하는 두 번째 방법은 문자 위치를 지정하는 옵션인 -c 옵션을 사용하는 방법이다. 각 줄마다 앞에서부터 세 글자를 출력하고 싶다면, 필드와 마찬가지로 각 글자 위치를 콤마로 구분해 지정(1, 2, 3)하거나 범위로 지정(1-3)하면 된다.

```
$ cut -c1-3 animals.txt
pyt
sna
alp
rob
hor
don
ory
```

cut 명령의 기본적인 기능은 파악했으니 지금부터는 파이프를 적용해 조금 더 유용한 명령을 만들어보자. 길이가 수천 줄인 animals.txt 파일에서 저자명만을 추출해야 하는 상황을 예로 들어본다. 먼저 저자명에 해당하는 네 번째 필드를 특정해야 한다.

```
$ cut -f4 animals.txt
Lutz, Mark
```

```
Barrett, Daniel
Schwartz, Randal
...
```

그리고 출력을 다시 cut 명령으로 파이핑한다. 이번에는 -d 옵션을 사용해 필드의 구분자를 콤마로 바꿔서 저자의 성만 남긴다.

```
$ cut -f4 animals.txt | cut -d, -f1
Lutz
Barrett
Schwartz
...
```

> **Note** **명령 히스토리를 활용해 시간 절약하기**
>
> 비슷비슷한 명령을 매번 다시 입력하고 있다면, 지금 당장 위 화살표 키(↑)를 눌러보길 바란다. 한 번 누를 때마다 지금까지 입력했던 명령이 거슬러 올라가며 표시될 것이다(이러한 셸의 기능을 **명령 히스토리**(command history)라고 한다). 원하는 명령까지 거슬러 올라갔다면 Enter 키를 눌러 해당 명령을 바로 실행할 수 있다. 아니면 좌우 화살표 키로 수정이 필요한 곳까지 커서를 이동하거나 Backspace 키로 커서가 위치한 곳의 내용을 삭제할 수 있다(이 기능은 **명령행 편집**(command-line editing)이라고 한다).
>
> 명령 히스토리와 명령행 편집은 3장에서 더 자세히 다룰 것이다.

1.2.4 네 번째 명령 – grep

grep은 매우 강력한 기능을 갖춘 명령이다. 하지만 지금은 대부분의 기능을 설명하지 않고, 입력된 내용 중 주어진 문자열과 일치하는 부분을 찾아 출력하는 기능만을 다룬다(grep의 더 자세한 기능은 5장에서 설명한다). 예를 들어 다음 명령은 animals.txt의 내용 중 Nutshell이라는 문자열을 포함하는 줄을 출력하는 명령이다.

📁 chapter01 〉 command_4_grep

```
$ grep Nutshell animals.txt
horse    Linux in a Nutshell          2009   Siever, Ellen
donkey   Cisco IOS in a Nutshell      2005   Boney, James
```

-v 옵션을 사용하면 반대로 주어진 문자열과 일치하지 않는 줄만 출력할 수도 있다. 이번에는 출력된 내용에 Nutshell이라는 문자열이 포함되지 않았다.

```
$ grep -v Nutshell animals.txt
python  Programming Python       2010  Lutz, Mark
snail   SSH, The Secure Shell    2005  Barrett, Daniel
alpaca  Intermediate Perl        2012  Schwartz, Randal
robin   MySQL High Availability  2014  Bell, Charles
horse   Linux in a Nutshell      2009  Siever, Ellen
donkey  Cisco IOS in a Nutshell  2005  Boney, James
oryx    Writing Word Macros      1999  Roman, Steven
```

일반적으로 grep은 여러 개의 파일에서 특정 텍스트를 찾는 경우에 주로 쓰인다. 다음 명령은 확장자가 txt인 파일에서 문자열 Perl을 포함하는 줄을 찾아 출력하는 명령이다.

```
$ grep Perl *.txt
animals.txt:alpaca    Intermediate Perl   2012    Schwartz, Randal
essay.txt:really love the Perl programming language, which is
essay.txt:languages such as Perl, Python, PHP, and Ruby
```

이번에는 문자열 Perl이 포함된 줄 세 곳을 찾았는데, 한 곳은 animals.txt 파일이고 나머지 두 곳은 essay.txt 파일이다.

grep은 표준 입력으로 입력을 받고 표준 출력으로 결과를 출력하므로, 파이프라인에 사용하기 매우 적합하다. 파일이 많이 있는 디렉터리 /usr/lib에 포함된 하위 디렉터리가 몇 개나 되는지 알아내야 한다고 생각해보자. 이 같은 정보를 한 번에 알려주는 리눅스 명령은 없다. 따라서 파이프라인을 만들어야 한다. ls -l 명령에서부터 시작해보자.

```
$ ls -l /usr/lib
drwxrwxr-x  12 root root   4096 Mar  1 2020 4kstogram
drwxr-xr-x   3 root root   4096 Nov 30 2020 GraphicsMagick-1.4
drwxr-xr-x   4 root root   4096 Mar 19 2020 NetworkManager
-rw-r--r--   1 root root  35568 Dec  1 2017 attica_kde.so
-rwxr-xr-x   1 root root    684 May  5 2018 cnf-update-db
...
```

ls -l 명령의 출력에서 줄 맨 앞의 d는 해당 항목이 디렉터리임을 나타낸다. cut 명령을 사용해 각 줄의 첫 글자만 추출해보자. 이 첫 글자는 d이거나 -일 것이다.

```
$ ls -l /usr/lib | cut -c1
d
d
d
-
```

그다음에는 grep 명령으로 d가 포함된 줄만을 남긴다.

```
$ ls -l /usr/lib | cut -c1 | grep d
d
d
d
...
```

마지막으로, wc 명령으로 줄 수를 세면 하위 디렉터리의 수를 알 수 있다. 이 파이프라인은 명령 네 개로 구성됐으며, 그 결과 /usr/lib 디렉터리의 하위 디렉터리 수는 145개임을 알 수 있었다.

```
$ ls -l /usr/lib | cut -c1 | grep d | wc -l
145
```

1.2.5 다섯 번째 명령 - sort

sort 명령은 파일에 담긴 각 줄을 오름차순(기본 설정)으로 정렬하는 명령이다.

📁 chapter01 〉 command_5_sort

```
$ sort animals.txt
alpaca   Intermediate Perl           2012   Schwartz, Randal
donkey   Cisco IOS in a Nutshell     2005   Boney, James
horse    Linux in a Nutshell         2009   Siever, Ellen
oryx     Writing Word Macros         1999   Roman, Steven
python   Programming Python          2010   Lutz, Mark
robin    MySQL High Availability     2014   Bell, Charles
snail    SSH, The Secure Shell       2005   Barrett, Daniel
```

-r 옵션을 사용하면 내림차순 정렬도 가능하다.

```
$ sort -r animals.txt
snail    SSH, The Secure Shell       2005   Barrett, Daniel
robin    MySQL High Availability     2014   Bell, Charles
python   Programming Python          2010   Lutz, Mark
oryx     Writing Word Macros         1999   Roman, Steven
horse    Linux in a Nutshell         2009   Siever, Ellen
donkey   Cisco IOS in a Nutshell     2005   Boney, James
alpaca   Intermediate Perl           2012   Schwartz, Randal
```

정렬 기준을 알파벳순(기본 설정) 또는 숫자 크기순(-n 옵션)으로도 할 수 있다. animals.txt 파일의 세 번째 필드인 발행연도만 추출해서 이 기능을 확인해보자.

```
$ cut -f3 animals.txt                # 정렬 안 됨
2010
2005
2012
2014
2009
2005
1999
$ cut -f3 animals.txt | sort -n      # 오름차순 정렬
1999
2005
2005
2009
2010
2012
2014
$ cut -f3 animals.txt | sort -nr     # 내림차순 정렬
2014
2012
2010
2009
2005
2005
1999
```

animals.txt 파일에 담긴 도서 중 가장 최근에 나온 책의 발행연도를 알려면, sort 명령의 출력을 head 명령으로 연결해 첫 번째 줄만 남기면 된다.

```
$ cut -f3 animals.txt | sort -nr | head -n1
2014
```

> **Note ≡ 최댓값과 최솟값 구하기**
>
> sort와 head는 한 줄에 값 하나가 담긴 수치형 데이터를 다룰 때 함께 사용하면 좋다. 최댓값을 구하고 싶다면 파이프라인 끝을 다음과 같이 한다.
>
> ```
> ... | sort -nr | head -n1
> ```
>
> 최솟값을 구하고 싶다면 파이프라인 끝을 다음과 같이 한다.
>
> ```
> ... | sort -n | head -n1
> ```

또 다른 예로, /etc/passwd 파일을 다뤄본다. 이 파일은 시스템에서 프로세스를 실행할 수 있는 사용자의 목록[4]이 담긴 파일이다. 모든 시스템 사용자의 알파벳순 목록을 만들어보자. 파일의 내용을 앞부분(다섯 줄)만 확인하면 다음과 같다.

```
$ head -n5 /etc/passwd
root:x:0:0:root:/root:/bin/bash
daemon:x:1:1:daemon:/usr/sbin:/usr/sbin/nologin
bin:x:2:2:bin:/bin:/usr/sbin/nologin
smith:x:1000:1000:Aisha Smith,,,:/home/smith:/bin/bash
jones:x:1001:1001:Bilbo Jones,,,:/home/jones:/bin/bash
```

각 줄은 콜론(:)으로 구분된 값으로 돼 있는데, 그중 첫 번째 값이 사용자명이다. cut 명령으로 사용자명만을 추출할 수 있다.

```
$ head -n5 /etc/passwd | cut -d: -f1
root
daemon
bin
smith
jones
```

그다음에는 이 결과를 다시 정렬한다.

```
$ head -n5 /etc/passwd | cut -d: -f1 | sort
bin
daemon
jones
root
smith
```

마지막으로, (처음 다섯 줄이 아닌) 전체 사용자를 대상으로 목록을 생성하려면 맨 앞의 head 명령을 빼고 cat 명령으로 대체한다.

```
$ cat /etc/passwd | cut -d: -f1 | sort
```

만약 어떤 사용자명이 이 시스템에 존재하는지 확인하려면 grep을 사용하면 된다. 아무것도 출력되지 않는다면 해당 사용자명이 이 시스템에 없다는 뜻이다.

---

4 일부 리눅스 배포본은 사용자 정보를 다른 곳에 저장한다.

```
$ cut -d: -f1 /etc/passwd | grep -w jones
jones
$ cut -d: -f1 /etc/passwd | grep -w rutabaga       # 출력 없음
```

grep의 -w 옵션은 일치 조건을 단어 전체 일치로 바꾸는 옵션이다. 'jones'가 포함된 다른 사용자 명(예를 들면 sallyjones2)이 있을 수 있기 때문이다.

1.2.6 여섯 번째 명령 - uniq

uniq 명령은 파일 안에서 인접해 반복되는 같은 내용이 있는지 탐지하는 명령이다. 기본 설정에서는 반복되는 내용을 제거한다. 대문자로 된 간단한 내용의 파일을 소재로 해서 uniq의 기능을 확인해보자.

📁 chapter01 > command_6_uniq

```
$ cat letters
A
A
A
B
B
A
C
C
C
C
$ uniq letters
A
B
A
C
```

위 실행 결과를 보면, 처음에 나오는 A 세 줄이 한 줄이 됐다. 하지만 뒤에 홀로 떨어진 A 한 줄이 남아 있다. 인접하지 않은 것은 중복되는 내용이라도 제거되지 않는다는 사실을 알 수 있다.

-c 옵션을 사용하면 반복 건수가 얼마나 되는지도 알 수 있다.

```
$ uniq -c letters
      3 A
      2 B
```

```
1 A
4 C
```

솔직히 uniq 명령을 처음 접했을 때는 이 명령이 그닥 쓸모가 없다고 생각했다. 하지만 얼마 되지 않아 uniq는 내가 가장 자주 사용하는 명령이 됐다. A 학점부터 F 학점까지로 각각 등급을 나눈 다음과 같은 대학 강의의 기말 성적표를 예로 들어보자. 이 파일은 탭으로 필드가 구분돼 있다.

```
$ cat grades
C       Geraldine
B       Carmine
A       Kayla
A       Sophia
B       Haresh
C       Liam
B       Elijah
B       Emma
A       Olivia
D       Noah
F       Ava
```

이 성적표를 가장 비중이 높은 등급부터 출력해야 한다고 하자(비중이 같은 등급이 있다면 높은 등급을 먼저 출력한다). 우선 cut 명령을 사용해 학점을 분리한 후 이를 정렬한다.

```
$ cut -f1 grades | sort
A
A
A
B
B
B
B
C
C
D
F
```

그다음, uniq 명령으로 같은 등급의 수를 센다.

```
$ cut -f1 grades | sort | uniq -c
      3 A
      4 B
      2 C
```

```
    1 D
    1 F
```

그리고 그 결과를 다시 건수의 내림차순으로 정렬한다. 그러면 가장 비중이 높은 등급이 맨 위로 올라온다.

```
$ cut -f1 grades | sort | uniq -c | sort -nr
    4 B
    3 A
    2 C
    1 F
    1 D
```

다시 head 명령을 이용해 첫 줄만 남긴다.

```
$ cut -f1 grades | sort | uniq -c | sort -nr | head -n1
    4 B
```

마지막으로, cut 명령을 이용해 반복 건수는 제외하고 학점 등급만 남긴다.

```
$ cut -f1 grades | sort | uniq -c | sort -nr | head -n1 | cut -c9
B
```

여섯 개의 명령으로 된 파이프라인을 만들었다. 지금까지 만든 것들 중에 가장 긴 파이프라인이었다. 앞서 설명한 과정은 단지 설명을 위한 것이 아니라, 실제로 리눅스 사용자들이 파이프라인을 작성하는 순서를 보여준 것이다. 8장에서는 파이프라인을 구성해가는 이러한 기법을 더 자세히 다룰 것이다.

1.3 중복 파일 찾아내기

지금까지 배운 내용을 조금 더 실용적인 예제를 통해 활용해보자. 디렉터리 하나에 많은 수의 JPEG 이미지 파일이 있고, 그중 중복되는 이미지가 있는지 확인하려고 한다.

📁 chapter01 〉 detecting_duplicate_files

```
$ ls
image001.jpg   image005.jpg   image009.jpg   image013.jpg   image017.jpg
image002.jpg   image006.jpg   image010.jpg   image014.jpg   image018.jpg
...
```

파이프라인을 사용해 중복되는 이미지를 확인할 수 있다. 이를 위해서는 md5sum이라는 새로운 명령이 필요하다. 이 명령은 파일의 내용으로부터 **체크섬**(checksum)이라고 하는 32개 문자 길이의 문자열을 생성한다.

```
$ md5sum image001.jpg
146b163929b6533f02e91bdf21cb9563  image001.jpg
```

이렇게 생성한 체크섬은 수학적인 원리에 의해 파일 내용이 동일해야 동일한 체크섬이 나온다. 서로 다른 내용의 파일끼리 동일한 체크섬이 나올 수도 있지만, 그럴 확률은 매우 낮다. 따라서 이 체크섬을 비교해보면 파일 내용이 동일한지 확인할 수 있다. 아래 예를 보면, 첫 번째 파일과 세 번째 파일의 내용이 동일한 것을 알 수 있다.

```
$ md5sum image001.jpg image002.jpg image003.jpg
146b163929b6533f02e91bdf21cb9563  image001.jpg
63da88b3ddde0843c94269638dfa6958  image002.jpg
146b163929b6533f02e91bdf21cb9563  image003.jpg
```

파일이 세 개뿐이라면 눈으로 확인해도 체크섬의 중복 여부를 알 수 있겠지만, 파일 수가 3,000개쯤 된다면 이야기가 달라진다. 이럴 때는 파이프를 활용하면 된다. 모든 파일의 체크섬을 생성하고, cut 명령을 이용해 파일명을 제거하고 체크섬만 남긴 다음, sort 명령으로 체크섬을 정렬하고 인접한 체크섬끼리 중복되는 것이 있는지 확인하면 된다.

```
$ md5sum *.jpg | cut -c1-32 | sort
1258012d57050ef6005739d0e6f6a257
146b163929b6533f02e91bdf21cb9563
146b163929b6533f02e91bdf21cb9563
17f339ed03733f402f74cf386209aeb3
...
```

그다음, uniq 명령으로 중복되는 수를 확인한다.

```
$ md5sum *.jpg | cut -c1-32 | sort | uniq -c
      1 1258012d57050ef6005739d0e6f6a257
```

```
    2 146b163929b6533f02e91bdf21cb9563
    1 17f339ed03733f402f74cf386209aeb3
    ...
```

중복되는 체크섬이 없다면 uniq가 집계한 수가 모두 1이 될 것이다. 여기까지의 실행 결과를 다시 숫자 내림차순으로 정렬하면 중복 수가 1보다 큰 체크섬이 가장 위에 있을 것이다.

```
$ md5sum *.jpg | cut -c1-32 | sort | uniq -c | sort -nr
    3 f6464ed766daca87ba407aede21c8fcc
    2 c7978522c58425f6af3f095ef1de1cd5
    2 146b163929b6533f02e91bdf21cb9563
    1 d8ad913044a51408ec1ed8a204ea9502
    ...
```

이제 중복이 없는 체크섬을 제거할 차례다. 중복이 없는 체크섬이라면 해당 줄은 맨 앞부터 공백 문자 여섯 개 뒤에 숫자 1이 온 다음 다시 공백 문자가 하나 더 붙는다. 이러한 패턴을 grep -v 명령을 이용해 제거[5]한다.

```
$ md5sum *.jpg | cut -c1-32 | sort | uniq -c | sort -nr | grep -v "      1 "
    3 f6464ed766daca87ba407aede21c8fcc
    2 c7978522c58425f6af3f095ef1de1cd5
    2 146b163929b6533f02e91bdf21cb9563
```

드디어 중복이 있는 체크섬의 목록만을 얻었다. 이 결과를 얻기 위해 여섯 개의 명령으로 된 파이프라인을 작성했다. 이 파이프라인을 실행해 아무것도 출력되지 않는다면, 중복 파일이 없다는 뜻이다.

명령을 이용해 중복되는 파일명까지 알 수 있다면 더 편리할 것이다. 하지만 여기까지 하려면 우리가 아직 배우지 않은 기능이 필요하다(5.4.3절의 '개선된 중복 파일 찾기'에서 더 자세히 다룬다). 지금은 일단 grep을 이용해 중복이 존재하는 체크섬을 생성하는 파일명이 무엇인지만 확인하자.

```
$ md5sum *.jpg | grep 146b163929b6533f02e91bdf21cb9563
146b163929b6533f02e91bdf21cb9563 image001.jpg
146b163929b6533f02e91bdf21cb9563 image003.jpg
```

---

5 여기서 마지막 부분의 sort -nr 부분은 사실 불필요하다. grep에서도 중복이 없는 체크섬을 제거하기 때문이다.

그리고 cut 명령을 사용해 체크섬 부분을 제거하고 파일명만 남기면,

```
$ md5sum *.jpg | grep 146b163929b6533f02e91bdf21cb9563 | cut -c35-
image001.jpg
image003.jpg
```

위와 같은 결과를 얻을 수 있다.

1.4 정리

지금까지 표준 입력, 표준 출력 스트림, 파이프의 강력한 기능을 알아봤다. 이들을 잘 활용하면 간단한 기능을 가진 명령을 조합해 복잡한 파이프라인을 구성할 수 있으며, 단순히 명령을 함께 사용하는 것보다 활용의 폭을 훨씬 넓힐 수 있다. 표준 입력으로부터 입력을 받고 결과를 표준 출력을 통해 내보내는 것이라면, 어떤 명령이든 파이프라인에서 사용[6]할 수 있다. 이 책의 내용을 따라가며 더 많은 명령을 배운다면, 이번 장에서 익힌 기본 개념을 활용해 더 강력한 조합을 만들어낼 수 있을 것이다.

---

[6] 표준 출력이나 표준 입력을 통해 입출력을 행하지 않는 명령은 파이프라인에서 입력을 받거나 출력을 내놓을 수 없다. 이러한 명령의 예로는 mv나 rm을 들 수 있다. 파이프라인에서 이들 명령을 사용하려면 또 다른 방법이 필요하다. 이 내용은 8장에서 자세히 다룬다.

2장

셸과 친해지기

2.1 셸에 관한 용어

2.2 파일명 패턴 매칭

2.3 변수 값의 평가

2.4 별명을 사용해 명령 단축하기

2.5 입력과 출력 리다이렉트하기

2.6 따옴표와 이스케이프를 이용해 변수의 평가를 차단하기

2.7 실행할 프로그램 찾기

2.8 환경 설정 및 초기화 파일, 간단히 설명하기

2.9 정리

우리는 프롬프트에서 명령을 실행한다. 그런데 프롬프트(prompt)란 무엇일까? 프롬프트는 어디서 출력하는 것이고, 우리가 입력한 명령은 어떤 과정을 거쳐 실행되는 것일까?

우리가 명령을 실행하는 프롬프트는 **셸**(shell)이라는 프로그램에서 출력하는데, 셸은 사용자와 리눅스 운영체제 사이에 위치하는 사용자 인터페이스다. 리눅스에는 여러 가지 셸이 있다. 그중 가장 널리 쓰이는 것은 bash(배시)다(bash 외의 셸에 대해서는 부록 B를 참고하라).

bash 같은 셸은 우리가 입력한 명령을 실행하는 것 외에도 많은 일을 담당한다. 예를 들면 다음과 같이 명령에 여러 개의 파일을 한꺼번에 지칭하기 위한 와일드카드(*)가 포함됐다고 하자.

📁 chapter02 〉 introduction

```
$ ls *.py
data.py     main.py     user_interface.py
```

이 와일드카드를 처리하는 것은 ls 명령이 아니라 전적으로 셸의 몫이다. 셸은 표현식 *.py를 평가해 ls 명령을 실행하기에 앞서, 우리 눈에 보이지 않게 이 표현식과 일치하는 파일명의 목록을 만들어둔다. 따라서 ls 명령은 와일드카드를 **직접 접하지 않는다**. ls 명령의 입장에서는 다음과 같은 명령을 입력받은 셈이 된다.

```
$ ls data.py main.py user_interface.py
```

셸은 1장에서 배운 파이프라인을 처리하는 역할도 담당한다. 셸이 표준 입력과 표준 출력을 투명하게 서로 연결하므로, 이들 스트림을 사용하는 프로그램은 스트림이 무엇과 연결돼 있는지 알지 못한다.

명령이 실행되는 과정 중 일부는 실행된 프로그램(여기서는 ls)이 담당하지만, 셸이 담당하는 부분도 있다. 고급 리눅스 사용자는 이러한 경계를 잘 이해한다. 이러한 이해 덕분에 복잡하고 긴 명령어를 머릿속에서 떠올리고 제대로 실행할 수 있다. 명령 실행 과정을 프로그램과 셸이 어떻게 분담하는지 알고 있으므로, Enter 키를 눌러 명령을 실행하기 전에 이 명령이 실행되는 과정을 **이미 이해하고 있는** 것이다.

이번 장에서는 리눅스 셸에 대한 기본적인 내용을 이해하는 것이 목표다. 1장에서 명령과 파이프를 배울 때와 마찬가지로, 필요한 최소한의 개념만을 배우며 셸을 이해해보자. 수십 가지 셸의 기능을 그저 나열하기보다는 셸을 학습하는 여정에 필요한 정보를 전달하려고 한다.

- 파일명 패턴 매칭
- 값을 저장하기 위한 변수
- 입력과 출력의 리다이렉션

- 특정 셸 기능을 비활성화하기 위한 따옴표 및 이스케이프 문자 사용하기
- 실행할 프로그램의 위치를 파악하기 위한 경로 탐색하기
- 셸 환경의 변경 사항 저장하기

2.1 셸에 관한 용어

셸이라는 단어에는 두 가지 의미가 있다. 첫 번째 의미는 일반적인 리눅스 셸이라는 **개념**을 가리킨다. 이를테면 '셸은 강력한 도구다' 또는 'bash는 셸의 일종이다'라는 설명에서 쓰인 셸의 의미가 이에 해당한다. 셸의 두 번째 의미는 현재 어떤 컴퓨터에서 사용자의 명령을 기다리고 있는 셸의 실행 중인 한 **인스턴스**를 가리킨다.

이 책에서 **셸**이라는 용어를 사용할 때는 대부분의 경우 두 가지 의미 중 어느 의미인지 문맥상 독자가 알 수 있도록 했다. 반드시 구분이 필요한 경우라면, 두 번째 의미에는 **셸 인스턴스**, **실행 중인 셸** 또는 **현재 셸**이라는 표현을 사용했다.

셸 중에는 사용자와 상호작용할 수 있도록 프롬프트를 표시하는 셸이 있다(모든 셸이 프롬프트를 표시하지는 않는다). 이런 셸 인스턴스를 지칭하기 위해 **대화형 셸**(interactive shell)이라는 용어를 사용했다. 대화형 셸이 아닌 셸 인스턴스는 **비대화형 셸**(non-interactive shell)로 지칭했다. 비대화형 셸은 일련의 명령을 실행한 후 종료된다.

2.2 파일명 패턴 매칭

앞서 1장에서는 cut이나 sort, grep 등 파일의 이름을 인수로 받는 몇 가지 명령을 사용했었다. 이들 명령(이 외 다수 명령 역시)은 여러 개의 파일명을 인수로 받는다. 예를 들어 chapter1부터 chapter100까지, 즉 100개의 파일에서 'Linux'라는 단어를 찾으려면 다음과 같은 명령을 사용한다.

📁 chapter02 〉 pattern_matching_for_filenames 〉 grep_chapters_example

```
$ grep Linux chapter1 chapter2 chapter3 chapter4 chapter5 … chapter100
```

여러 개의 파일명을 열거하는 일은 시간을 낭비하기 쉽다. 이런 시간 낭비를 방지할 수 있도록 셸은 비슷한 이름을 가진 여러 개의 파일 또는 디렉터리를 간결하게 그리고 한꺼번에 가리킬 수 있는 특수한 문자를 제공한다. 이들 문자는 주로 와일드카드(wildcard)라고 불리는데, 조금 더 일반적인 용어로는 **패턴 매칭**(pattern matching)이 있다. 패턴 매칭은 리눅스를 빠르게 다루기 위해 가장 널리 쓰이는 두 가지 주요 기법 중 하나다(다른 한 가지는 위 화살표 키를 사용해 이전에 입력했던 명령을 다시 불러오는 명령 히스토리다. 명령 히스토리는 3장에서 자세히 다룬다).

리눅스 사용자라면 대부분 별표 또는 애스터리스크(asterisk)라고 부르는 기호(*)를 알고 있을 것이다. 이 기호는 파일이나 디렉터리 경로에서 임의의 글자의 0개 또는 그 이상 개수로 이뤄진 연속열과 일치하는 것으로 간주된다(점(.)으로 시작하는 이름은 해당되지 않는다).[1]

```
$ grep Linux chapter*
```

이때 우리 눈에 보이지 않는 곳에서는 (grep 명령이 아니라) 셸이 패턴 chapter*를 파일명이 패턴과 일치하는 100개의 파일명으로 교체한다. grep이 실행되는 것은 그다음이다.

애스터리스크 기호 외에 물음표(?) 기호를 알고 있는 사람도 많을 것이다. 물음표 기호는 임의의 한 글자와 일치하는 것으로 간주된다(역시 점으로 시작하는 이름은 해당되지 않는다). 예를 들어 chapter1부터 chapter9까지의 파일에서만 'Linux'라는 단어를 찾고 싶다면, 물음표를 사용해 파일명에 숫자가 한 자리인 파일만을 대상으로 삼을 수 있다.

```
$ grep Linux chapter?
```

물음표를 두 개 사용하면 chapter10부터 chapter99까지의 파일이 대상이 된다.

```
$ grep Linux chapter??
```

각괄호([ ])부터는 아마 익숙하지 않을 수도 있다. 이 기호는 괄호 안에 열거한 글자 중 하나와 일치하는 한 글자 문자열과 일치한다. 예를 들어 chapter1부터 chapter5까지의 파일만을 검색하고 싶다면 다음과 같이 하면 된다.

```
$ grep Linux chapter[12345]
```

---

1 바로 이런 이유로 ls * 명령에서 점(.)으로 시작하는 파일명이 목록에 포함되지 않는다.

열거하는 글자를 대시 기호를 사용해 범위로 나타낼 수도 있다.

```
$ grep Linux chapter[1-5]
```

이 명령은 위의 명령과 같은 의미를 갖는다.

짝수 번호 파일만을 검색하려면 어떻게 해야 할까? 애스터리스크 기호와 각괄호를 조합하면 짝수 번호 파일만을 대상으로 삼을 수 있다.

```
$ grep Linux chapter*[02468]
```

각괄호 안에는 숫자 외의 기호도 열거할 수 있다. 예를 들어 대문자로 시작하고 언더스코어(_)를 포함하고 있으며 @ 기호로 끝나는 이름을 가진 파일을 찾고 싶다면 다음 명령을 사용하면 된다.

📁 chapter02 〉 pattern_matching_for_filenames 〉 files_ending_with_at
```
$ ls [A-Z]*_*@
```

> **Note 용어 해설: 표현식의 평가와 패턴의 확장**
>
> chapter*나 Efficient Linux처럼 명령행에 입력하는 문자열을 **표현식**(expression)이라고 한다. ls -l chapter*처럼 완전한 형태의 명령도 역시 표현식이다.
>
> 셸이 애스터리스크나 파이프 기호와 같은 특별한 문자를 해석하는 과정을 '표현식의 평가'라고 한다.
>
> 패턴 매칭 역시 표현식 평가의 한 가지 유형이다. 셸이 chapter*와 같은 패턴 일치 기호를 처리하면서 표현식을 패턴과 일치하는 파일명의 목록으로 교체하는 과정을 '패턴의 확장'이라고 한다.

명령행에서 디렉터리 또는 파일 경로를 입력해야 하는 자리라면 대부분 패턴을 사용할 수 있다. 예를 들어 /etc 디렉터리 안에 있는 파일 중 확장자가 .conf인 파일의 목록을 확인하고 싶다면 다음 명령을 입력한다.

📁 chapter02 〉 pattern_matching_for_filenames 〉 cd_example
```
$ ls -1 /etc/*.conf
/etc/adduser.conf/etc/appstream.conf
...
/etc/wodim.conf
```

cd 명령처럼 단 하나의 파일 또는 디렉터리만을 인수로 받는 명령에서 패턴을 사용할 때는 주의해야 한다. 잘못하면 우리가 의도하지 않은 동작을 일으킬 수 있다.

```
$ ls
Pictures    Poems       Politics
$ cd P*                              # 세 개의 디렉터리가 패턴과 일치
bash: cd: too many arguments
```

만약 패턴과 일치하는 파일이 없다면, 셸은 패턴을 그대로 명령 인수로서 전달한다. 다음 명령에서는 패턴 *.doc가 일치하는 파일이 현재 작업 디렉터리에 없었기 때문에 ls 명령이 *.doc라는 파일을 직접 찾다가 오류가 발생했다.

```
$ ls *.doc
/bin/ls: cannot access '*.doc': No such file or directory
```

파일 패턴을 다룰 때는 두 가지를 유념해야 한다. 첫 번째는 앞서 강조했듯이, 패턴 매칭을 수행하는 주체는 호출되는 프로그램이 아니라 셸이라는 점이다. 이미 지겹도록 반복하는 말이지만, 의외로 이 사실을 모르는 리눅스 사용자들이 명령에 오류가 발생하거나 명령이 제대로 동작하는 이유를 멋대로 상상하는 경우가 잦다.

두 번째로 유념해야 할 것은 셸이 수행하는 패턴 매칭은 파일 또는 디렉터리만을 대상으로 한다는 점이다. 이 패턴 매칭은 사용자명, 호스트명 혹은 그 외 다른 유형의 인수 값에는 사용할 수 없다. 이를테면 프롬프트에 s?rt라고 입력했다고 해서 sort 명령이 실행되지는 않는다는 이야기다(grep이나 sed, awk 같은 명령은 내부적으로 자체 패턴 매칭 기능을 갖고 있다. 이에 대해서는 5장에서 더 자세히 다룬다).

> **Note** 파일명 패턴 매칭과 사용자 작성 프로그램
>
> 파일명을 인수로 받는 모든 프로그램은 자동적으로 패턴 매칭을 '사용'할 수 있다. 셸이 프로그램이 실행되기 전에 패턴을 평가해주기 때문이다. 여러분이 작성한 프로그램 또는 스크립트도 예외가 아니다. 예를 들어 여러분이 여러 개의 파일을 인수로 받아 영어를 스웨덴어로 번역해주는 english2swedish라는 프로그램을 작성했다면, 이 프로그램은 다음과 같이 실행할 수 있다는 이야기다.
>
> ```
> $ english2swedish *.txt
> ```

2.3 변수 값의 평가

실행 중인 셸은 변수를 정의하고 이 변수에 값을 저장할 수 있다. 셸 변수는 이름과 값을 갖는다는 점에서 수학에서 쓰이는 변수와 비슷하다. 셸 변수의 가장 대표적인 예는 HOME이다. 이 변수의 값은 현재 사용자의 리눅스 홈 디렉터리(예: /home/smith)를 가리킨다. 또 다른 예로는 USER가 있다. 이 변수의 값은 현재 사용자의 사용자명이다. 여기서는 현재 사용자명이 smith라고 가정하고 설명하겠다.

셸 변수 HOME과 USER의 값을 표준 출력으로 출력하려면 printenv 명령을 사용한다.

📁 chapter02 〉 evaluating_variables

```
$ printenv HOME
/home/smith
$ printenv USER
smith
```

셸 변수는 변수명을 변수의 값으로 치환하는 형태로 평가된다. 셸 변수의 이름 앞에 달러 기호를 붙이면 된다. 예를 들어 $HOME은 /home/smith라는 문자열로 평가된다.

셸이 입력된 명령을 어떻게 평가하는지 알아보는 가장 쉬운 방법은 echo 명령을 사용하는 것이다. 이 명령은 인수로 받은 내용을 그대로 출력하는 간단한 프로그램이다(셸의 평가가 끝난 인수 값을 볼 수 있다).

```
$ echo My name is $USER and my files are in $HOME       # 변수 평가
My name is smith and my files are in /home/smith
$ echo ch*ter9                                           # 패턴 평가
chapter9
```

2.3.1 변수 값의 출처는 어디일까?

USER나 HOME 같은 변수는 셸이 미리 정의해두는 변수다. 이들 변수의 값은 사용자가 로그인할 때 자동적으로 설정된다(이 과정의 자세한 내용은 나중에 설명하겠다). 이렇게 사전 정의되는 변수의 이름은 관습적으로 대문자로 쓴다.

다음과 같은 문법을 사용해 기존 변수의 값을 변경하거나 새로운 변수를 정의할 수 있다.

```
name=value
```

예를 들어 /home/smith/Projects 디렉터리에서 작업을 할 일이 많다면 이 값을 다음과 같이 변수 값으로 지정해둘 수 있다.

```
$ work=$HOME/Projects
```

그리고 다음과 같이 cd 명령에서 이 값을 불러 쓸 수 있다.

```
$ cd $work
$ pwd
/home/smith/Projects
```

디렉터리를 입력해야 하는 부분이라면 어디든지 $work 변수를 사용할 수 있다.

```
$ cp myfile $work
$ ls $work
myfile
```

주의할 점은 변수를 정의할 때 = 기호 앞뒤로 공백이 있으면 안 된다는 것이다. = 기호 앞뒤에 공백이 끼어들면, 공백 앞의 내용을 호출할 프로그램명으로 간주하고 그 뒷부분은 인수로 간주해서 오류를 일으킬 것이다.

```
$ work = $HOME/Projects      # 셸은 work를 프로그램명으로 간주한다
work: command not found
```

work 같은 사용자 정의 변수 역시 시스템이 정의한 HOME 변수와 동등한 효력을 갖는다. 의미 있는 차이가 있다면, 일부 프로그램이 이러한 시스템 정의 변수의 값에 따라 동작이 달라질 수 있다는 점 정도다. 예를 들면 그래픽 인터페이스를 가진 리눅스 프로그램은 셸에서 현재 사용자 정보를 알아내 화면에 사용자명을 표시한다. 이러한 프로그램에서는 work 같은 사용자 정의 변수 값은 사용되지 않는다.

2.3.2 변수에 대해 오해하기 쉬운 것

다음과 같이 echo 명령을 사용해 변수의 값을 출력해보자.

```
$ echo $HOME
/home/smith
```

이 결과만 보면, 마치 echo 명령이 변수 값을 알아와서 화면에 출력한 것처럼 느껴진다. 하지만 실제로는 그렇지 않다. echo 명령은 변수에 대해 아무것도 알 수 없다. 단지 인수로 받은 값을 화면에 출력할 뿐이다. 실제로는 echo가 실행되기 전에 셸이 변수명을 평가해 변수의 값으로 치환하고 이를 echo에 인수로 전달한다. echo 명령의 입장에서는 다음과 같이 호출된 것이다.

```
$ echo /home/smith
```

이 점을 이해하는 것이 매우 중요하다. 앞으로 더욱 복잡한 명령을 사용하게 될 것이기 때문이다. 명령을 실행하기에 앞서, 명령에 포함된 변수(패턴 등 다른 것도 마찬가지지만)를 평가하는 주체는 셸이다.

2.3.3 패턴과 변수

독자 여러분이 패턴과 변수의 평가를 얼마나 잘 이해했는지 잠시 확인해보자. 현재 작업 디렉터리에는 두 개의 하위 디렉터리 mammals(포유류)와 reptiles(파충류)가 있다. 그런데 이상하게도 mammals 디렉터리 안에 lizard.txt와 snake.txt 파일이 있다.

📁 chapter02 〉 patterns_vs_variables

```
$ ls
mammals     reptiles
$ ls mammals
lizard.txt   snake.txt
```

이미 알다시피 뱀과 도마뱀은 포유류가 아니다. 따라서 두 파일 모두 reptiles 디렉터리로 옮겨야 한다. 이들 파일을 옮기기 위한 두 가지 방법이 있는데, 하나는 의도한 대로 파일이 제대로 옮겨지지만 다른 하나는 의도한 대로 되지 않는다.

```
mv mammals/*.txt reptiles              # 첫 번째 방법

FILES="lizard.txt snake.txt"
mv mammals/$FILES reptiles             # 두 번째 방법[2]
```

---

[2] 역주 첫 번째 방법으로 파일이 이동했기 때문에 이 명령을 실행하기 전에 lizard.txt와 snake.txt를 다시 mammals 폴더에 옮겨줘야 두 번째 방법을 확인할 수 있다.

첫 번째 방법은 우리가 의도한 대로 동작한다. 패턴이 파일 경로 전체와 일치하기 때문이다. 디렉터리명 mammal이 패턴 mammals/*.txt에 포함돼 두 파일 모두 일치한다.

```
$ echo mammals/*.txt
mammals/lizard.txt    mammals/snake.txt
```

첫 번째 방법은 우리가 다음 명령을 입력한 것과 같은 효과가 있다.

```
$ mv mammals/lizard.txt mammals/snake.txt reptiles
```

두 번째 방법에는 변수가 쓰였다. 변수는 문자열 리터럴 값 그대로 평가될 뿐, 파일 경로에 대한 특별한 처리는 되지 않는다.

```
$ echo mammals/$FILES
mammals/lizard.txt snake.txt
```

따라서 두 번째 방법은 우리가 다음 명령을 입력한 것과 동등하다.

```
$ echo mammals/lizard.txt snake.txt reptiles
```

두 번째 방법의 명령이 유효하려면 snake.txt 파일이 현재 작업 디렉터리에 있어야 한다. 하지만 이 파일은 mammals 디렉터리에 있으니 오류가 발생한다.

```
$ mv mammals/$FILES reptiles
/bin/mv: cannot stat 'snake.txt': No such file or directory
```

변수를 사용해 이 일을 제대로 처리하려면, 다음과 같이 for 반복문을 사용해 각 파일명 앞에 디렉터리명을 따로 붙여줘야 한다.

```
FILES="lizard.txt snake.txt"
for f in $FILES; do
  mv mammals/$f reptiles
done
```

2.4 별명을 사용해 명령 단축하기

변수는 값을 대신하는 이름이다. 이와 달리 명령을 대신하는 이름도 있다. 이런 이름을 **별명**(alias)이라고 한다. 이름 뒤에 등호 기호를 입력하고 그 뒤에 값을 기입하면 별명을 정의할 수 있다.

📁 chapter02 〉 shortening_commands_with_aliases

```
$ alias g=grep                # 인수가 없는 명령
$ alias ll="ls -l"            # 인수가 있는 명령: 따옴표가 필요하다
```

별명을 입력하면 저장된 명령이 대신 실행된다. 일반적으로 별명이 원래의 명령보다 짧기 때문에 결국 그만큼 명령을 입력하는 시간을 아끼게 된다.

```
$ ll                                    # "ls -l" 명령이 실행된다
-rw-r--r-- 1 smith smith 325 Jul 3 17:44 animals.txt
$ g Nutshell animals.txt                # "grep Nutshell animals.txt" 명령이 실행된다
horse   Linux in a Nutshell      2009  Siever, Ellen
donkey  Cisco IOS in a Nutshell  2005  Boney, James
```

> **Note** ≡ 별명을 정의할 때는 일부분이 아닌 완전한 형태의 명령을 대신해야 한다. 자세한 내용은 man bash를 입력해 나오는 도움말을 참조하라.

기존 명령과 동일한 이름으로 별명을 지을 수도 있다. 이렇게 하면 사용하는 셸에서 별명이 원래 명령을 대체하게 된다. 이런 방법을 명령에 대한 섀도잉(shadowing)이라고 한다. 예를 들어 less 명령을 사용해 파일의 내용을 확인하려고 할 때, 파일 내용 출력 전에 화면을 지우고 싶다고 하자. 이 기능은 -c 옵션을 사용하면 되므로 'less'라는 이름으로 less -c 명령을 실행하는 별명을 정의한다.[3]

```
$ alias less="less -c"
```

이름이 같을 경우 명령보다는 별명이 우선적으로 처리되기 때문에 현재 셸에서는 less 명령이 같은 이름의 별명에 '가려진' 상태가 된다. 이 '우선 처리'가 무슨 뜻인지는 2.7절의 노트 '검색 경로와 별명'에서 더 자세히 설명한다.

---

[3] bash에서는 별명이 반복 확장되는 것을 방지하기 위해 확장된 less는 별명으로 인식하지 않는다.

셸 인스턴스의 별명과 그 값을 확인하려면 인수 없이 alias 명령을 실행한다.

```
$ alias
alias g='grep'
alias ll='ls -l'
```

어떤 특정한 별명의 값을 확인하려면 alias 뒤로 확인할 별명의 이름을 지정한다.

```
$ alias g
alias g='grep'
```

정의된 별명을 제거하려면 unalias 명령 뒤에 별명을 붙여 실행한다.

```
$ unalias g
```

2.5 입력과 출력 리다이렉트하기

셸은 셸에서 실행되는 명령의 입력과 출력을 모두 관장한다. 이미 파이프에서 이러한 사례를 본 적이 있다. 파이프는 어떤 명령의 표준 출력을 다른 입력의 표준 입력으로 연결하는 역할을 한다. 파이프 문법 기호 | 역시 셸의 기능 중 하나다.

셸의 또 다른 기능은 표준 출력을 파일로 연결하는 것이다. 예를 들어 grep 명령을 사용해 예제 1-1과 같은 내용의 animals.txt 파일에서 패턴과 일치하는 부분을 찾는다고 하자. 이렇게 하면 grep 명령의 결과는 화면에 출력된다.

📁 chapter02 〉 redirecting_input_output

```
$ grep Perl animals.txt
alpaca    Intermediate Perl        2012    Schwartz, Randal
```

셸의 기능인 출력 리다이렉션(output redirection)을 사용하면 이 출력 내용을 화면 대신 파일로 보낼 수 있다. 명령 끝에 > 기호를 붙이고 출력 내용을 받을 파일명을 쓰면 된다.

```
$ grep Perl animals.txt > outfile         # 화면에 출력되는 내용 없음
$ cat outfile
alpaca    Intermediate Perl        2012    Schwartz, Randal
```

이렇게 화면으로 출력되던 내용을 파일 outfile에 보냈다. 이때 outfile 파일이 없다면 새로운 파일이 생성되고, 기존 파일이 있다면 파일 내용이 덮어 씌워진다. 파일 내용을 덮어 쓰지 않고 끝에 이어서 기록하고 싶다면 >> 기호를 사용한다.

```
$ grep Perl animals.txt > outfile
$ echo There was just one match >> outfile
$ cat outfile
alpaca   Intermediate Perl        2012   Schwartz, Randal
There was just one match
```

출력 리다이렉션과 짝을 이루는 입력 리다이렉션(input redirection) 기능도 있다. 입력 리다이렉션은 표준 출력을 키보드 대신 파일에 연결하는 기능이다. 입력 리다이렉션을 사용하려면 명령 끝에 < 기호를 붙이고 입력 내용을 읽어올 파일명을 쓰면 된다.

리눅스 명령 중에는 파일명을 인수로 받아 해당 파일의 내용을 입력받거나 인수 없이 실행한 후 표준 입력을 통해 키보드로부터 입력을 받는 형태가 많다. 이러한 예 중 하나가 파일 내용의 줄 수, 단어 수, 글자 수를 세어주는 wc 명령이다.

```
$ wc animals.txt              # 파일명을 인수로 받아 파일의 내용을 입력받음
   7   51  325 animals.txt
$ wc < animals.txt            # 파일과 연결된 표준 입력을 통해 입력받음
   7   51  325
```

> **표준 오류(stderr)와 리다이렉션**
>
> 리눅스를 사용하다 보면 > 기호를 사용한 리다이렉션이 불가능한 출력이 있음을 알게 될 것이다. 오류 메시지 등이 이에 해당하는데, 예를 들어 cp 명령으로 존재하지 않는 파일을 복사하려 시도하면 다음과 같은 오류 메시지가 출력된다.
>
> ```
> $ cp nonexistent.txt file.txt
> cp: cannot stat 'nonexistent.txt': No such file or directory
> ```
>
> 표준 출력(stdout)을 파일로 리다이렉트해봐도, 오류 메시지가 그대로 화면에 출력된다.
>
> ```
> $ cp nonexistent.txt file.txt > errors
> cp: cannot stat 'nonexistent.txt': No such file or directory
> ```
>
> 그리고 리다이렉트 대상이 된 파일 error는 내용이 없다.
>
> ```
> $ cat errors              (출력 내용 없음)
> ```

◐ 계속

이렇게 되는 이유가 무엇일까? 리눅스 명령이 사용하는 출력 스트림은 하나가 아니기 때문이다. 표준 출력 외에도 표준 오류(stderr)라는 스트림이 오류 메시지 출력을 담당한다. 표준 출력과 표준 오류는 외부에서 봤을 때는 모두 화면에 출력되지만 내부적으로는 별개로 동작한다. 표준 오류 스트림을 리다이렉트하려면 파일명 앞에 2> 기호를 사용한다.

```
$ cp nonexistent.txt file.txt 2> errors
$ cat errors
cp: cannot stat 'nonexistent.txt': No such file or directory
```

리다이렉트된 내용을 파일 뒤에 추가하려면 2>> 기호를 사용한다.

```
$ cp nonexistent.txt file.txt 2> errors
$ cp another.txt file.txt 2>> errors
$ cat errors
cp: cannot stat 'nonexistent.txt': No such file or directory
cp: cannot stat 'another.txt': No such file or directory
```

같은 파일에 표준 출력과 표준 오류 스트림을 모두 리다이렉트하려면 &> 기호를 사용한다.

```
$ echo This file exists > goodfile.txt
$ cat goodfile.txt nonexistent.txt &> all.output
$ cat all.output
This file exists
cat: nonexistent.txt: No such file or directory
```

이 두 명령이 어떻게 다르게 동작하는지 잘 이해하는 것은 매우 중요하다.

- 첫 번째 명령에서는 wc 명령이 파일명 animals.txt를 인수로 받아 실행된다. 그리고 animals.txt 파일이 존재한다는 것을 확인하고 이 파일을 열어 파일의 내용을 읽어들인다.
- 두 번째 명령에서는 wc 명령이 인수 없이 실행된다. 따라서 표준 입력에서 (키보드로 입력된) 입력을 받는다. 또한, 셸은 원래라면 화면에 연결됐을 표준 출력을 animals.txt 파일로 연결한다. 그러나 이 과정은 wc에 알려지지 않으며, 따라서 wc는 animals.txt 파일의 존재도 알 수 없다.

입력과 출력을 하나의 명령 안에서 모두 리다이렉트할 수도 있다.

```
$ wc < animals.txt > count
$ cat count
   7   51  325
```

여기서 파이프를 동시에 사용하는 것도 물론 가능하다. 다음 명령을 보면, grep 명령은 표준 출력으로 들어온 animals.txt 파일의 내용을 처리하고 그 결과를 wc 명령에 넘겨 다시 그 결과를 count 파일에 출력한다.

```
$ grep Perl < animals.txt | wc > count
$ cat count
      1       6      47
```

이렇게 여러 명령을 결합한 명령은 8장에서 더 자세히 다룬다. 이 외에도 아주 많은 예제를 보게 될 것이다.

2.6 따옴표와 이스케이프를 이용해 변수의 평가를 차단하기

일반적인 상황에서 셸은 공백을 이용해 단어를 구분한다. 공백을 기준으로 하면, 다음 명령은 네 개의 단어로 구성된다. 첫 번째는 프로그램의 이름이고 나머지는 인수 값이 된다.

📁 chapter02 〉 disabling_evaluation_quotes_escapes

```
$ ls file1 file2 file3
```

그러나 공백을 단어를 구분하는 역할이 아니라 공백 그 자체로 사용해야만 하는 경우가 있다. 다음 코드의 출력 값 Efficient Linux Tips.txt와 같이 파일명에 포함된 공백이 가장 흔한 경우다.

```
$ ls -l
-rw-r--r-- 1 smith smith 36 Aug 9 22:12 'Efficient Linux Tips.txt'
```

명령행에서 위와 같은 파일을 가리키는 경우, 파일명에 포함된 공백 문자가 단어의 구분으로 해석돼 우리가 원하는 명령이 실행되지 않는다.

```
$ cat Efficient Linux Tips.txt
cat: Efficient: No such file or directory
cat: Linux: No such file or directory
cat: Tips.txt: No such file or directory
```

이러한 공백 문자를 파일명의 일부로 이해하게 하는 방법으로는 세 가지가 있는데, 다음과 같이 작은따옴표, 큰따옴표, 역슬래시를 사용하는 것이다.

```
$ cat 'Efficient Linux Tips.txt'
$ cat "Efficient Linux Tips.txt"
$ cat Efficient\ Linux\ Tips.txt
```

작은따옴표를 사용하면 작은따옴표로 감싼 부분의 모든 문자가 해당 문자 그대로 취급된다. 따라서 공백이나 $처럼 셸에서 쓰이는 특별한 의미도 모두 무시된다.

```
$ echo '$HOME'
$HOME
```

큰따옴표로 감싼 부분은 $와 그 외 몇 가지 특수한 문자의 의미를 해석하되 그 외 문자는 해당 문자 그대로 취급된다. '그 외 몇 가지'가 무엇인지는 뒤에서 자세히 설명한다.

```
$ echo "Notice that $HOME is evaluated"    # 큰따옴표
Notice that /home/smith is evaluated
$ echo 'Notice that $HOME is evaluated'    # 작은따옴표
Notice that $HOME is evaluated
```

역슬래시는 이스케이프 문자(escape character)라고도 하며, 뒤에 오는 문자를 해당 문자 그대로 해석하라는 의미를 갖는다. 다음 명령은 $ 기호를 이스케이프한 예다.

```
$ echo \$HOME
$HOME
```

역슬래시는 큰따옴표 안에서도 이스케이프 문자의 기능을 갖는다.

```
$ echo "The value of \$HOME is $HOME"
The value of $HOME is /home/smith
```

하지만 작은따옴표 안에서는 효력이 없다.

```
$ echo 'The value of \$HOME is $HOME'
The value of \$HOME is $HOME
```

큰따옴표 안에서 큰따옴표 기호를 사용하려면 역슬래시로 이스케이프하면 된다.

```
$ echo "이 메시지는 \"흥미\"롭군"
이 메시지는 "흥미"롭군
```

줄 맨 끝의 역슬래시는 우리 눈에 보이지 않지만 행 끝에 존재하는 개행 문자를 무효화한다. 이 기능을 이용하면 여러 줄로 이어지는 긴 명령을 입력할 수 있다.

```
$ echo "이 메시지는 아주 길기 때문에 \
한 줄에 다 쓸 수 없다"
이 메시지는 아주 길기 때문에 한 줄에 다 쓸 수 없다
```

줄 맨 끝의 역슬래시를 잘 활용하면 파이프라인의 가독성을 크게 향상시킬 수 있다. 앞서 1.2.6절에서 본 여섯 번째 명령을 다음과 같이 정리했다.

```
$ cut -f1 grades \
  | sort \
  | uniq -c \
  | sort -nr \
  | head -n1 \
  | cut -c9
```

이런 용도 때문에 역슬래시를 줄 연결 문자(line continuation character)라고 부르기도 한다.

별명 앞에 역슬래시를 쓰면 설정된 별명을 무시하며, 섀도잉의 영향을 받지 않고 해당 이름의 프로그램을 사용할 수 있다.

```
$ alias less="less -c"        # 별명을 설정한다
$ less                        # 별명이 설정된 대로 less -c가 실행된다
$ \less myfile                # 별명을 무시하고 less가 그대로 실행된다
```

2.7 실행할 프로그램 찾기

셸이 입력받은 내용은 그 자체로는 의미 없는 문자의 나열에 불과하다. 하지만 셸은 순식간에 ls *.py라는 명령을 'ls'와 '*.py'라는 두 개의 단어로 분해한다. 여기서 첫 번째 단어 'ls'는 파일 시스템 안에 있는 프로그램의 이름이므로 실행할 프로그램을 찾아나선다.

프로그램 ls는 /bin에 위치한 실행 파일이다. 다음 명령으로 ls의 위치를 확인할 수 있다.

```
$ ls -l /bin/ls
-rwxr-xr-x 1 root root 133792 Jan 18 2023 /bin/ls
```

아니면 cd /bin 명령으로 작업 디렉터리를 옮긴 후 ls 명령으로 ls 파일을 찾는 이상한 명령을 사용할 수도 있다.

```
$ ls ls
ls
```

셸은 /bin에 위치한 ls 실행 파일을 어떻게 찾아낼까? 셸 내부에서는 미리 메모리에 저장된 디렉터리의 목록을 뒤져 실행 파일을 찾는다. 이 목록을 검색 경로(search path)라고 한다. 검색 경로의 내용은 셸 변수 PATH의 내용을 확인하면 알 수 있다.

```
$ echo $PATH
/home/smith/bin:/usr/local/bin:/usr/bin:/bin:/usr/games:/usr/lib/java/bin
```

검색 경로는 각 디렉터리의 이름을 콜론(:)으로 구분한다. 알아보기 쉽도록 문자 치환 기능을 가진 tr 명령(이 명령은 5장에서 자세히 설명한다)을 사용해 콜론을 개행 문자로 치환해보자.

```
$ echo $PATH | tr : "\n"
/home/smith/bin
/usr/local/bin
/usr/bin
/bin
/usr/games
/usr/lib/java/bin
```

셸은 검색 경로에 포함된 디렉터리를 차례로 순회하며 ls와 같은 실행 파일을 찾는다. "/home/smith/bin에는 ls가 있나요? 아니요. /usr/local/bin에는 ls가 있나요? 아니요. /usr/bin에는 있나요? 여기도 없네요. /bin/ls는 있나요? 네! 여기에 있네요. /bin/ls를 실행합니다."와 같은 식이다. 다만 인간이 체감하기에는 이 과정이 너무 빠를 뿐이다.[4]

검색 경로에서 프로그램을 찾기 위해 which 명령을 사용한다.

```
$ which cp
/usr/bin/cp
$ which which
/usr/bin/which
```

---

[4] 셸 중에는 찾아놓은 결과를 저장해둬 같은 검색을 반복하지 않도록 된 것도 있다.

which와 비슷하지만 더 강력한 명령인 type 명령도 있다. type은 셸 내장 명령으로 별명, 함수, 셸 내장 명령 등을 찾는다.[5]

```
$ type cp
cp is hashed (usr/bin/cp)
$ type ll
ll is aliased to '/bin/ls -l'
$ type type
type is a shell builtin
```

여러분의 검색 경로에 포함된 여러 곳의 디렉터리에 같은 이름의 프로그램이 있을 수도 있다. 이 중 검색 경로에서 가장 앞서는 디렉터리에서 발견된 프로그램이 실행된다. 이 점을 활용해 검색 경로에 담긴 순서를 따라 특정 리눅스 명령을 오버라이드할 수 있다. $HOME/bin 디렉터리를 검색 경로 앞에 넣어 사용자 홈 디렉터리 안에 있는 실행 파일을 우선 실행하는 것이 이러한 예다.

> **Note ≡ 검색 경로와 별명**
>
> 셸은 프로그램을 찾을 때 검색 경로보다 먼저 별명 목록을 찾는다. 별명을 이용해 별명과 같은 이름의 프로그램을 섀도잉(별명을 우선 실행)할 수 있는 것도 이 때문이다.

검색 경로는 어렵게만 보였던 리눅스의 내부 동작이 매우 간단하다는 것을 알게 해주는 좋은 예다. 셸은 아무것도 없이 마법처럼 실행 파일을 찾는 것이 아니다. 체계적으로 대상 디렉터리를 뒤지며 필요한 실행 파일을 찾아나가는 것이다.

2.8 환경 설정 및 초기화 파일, 간단히 설명하기

셸은 검색 경로, 작업 디렉터리, 선호하는 텍스트 편집기, 사용자 정의 셸 프롬프트 등 여러 가지 중요한 정보를 변수를 이용해 저장한다. 실행 중인 셸에 저장된 변수와 그 값을 통틀어 셸의 환경(environment)이라고 한다. 셸이 종료되면 셸의 환경은 사라진다.

---

[5] which type은 결과가 나오지 않지만, type which는 결과가 출력된다는 것만 봐도 이를 알 수 있다.

셸의 환경을 매번 직접 정의하는 과정은 매우 귀찮은 일이다. 셸 스크립트에 환경 정보를 모두 저장해두고 셸을 실행할 때마다 이 정보를 읽어들이게 하면 귀찮은 일을 피할 수 있다. 이렇게 사용된 셸 스크립트를 시작 파일(startup file)이나 초기화 파일(initialization file)이라고 한다. 이 방법으로 우리가 원하는 정보를 '모든 셸이 공유'하게끔 할 수 있다.

셸의 환경을 설정하는 매우 복잡한 세부 사항은 6.5절 '환경 설정하기'에서 더 자세히 다룬다. 지금은 이어지는 내용을 설명하기 위해 필요한 초기화 파일 하나만을 만들어본다. 이 초기화 파일은 여러분의 홈 디렉터리에 위치하며 .bashrc라는 이름('닷 배시 알 씨'라고 읽는다)을 갖는다. 이 파일의 이름이 점으로 시작하기 때문에 ls 명령의 기본 설정으로는 이 파일을 볼 수 없다.

```
$ ls $HOME
apple banana carrot
$ ls -a $HOME
.bashrc apple banana carrot
```

$HOME/.bashrc 파일이 없다면 텍스트 편집기를 사용해 파일을 생성하길 바란다. 이 파일에 기재된 명령은 셸이 시작될 때마다 실행된다.[6] 따라서 셸의 환경 정보나 별명 같은 중요한 정보를 적기에 안성맞춤이다. 다음은 예제로 만든 .bashrc 파일이며, #으로 시작하는 줄은 주석이다.

```
# 검색 경로 설정
PATH=$HOME/bin:/usr/local/bin:/usr/bin:/bin
# 사용자 정의 셸 프롬프트 설정
PS1='$ '
# 선호하는 텍스트 편집기 설정
EDITOR=emacs
# 초기 작업 디렉터리 설정
cd $HOME/Work/Projects
# 별명 설정
alias g=grep
# 따뜻한 인사 메시지 한 줄 설정
echo "Welcome to Linux, friend!"
```

$HOME/.bashrc 파일의 내용을 수정해도 현재 실행 중인 셸에는 영향을 끼치지 않으며 새로 실행한 셸만이 영향을 받는다. 다음 명령을 실행하면 해당 셸은 실행 중인 셸이더라도 수정된 $HOME/.bashrc 파일의 내용이 적용된다.

---

6 조금 지나치게 뭉뚱그려 표현한 것이다. 자세한 내용은 표 6-1을 참조하라.

```
$ source $HOME/.bashrc          # 내장 명령 source를 사용한다
$ . $HOME/.bashrc               # 점을 사용한다
```

이러한 과정을 초기화 파일 적용(sourcing)이라고 한다. 앞으로 "닷 배시 알 씨 파일을 다시 적용하세요"라는 말을 듣는다면 위의 명령 중 하나를 실행하면 된다.

> ⚠️ **Warning** 실제 사용할 설정에서는 모든 설정 내용을 $HOME/.bashrc 파일 하나에 다 모아두면 안 된다. 6.5절 '환경 설정하기' 항목을 읽은 다음, 여러분이 작성한 $HOME/.bashrc 파일을 검토하고 각 명령을 적절한 파일로 옮기길 바란다.

2.9 정리

이번 장에서는 bash의 몇 가지 기능과 가장 기본적인 사용법을 알아봤다. 앞으로 이어지는 장들, 특히 6장에서 집중적으로 셸의 여러 가지 기능을 배우게 될 것이다. 지금은 다음 개념만 확실히 이해하고 넘어가면 된다.

- 셸은 여러 가지 중요한 기능을 한다.
- 셸은 명령을 실행하기 전 입력받은 명령행을 평가한다.
- 명령을 실행할 때 표준 입력, 표준 출력, 표준 오류 스트림을 다른 곳으로 리다이렉트할 수 있다.
- 따옴표와 이스케이프를 사용하면 특수 문자가 원래 의미 대신 문자 그대로 평가된다.
- 셸은 검색 경로에 포함된 디렉터리 목록을 차례로 뒤지며 실행할 프로그램을 찾는다.
- $HOME/.bashrc 파일의 내용을 통해 셸의 기본 동작 설정을 바꿀 수 있다.

Enter 키를 누르기 전에 명령의 의미를 제대로 이해하고 명령의 실행 결과를 제대로 예측하려면, 셸에서 프로그램이 실행되는 과정 중 프로그램과 셸의 경계가 어디쯤에 위치하는지를 잘 알아둬야 한다.

3장
실행했던 명령을 다시 실행하기

3.1 명령 히스토리 열람하기
3.2 명령 히스토리에서 이전 명령 불러오기
3.3 명령행 편집
3.4 정리

1.3절 '중복 파일 찾아내기'에서 사용했던 다음과 같은 길고 복잡한 파이프라인 명령을 조금 전 실행했다고 생각해보자.

```
$ md5sum *.jpg | cut -c1-32 | sort | uniq -c | sort -nr
```

이 명령을 다시 한 번 실행하려고 한다. 잠깐! 명령을 다시 입력하는 대신, 셸이 이전 명령을 다시 불러오도록 해보자. 셸은 이전에 여러분이 입력했던 명령을 내부적으로 저장하고 있다. 입력했던 명령을 다시 실행할 때는 키를 몇 번 눌러서 저장된 명령을 다시 불러올 수 있다. 셸의 이러한 기능을 명령 히스토리(command history)라고 한다. 숙련된 리눅스 사용자라면 매우 자주 사용하는 기능으로, 작업 속도를 향상시키고 시간 낭비를 줄일 수 있다.

예를 들어 앞의 명령에서 'jpg'를 'jg'로 잘못 입력한 상황을 생각해보자.

```
$ md5sum *.jg | cut -c1-32 | sort | uniq -c | sort -nr
```

오타를 수정하기 위해 오타가 난 자리까지 Backspace 키를 누른 다음, 나머지 명령을 다시 입력하지 않아도 된다. 그 자리에서 바로 틀린 부분만을 수정할 수 있다. 오타를 수정하거나 텍스트 편집기처럼 명령을 수정할 수 있는 셸의 이러한 기능을 명령행 편집(command-line editing)이라고 한다.

이번 장에서는 명령 히스토리와 명령행 편집 기능을 사용해 시간은 물론 입력 타수까지 크게 절약하는 방법을 알아본다. 이번 장 역시 모든 기능을 다루지는 않으며, 이러한 기능 중 가장 실용적이고 유용한 부분만을 골라 설명할 것이다(bash 이외의 셸을 사용 중이라면 부록 B를 참고하라).

> **Note ≡** 이 책의 내용은 타자 입력 속도가 빨라야 더 큰 효과를 볼 수 있다. 아무리 셸에 대해 잘 알더라도 타자 속도가 분당 40단어 정도라면, 셸에 대해 똑같이 잘 알고 분당 120단어를 치는 친구가 나보다 네 배 작업 능률이 더 좋을 것이다. 웹에서 '타자 속도 측정'을 검색해 여러분의 타자 속도를 측정해본 다음, 타자 연습 프로그램을 통해 타자 속도를 향상시키길 바란다. 분당 100단어까지 속도를 낼 수 있다면 연습의 효과를 충분히 얻을 수 있다.

3.1 명령 히스토리 열람하기

명령 히스토리는 간단히 말해 여러분이 대화형 셸에 입력했던 이전 명령의 목록이다. 셸에서 명령 히스토리의 내역을 보려면 셸 내장 명령 history를 사용한다. 출력된 내용은 시간순이며 찾기 쉽게 일련번호가 부여돼 있다. 다음과 같은 형태로 출력된다.

📁 chapter03

```
$ history
  1000 cd $HOME/Music
  1001 ls
  1002 mv jazz.mp3 jazzy-song.mp3
  1003 play jazzy-song.mp3
  ...                              # 이 사이의 479줄은 생략
  1481 cd
  1482 firefox https://google.com
  1483 history                     # 지금 막 실행한 명령까지 포함된다
```

history 명령의 출력 결과는 수백 줄(또는 그 이상)에 이른다. 정수로 인수를 지정하면 원하는 수만큼의 최근 명령을 볼 수 있다.

```
$ history 3                        # 최근 세 개의 명령 히스토리를 출력한다
  1482 firefox https://google.com
  1483 history
  1484 history 3
```

history의 결과는 표준 출력 스트림으로 출력되므로 파이프를 이용해 추가로 처리할 수 있다. 예를 들어 명령 히스토리를 한 화면씩 나눠보고 싶다면 다음과 같이 하면 된다.

```
$ history | less                   # 오래된 것부터 보기
$ history | sort -nr | less        # 최근 것부터 보기
```

이전에 사용했던 cd 명령만 모아 볼 수도 있다.

```
$ history | grep -w cd
  1000 cd $HOME/Music
  1092 cd ..
  1123 cd Finances
  1375 cd Checking
```

```
1481 cd
1485 history | grep -w cd
```

현재 셸의 명령 히스토리를 모두 삭제하려면 -c 옵션을 사용한다.

```
$ history -c
```

3.2 명령 히스토리에서 이전 명령 불러오기

셸의 명령 히스토리에서 이전 명령을 불러오는 방법으로는 다음 세 가지가 있다.

커서링
매우 간단하지만 실제 사용하려면 느린 경우가 많다.

히스토리 확장
배우기 까다롭지만(솔직히 어렵긴 하다) 매우 빠르게 사용할 수 있다.

증분 검색
간단하며 빠르다.

상황마다 더 적합한 방법이 있으므로 세 가지 방법을 모두 익혀두기를 권장한다. 여러 가지 방법을 사용할 수 있어야 각 상황에 맞는 방법을 골라 쓸 수 있는 법이다.

3.2.1 명령 히스토리를 거슬러 올라가기

셸에서 이전에 입력한 명령을 불러오려면, 위 화살표(↑) 키를 누르면 된다. 위 화살표 키를 계속 누르면 입력했던 순서의 역순으로 이전 명령을 불러온다. 아래 화살표(↓) 키를 누르면 반대로 동작한다(입력했던 순서대로 명령을 불러온다). 원하는 명령을 불러왔다면 [Enter] 키를 눌러 실행할 수 있다.

명령 히스토리를 거슬러 올라가 이전 명령을 불러오는 방법은 리눅스를 사용할 때 시간을 가장 많이 절약해주는 두 가지 방법 중 하나다(다른 하나는 2장에서 배웠던 파일명 패턴 매칭에 쓰이는 * 기호다). 명령 히스토리를 거슬러 올라가는 방법은 원하는 이전 명령을 비교적 최근에 사용했을 때 특히 효율이 좋다. 입력한 지 오래된 명령이라면 조금 귀찮아진다. 위 화살표 키를 137번이나 누르려면 아무래도 시간이 걸리기 마련이다.

가장 효율적인 경우는 바로 전에 입력했던 명령을 불러오는 것이다. 대부분의 키보드에서 위 화살표 키는 Enter 키 근처에 있으므로 손가락을 다닥 튕기는 빠른 동작으로도 가능하다. 나는 풀 사이즈 쿼티 자판을 사용할 때 이 두 키를 빠르게 누를 수 있도록 오른손 약지를 위 화살표 키에, 오른손 검지를 Enter 키에 둔다(직접 해보기를 권장한다).

> **Note** 명령 히스토리에 대해 자주 듣는 질문
>
> **명령 히스토리에 이전 명령이 몇 개까지 저장되는가?**
>
> 명령 히스토리에 저장되는 최대 개수는 500개 또는 환경변수 HISTSIZE에 저장된 개수까지다. 이 변수의 값은 다음과 같이 설정할 수 있다.
>
> ```
> $ echo $HISTSIZE
> 500
> $ HISTSIZE=10000
> ```
>
> 컴퓨터 메모리의 가격이 저렴하고 충분히 갖춰져 있으므로 HISTSIZE의 값을 크게 먼 과거 명령까지 기억하도록 해도 문제가 없다(10,000개의 명령 히스토리는 약 200kb의 메모리를 차지한다). 과감하게 -1로 설정해 명령 히스토리 개수를 무제한으로 두는 것도 가능하다.
>
> **명령 히스토리에 저장되는 내용은 정확히 어떤 것인가?**
>
> 명령 히스토리에는 여러분이 입력한 내용이 평가되지 않은 그대로 저장된다. 만약 ls $HOME이라는 명령을 실행했다면, 명령 히스토리에 ls $HOME은 담기지만 ls /home/smith는 담기지 않는다(한 가지 예외가 있는데, 이는 3.2.2절의 노트 '명령 히스토리 표현식은 명령 히스토리에 저장되지 않는다'를 참고하자).
>
> **동일한 명령을 반복 입력해도 명령 히스토리에 반복해서 저장되는가?**
>
> 이 동작은 환경변수 HISTCONTROL의 값에 따라 달라진다. 이 변수가 설정돼 있지 않다면 반복되는 동일한 명령도 반복적으로 저장된다. 이 변수의 값이 ignoredups(나는 이 설정을 추천한다)로 돼 있다면 연속적으로 입력된 동일한 명령은 한 번만 저장된다(그 외 다른 설정은 man bash 명령으로 확인해보길 바란다).
>
> ```
> $ HISTCONTROL=ignoredups
> ```
>
> **서로 다른 셸이 명령 히스토리를 공유하는가?**
>
> 각각의 셸은 저마다 별도의 명령 히스토리를 갖는다.

○ 계속

> **지금 막 실행한 대화형 셸에 명령 히스토리가 있다. 왜 그런가?**
>
> 대화형 셸을 닫으면, 그때까지의 명령 히스토리를 $HOME/.bash_history 파일이나 환경변수 HISTFILE에 설정된 값이 가리키는 파일에 저장한다.
>
> ```
> $ echo $HISTFILE
> /home/smith/.bash_history
> ```
>
> 그리고 새로 셸을 실행하면 이 파일에서 명령 히스토리를 불러온다. 이 때문에 지금 막 실행한 셸에도 명령 히스토리가 존재하는 것이다. 만약 여러 개의 셸을 사용한다면 모든 셸이 명령 히스토리를 같은 파일에 저장하므로, 새로운 셸을 실행했을 때 어떤 명령 히스토리가 복원될지를 정확하게 예측하기는 어렵다.
>
> 환경변수 HISTFILESIZE는 파일에 저장할 명령 히스토리의 건수를 설정한다. HISTSIZE 변수의 값을 변경해 명령 히스토리 건수를 조정했다면 이 변수 역시 함께 수정하는 것이 좋다.
>
> ```
> $ echo $HISTFILESIZE
> 500
> $ HISTFILESIZE=10000
> ```

3.2.2 히스토리 확장

히스토리 확장은 특별한 표현식을 통해 명령 히스토리에 접근하는 셸의 기능이다. 이 표현식은 느낌표 기호(일반적으로 '뱅'이라고 읽는다)로 시작한다. 예를 들어 느낌표 기호 두 개(!!)는 바로 이전에 입력한 명령으로 평가된다.

```
$ echo Efficient Linux
Efficient Linux
$ !!                    # 느낌표 두 개 = 바로 이전 명령
echo Efficient Linux    # 현재 실행되는 명령을 보여준다
Efficient Linux
```

명령 히스토리에서 어떤 특정한 문자열로 '시작'하는 가장 최근 명령을 사용하려면, 느낌표 뒤로 이 문자열을 붙여 입력한다. Enter 키를 누르면 가장 최근에 실행했던 grep 명령이 실행된다. !grep을 입력해보자.

```
$ !grep
grep Perl animals.txt
alpaca    Intermediate Perl      2012     Schwartz, Randal
```

명령 히스토리에서 어떤 특정한 문자열을 '포함'하는 가장 최근 명령을 사용하려면, 다음과 같이 물음표로 해당 문자열을 감싼 표현식을 입력한다.[1]

```
$ !?grep?
history | grep -w cd
  1000 cd $HOME/Music
  1092 cd ..
  ...
```

이 외에도 명령 히스토리의 특정 위치(history 명령의 출력에서 본 좌측 숫자)에 저장된 명령을 불러올 수도 있다. 예를 들어 표현식 !1203은 '명령 히스토리에 1,203번째 저장된 명령을 불러오라'는 뜻이다.

```
$ history | grep hosts
  1203 cat /etc/hosts
$ !1203                    # 명령 히스토리에 1203번째 명령을 불러온다
cat /etc/hosts
127.0.0.1       localhost
127.0.1.1       example.oreilly.com
::1             example.oreilly.com
```

이때 음수 값을 사용하면 상대적 위치를 가리킬 수 있다. 예를 들어 표현식 !-3은 '마지막 명령부터 역순으로 세 번째에 위치하는 명령'을 가리킨다.

```
$ history
  4197 cd /tmp/junk
  4198 rm *
  4199 head -n2 /etc/hosts
  4199 cd
  4200 history
$ !-3                      # 마지막 명령부터 역순으로 세 번째에 위치하는 명령을 불러온다
head -n2 /etc/hosts
127.0.0.1       localhost
127.0.1.1       example.oreilly.com
```

히스토리 확장은 빠르고 편리하지만, 한눈에 이해하기 어렵다. 그리고 정확한 값을 입력하지 않으면 의도치 않은 명령이 그대로 실행될 수 있다. 위의 예제를 다시 한 번 살펴보자. 만약 표현식 !-3을 입력하려다 오타를 내서 !-4를 입력했다면, 우리가 실행하려던 head 명령 대신 rm * 명령이

---

[1] 여기서는 뒤에 오는 물음표를 생략 가능하지만, sed 스타일의 히스토리 확장처럼 뒤에 오는 물음표가 반드시 필요한 경우도 있다.

실행돼 홈 디렉터리의 파일을 모두 잃었을 것이다. 이런 위험을 방지하기 위해 수정자 :p를 사용해 표현식이 가리키는 명령을 바로 실행하기 전에 먼저 확인하는 것이 좋다.

```
$ !-3:p
head -n2 /etc/hosts       # 표현식이 가리키는 명령이 출력될 뿐 실행되지는 않는다
```

표현식이 가리킨 명령이 명령 히스토리에 추가되므로, 해당 명령을 실행해도 괜찮다면 다시 !!를 입력해 실행한다.

```
$ !-3:p
head -n2 /etc/hosts       # 표현식이 가리키는 명령이 출력되고 히스토리에 추가된다
$ !!                      # 이번에는 실제로 명령을 실행하자
head -n2 /etc/hosts       # 명령이 출력되고 실행된다
127.0.0.1    localhost
127.0.1.1    example.oreilly.com
```

히스토리 확장을 '느낌표 명령어'라고 부르는 사람도 있지만, !!나 !grep 등은 표현식이지 명령어가 아니다. 이들 표현식은 명령 중 '어느 자리라도' 삽입될 수 있다. 이러한 예로 echo 명령을 사용해 표현식 !!가 가리키는 값을 실행하는 대신, 표준 출력으로 출력하고 이어지는 wc 명령으로 단어의 수를 세어보자.

```
$ ls -l /etc | head -n3    # 아무 명령이나 실행한다
total 1584
drwxr-xr-x 2 root root 4096 Jun 16 06:14 ImageMagick-6/
drwxr-xr-x 7 root root 4096 Mar 19 2020 NetworkManager/
$ echo "!!" | wc -w        # 이전 명령의 단어 수를 센다
echo "ls -l /etc | head -n3" | wc -w
6
```

간단하지만, 히스토리 확장을 명령 실행 외에도 사용할 수 있음을 잘 보여주는 예다. 다음 절에서는 이보다 더 실용적인 예를 살펴볼 것이다.

지금까지 명령 히스토리의 주요 기능을 살펴봤다. 전체 기능을 확인하고 싶다면 `man history` 명령을 활용하길 바란다.

> **Note ≡ 명령 히스토리 표현식은 명령 히스토리에 저장되지 않는다**
>
> 앞서 설명했듯이 명령 히스토리에는 입력된 명령이 평가되지 않은 표현식 그대로 저장된다. 이 규칙의 한 가지 예외가 히스토리 확장이다. 히스토리 표현식은 평가된 값이 명령 히스토리에 저장된다.
>
> ```
> $ ls                    # 아무 명령이나 실행한다
> hello.txt
> $ cd Music              # 또 다른 명령을 실행한다
> $ !-2                   # 히스토리 확장을 사용한다
> ls
> song.mp3
> $ history               # 명령 히스토리를 확인한다
>   1000 ls
>   1001 cd Music
>   1002 ls               # '!-2' 대신 'ls'가 히스토리에 저장됐다
>   1003 history
> ```
>
> 잘 생각해보면 이러한 처리가 이치에 맞는다. !-15나 !-92처럼 히스토리의 다른 항목을 참조하는 표현식으로 가득한 명령 히스토리를 상상해보자. 그와 같은 경우라면, 명령 하나를 확인하는 데도 몇 페이지 이상의 히스토리를 거슬러 올라가야 할 수도 있다.

3.2.3 파일 삭제 실수는 이제 안녕(명령 히스토리를 활용한 방법)

*.txt 같은 파일명 패턴을 사용하려다 오타로 인해 엉뚱한 파일을 삭제해본 경험이 있을 것이다. 다음은 애스터리스크 뒤에 공백 문자를 잘못 삽입해 모든 파일을 삭제해버린 예다.

📁 chapter03 > never_delete_wrong_file_1

```
$ ls
123 a.txt b.txt c.txt dont-delete-me important-file passwords
$ rm * .txt              # 위험!! 모든 파일이 삭제되니 실행 금지!!
```

이 같은 실수를 막기 위해 가장 흔히 쓰이는 대책은 rm을 rm -i의 별명으로 사용해 삭제 전에 확인을 거치도록 하는 방법이다.

```
$ alias rm='rm -i'       # 셸 설정에서 흔히 볼 수 있는 별명 정의
$ rm *.txt
/bin/rm: remove regular file 'a.txt'? y
/bin/rm: remove regular file 'b.txt'? y
/bin/rm: remove regular file 'c.txt'? y
```

이제 이런 오타가 치명적으로 위험하지는 않다. rm -i는 파일 삭제 전에 항상 확인을 요구하기 때문이다.

```
$ rm * .txt
/bin/rm: remove regular file '123'?    # 실수를 저질렀다. 삭제를 중단한다
```

하지만 별명을 이용한 방법은 조금 번거롭다. rm 명령을 실행하면 파일을 삭제할 때마다 매번 삭제 여부를 확인해야 하기 때문이다. 이 별명이 설정되지 않은 리눅스 컴퓨터를 사용할 때는 위험이 그대로 남아 있다는 점도 문제다. 여기서는 파일명 패턴을 사용할 때 실수하지 않는 더 나은 방법을 소개하겠다. 이 방법은 히스토리 확장을 사용한 방법으로, 두 가지 단계로 구성된다.

1. **대상 파일 확인하기**: rm 명령을 실행하기 전에 ls 명령을 사용해 대상이 되는 파일의 목록을 확인한다.

   ```
   $ ls *.txt
   a.txt    b.txt    c.txt
   ```

2. **삭제하기**: ls 명령으로 확인한 파일 목록에 문제가 없다면, rm !$를 사용해 파일 목록에 포함된 파일을 삭제한다.[2]

   ```
   $ rm !$
   rm *.txt
   ```

히스토리 표현식 !$는 '가장 최근에 입력한 명령의 마지막 단어'를 가리킨다. 따라서 rm !$는 '조금 전 ls 명령으로 확인한 목록의 파일을 삭제하라'는 뜻이 된다. 즉, *.txt와 같은 뜻을 가진다. 애스터리스크 뒤에 오타로 공백이 들어갔더라도 ls 명령의 결과에서 실수를 확인할 수 있기 때문에 안전하다.

```
$ ls * .txt
/bin/ls: cannot access '.txt': No such file or directory
 123    a.txt    b.txt    c.txt    dont-delete-me    important-file    passwords
```

rm 대신 ls 명령을 먼저 실행하는 것도 좋은 습관이며, 오타를 낸 표현식을 제대로 수정한 후 안전하게 삭제를 진행할 수 있다. ls와 rm !$를 함께 사용하면 의도치 않은 파일 삭제를 대부분 방지할 수 있다.

2　앞에서 ls 명령을 실행한 뒤 패턴과 일치하는 파일이 추가되거나 삭제되지 않았다고 가정한다. 파일 변경이 잦은 디렉터리에서는 이 방법을 사용하지 않는 것이 좋다.

이와 비슷하게 삭제 전에 head 명령으로 파일의 내용을 확인하고 rm !$를 실행해 안전하게 파일을 삭제하는 방법도 있다.

📁 chapter03 〉 never_delete_wrong_file_2
```
$ head myfile.txt
(myfile.txt의 첫 열 줄의 내용이 출력)
$ rm !$
rm myfile.txt
```

그리고 히스토리 표현식 !*는 마지막 입력한 명령의 모든 인수를 가리킨다.

📁 chapter03 〉 never_delete_wrong_file_3
```
$ ls *.txt *.o *.log
a.txt b.txt c.txt main.o output.log parser.o
$ rm !*
rm *.txt *.o *.log
```

실제로는 !*보다 !$를 훨씬 많이 사용한다. 애스터리스크 자체가 파일명 패턴으로 해석될 만한 오타가 발생하기 쉽기 때문이다. 따라서 *.txt 등의 패턴을 사용하는 것과 위험성 면에서는 큰 차이가 없다.

3.2.4 명령 히스토리에 대한 증분 검색

명령의 앞부분만 입력해도 나머지 부분이 자동으로 입력된다면 아주 편리할 것이다. 셸에도 이러한 기능이 있다. 이 기능을 증분 검색(incremental search)이라고 하는데, 웹 검색 엔진에서 흔히 볼 수 있는 검색어 자동 완성과 매우 비슷하다. 대부분의 경우, 명령 히스토리에서 이전 명령을 불러오는 방법 중에서는 이 증분 검색이 가장 쉽고 편리하다. 오래전에 사용했던 명령일지라도 쉽게 불러올 수 있다. 따라서 잘 익혀두기를 권장한다.

1. 셸에서 Ctrl + R 키를 입력한다(R은 '역순(reverse)' 증분 검색을 의미한다).
2. 원하는 이전 명령의 아무 부분(시작이나 끝, 중간 모두 상관없다)이나 입력한다.
3. 문자를 입력할 때마다 셸에 입력된 문자열이 포함된 가장 최근 명령을 불러온다.
4. 원하는 이전 명령을 찾았다면 Enter 키를 눌러 실행한다.

이전에 cd $HOME/Finances/Bank라는 명령을 입력한 적이 있고, 이 명령을 다시 불러오고 싶다고 하자. 먼저 셸 프롬프트에서 Ctrl + R을 누른다. 그러면 프롬프트가 증분 검색을 의미하는 다음과 같은 모양으로 바뀐다.

(reverse-i-search)`':

이제 원하는 명령을 입력한다. 예를 들어 c를 입력해보자.

(reverse-i-search)`': c

셸이 c를 포함하는 가장 최근의 이전 명령을 불러온다. 그리고 이전 명령에서 우리가 입력했던 부분이 하이라이트된다.

(reverse-i-search)`': less /etc/hosts

다음 글자로 d를 입력한다.

(reverse-i-search)`': cd

다시 cd를 포함하는 가장 최근의 이전 명령을 불러온다. 역시 우리가 입력한 부분이 하이라이트된다.

(reverse-i-search)`': cd /usr/local

다시 다음 글자를 입력해보자. 공백과 달러 기호를 입력한다.

(reverse-i-search)`': cd $

그러면 검색 결과가 다시 바뀐다.

(reverse-i-search)`': cd $HOME/Finances/Bank

우리가 원하는 명령을 불러왔다. Enter 키를 눌러 실행한다. 지금까지 키를 다섯 번밖에 누르지 않았다.

여기서는 cd $HOME/Finances/Bank라는 명령을 가장 최근에 입력한 상황을 가정했지만, 그렇지 않을 때는 어떻게 될까? 같은 문자열을 포함하는 명령을 여러 번 사용한 적이 있다면? 그럼 다음과 같은 다른 명령을 불러왔을 수도 있다.

```
(reverse-i-search)`': cd $HOME/Music
```

이럴 때는 어떻게 해야 할까? 원하는 명령이 나올 때까지 더 많은 내용을 입력해야 할까? 다른 방법이 있다. Ctrl+R을 한 번 더 누르면, '그다음 일치'하는 명령을 히스토리에서 불러온다.

```
(reverse-i-search)`': cd $HOME/Linux/Books
```

원하는 명령이 나올 때까지 Ctrl+R을 누른다.

```
(reverse-i-search)`': cd $HOME/Finances/Bank
```

원하는 명령이 나오면 Enter 키를 눌러 명령을 실행하면 된다.

증분 검색을 사용하는 몇 가지 팁을 더 소개한다.

- 마지막으로 증분 검색에 사용했던 문자열을 불러오려면 Ctrl+R을 두 번 눌러 시작한다.
- 증분 검색을 중단하고 현재 불러온 명령을 사용하려면 ESC 또는 Ctrl+J, 명령행 편집(명령행 편집은 다음 장에서 다룬다)에 쓰이는 아무 키(예를 들어 왼쪽 화살표 키 또는 오른쪽 화살표 키)를 누른다.
- 증분 검색을 중단하고 명령행을 비우려면 Ctrl+G 또는 Ctrl+C를 누른다.

시간이 조금 걸리더라도 증분 검색을 충분히 손에 익혀두길 바란다. 전보다 몇 배나 빠르게 명령 히스토리를 활용할 수 있을 것이다.[3]

3.3 명령행 편집

명령을 입력하는 중이거나 혹은 이미 실행했더라도, 다음과 같은 이유로 명령을 편집할 필요가 생길 수 있다.

---

[3] 이 책을 쓰는 도중에도 git add, git commit, git push 같은 형상 관리 도구의 명령을 여러 번 다시 실행하고 있다. 증분 검색을 사용하면 이들 명령을 재실행하기가 매우 편리해진다.

- 오타를 수정하기 위해서다.
- 명령을 한 부분씩 먼저 작성해 합치기 위해서다. 이를테면 끝부분부터 먼저 작성하고 다시 앞으로 돌아와 앞부분을 작성하는 경우가 있을 수 있다.
- 명령 히스토리에서 불러온 이전 명령을 수정해 새로운 명령을 만드는 경우다.

이번 절에서는 명령을 편집하는 세 가지 방법을 알아볼 것이다.

커서링
앞에서도 설명했듯이 가장 느리고 단순하지만 배우기 쉽다.

캐럿 표기법
히스토리 확장의 한 가지 형태다.

이맥스 또는 Vim 스타일의 키 입력
명령행 편집 방법 중 가장 강력한 기능을 갖추고 있다.

이것들 역시 모두 익혀놓는 편이 앞으로를 위해 좋다.

3.3.1 명령어 안에서 커서를 옮겨가며 편집하기

간단히 말해, 명령행에서 왼쪽 및 오른쪽 화살표 키를 이용해 커서를 옮겨가며(커서링) 명령을 편집하는 방법이다. Backspace 또는 Delete 키를 사용해 글자를 삭제하고 필요한 글자를 입력하면 된다. 표 3-1은 명령행 편집에 쓰이는 표준 커서 키를 정리한 것이다.

커서를 옮겨가며 편집하는 방법은 배우기는 쉽지만 비효율적이다. 따라서 수정할 곳이 많지 않거나 간단한 수정에 한해 사용한다.

▼ 표 3-1 명령행 단순 편집에 쓰이는 커서 키 목록

키	기능
왼쪽 화살표 키	커서를 한 글자 왼쪽으로 이동
오른쪽 화살표 키	커서를 한 글자 오른쪽으로 이동
Ctrl + 왼쪽 화살표 키	커서를 한 단어 왼쪽으로 이동
Ctrl + 오른쪽 화살표 키	커서를 한 단어 오른쪽으로 이동

○ 계속

키	기능
Home	커서를 명령행의 첫 글자로 이동
End	커서를 명령행의 마지막 글자로 이동
Backspace	커서 앞의 한 글자를 삭제
Delete	커서 뒤의 한 글자를 삭제

3.3.2 캐럿을 이용한 히스토리 확장

다음 명령과 같이 jpg에서 오타가 발생해 jg로 입력됐다고 하자.

```
$ md5sum *.jg | cut -c1-32 | sort | uniq -c | sort -nr
md5sum: '*.jg': No such file or directory
```

이 명령을 제대로 실행하려면, 명령 히스토리에서 이전 명령을 불러온 다음 커서를 이동해 오타를 수정해야 한다. 하지만 이보다 더 쉬운 방법이 있다. 다음과 같이 틀린 부분(jg)과 수정한 내용(jpg)을 캐럿 기호(^)와 함께 쓰면 된다.

```
$ ^jg^jpg
```

그리고 Enter 키를 누르면 수정된 명령이 실행된다.

```
$ ^jg^jpg
md5sum *.jpg | cut -c1-32 | sort | uniq -c | sort -nr
...
```

캐럿 표기법(caret syntax)은 히스토리 확장 문법의 한 종류로, 여기서는 '이전 명령에서 jg를 jpg로 치환하라'는 뜻으로 쓰였다. 히스토리 확장과 마찬가지로 셸이 치환된 명령을 실행 전에 출력해 준다.

치환은 원본(jg)의 첫 번째 출현에만 일어나므로 이전 명령에 jg가 한 번 이상 포함됐다면 첫 번째 jg만 jpg로 바꾼다.

> **히스토리 확장을 이용한 더 강력한 치환 표현식**
>
> sed나 ed 편집기를 사용했다면 다음과 같은 치환 문법에 익숙할 것이다.
>
>   s/source/target/
>
> 셸에서도 비슷한 문법을 지원한다. 먼저 히스토리 확장에서 이전 명령을 불러오는 표현식을 작성한 다음(여기서는 !!를 예로 들어본다), 그 뒤에 콜론을 붙이고, sed 스타일의 치환 문법을 추가한다. 예를 들어 오타를 낸 이전 명령에서 jg를 jpg로 바꾸려면(첫 번째 출현만 치환) 다음과 같이 한다.
>
> $!!:s/jg/jpg
>
> 시작은 히스토리 확장 문법이면 어떤 것이든 사용할 수 있다. 이번에는 가장 최근의 md5sum 명령을 불러오는 !md5sum 표현식을 사용하자. 그리고 마찬가지로 jg를 jpg로 치환한다.
>
> $!md5sum:s/jg/jpg
>
> 이 문법은 언뜻 복잡해 보이지만, 다른 방법보다 훨씬 빠르게 원하는 결과를 얻을 수 있을 때가 많다. 자세한 내용은 man history 명령을 참조하자.

3.3.3 이맥스 및 Vim 스타일의 명령행 편집

명령행 편집을 수행하는 가장 강력한 방법은 이맥스(Emacs)나 Vim처럼 이미 능숙하게 사용하는 편집기의 조작법을 그대로 사용하는 방법이다. 이들 중 어느 하나에 이미 익숙하다면, 이를 명령행 편집에 바로 활용할 수 있다. 이맥스나 Vim을 능숙하게 사용하지 못한다면, 표 3-2를 참조해 커서 이동법부터 차근차근 익혀보길 바란다. 참고로 이맥스의 '메타(Meta)' 키는 주로 `ESC`(눌렀다 뗌)나 `Alt`(누른 채로 유지)를 말한다.

셸의 기본 설정은 이맥스 스타일이다. 나 역시 배우기 쉬운 이맥스 스타일을 추천한다. Vim 스타일을 사용하고 싶다면 먼저 다음 명령을 입력한다(또는 $HOME/.bashrc 파일에 추가한 후 설정을 다시 읽어들여도 된다).

```
$ set -o vi
```

Vim 스타일을 사용할 때는 `ESC`를 눌러 명령행 편집 모드로 전환한 다음 표 3-2에 나타낸 Vim 열의 키를 사용하면 된다. 이맥스 모드로 다시 전환하고 싶다면 다음 명령을 입력한다.

```
$ set -o emacs
```

▼ 표 3-2 이맥스/Vim 스타일의 명령행 편집에 쓰이는 키

기능	이맥스	Vim
커서를 한 글자 앞으로 이동	Ctrl+f	h
커서를 한 글자 뒤로 이동	Ctrl+b	l
커서를 한 단어 앞으로 이동	Meta+f	w
커서를 한 단어 뒤로 이동	Meta+b	b
커서를 명령행의 첫 글자로 이동	Ctrl+a	0
커서를 명령행의 마지막 글자로 이동	Ctrl+e	$
두 글자의 순서를 역전	Ctrl+t	X+p
두 단어의 순서를 역전	Meta+t	없음
다음 단어의 첫 글자를 대문자로	Meta+c	w+~
다음 단어 전체를 대문자로	Meta+u	없음
다음 단어 전체를 소문자로	Meta+l	없음
커서가 위치한 문자의 대소문자 전환	Meta+c	w
현재 위치부터 그대로 삽입(특수 문자 포함)	Ctrl+v	Ctrl+v
앞의 한 글자를 삭제	Ctrl+d	x
뒤의 한 글자를 삭제	Backspace, Ctrl+h	X
앞의 한 단어를 잘라냄	Meta+d	d+w
뒤의 한 단어를 잘라냄	Meta+Backspace, Ctrl+w	d+b
줄 처음부터 커서 위치까지의 내용을 잘라냄	Ctrl+u	d+^
커서 위치부터 줄 끝까지의 내용을 잘라냄	Ctrl+k	D
전체 줄을 삭제	Ctrl+e, Ctrl+u	d+d
가장 최근에 잘라낸 내용을 붙여넣음	Ctrl+y	p
최근에 붙여넣은 다음 잘라낸 내용을 붙여넣음	Meta+y	없음
마지막 동작을 실행 취소	Ctrl+_	u
모든 편집을 취소	Meta+r	U
입력 모드에서 명령 모드로 전환	없음	ESC
명령 모드에서 입력 모드로 전환	없음	I
진행 중인 모든 편집을 취소	Ctrl+g	없음
화면 정리	Ctrl+l	Ctrl+l

이맥스 스타일의 편집 방법에 대해 더 자세히 알고 싶다면 GNU에서 제공하는 bash 매뉴얼 중 'Bindable Readline Commands'(https://oreil.ly/rAQ9g) 항목을 참고하고, Vim 스타일의 편집 방법은 웹 문서 'Readline VI Editing Mode Cheat Sheet'(https://oreil.ly/Zv0ba)를 참고하라.

3.4 정리

이번 장에서 소개한 기법을 능숙하게 몸에 익힌다면, 명령행 사용이 매우 빨라지고 작업에 온전히 집중할 수 있게 될 것이다. 특히 다음 세 가지 기법이 리눅스 사용에 큰 도움이 됐다. 여러분도 적용해보길 바란다.

- !$ 표현식을 사용해 파일을 안전하게 삭제하기
- Ctrl+R 키를 이용한 명령 히스토리의 증분 검색
- 이맥스 스타일의 명령행 편집

4장

파일 시스템을 자유롭게 이동하기

4.1 특정한 디렉터리로 빠르게 이동하기
4.2 이전 디렉터리로 편리하게 돌아가기
4.3 정리

1984년에 나온 컬트 영화인 〈카우보이 밴자이의 모험〉에는 "기억하라, 네가 어디에 가든 거기에 네가 있다는 사실을"이라는 명대사가 나온다. 아마도 이 대사를 한 주인공은 리눅스 파일 시스템에 대해서도 잘 알았던 것 같다.

📁 chapter04
```
$ cd /usr/share/lib/etc/bin        # 네가 어디를 가든...
$ pwd
/usr/share/lib/etc/bin             # ...거기에 네가 있다
```

지금 어디에 있든지 결국 그곳을 떠나게 된다는 말은 리눅스 파일 시스템에도 적용되는 말이다. 현재 작업 디렉터리가 어디였든지 결국은 또 다른 디렉터리로 이동하게 될 것이기 때문이다. 디렉터리 이동이 빠르고 효율적일수록 우리의 생산성도 향상될 것이다.

이번 장은 파일 시스템을 더 적은 타자 수로 더 빠르게 오가는 방법을 다룬다. 말도 안 되게 간단한 방법이지만 제 몫은 톡톡히 한다. 배우기도 간단하고 효과도 뛰어나다. 방법은 크게 다음 두 가지 유형으로 나뉜다.

- 특정한 디렉터리로 빠르게 이동하기
- 전에 이동했었던 디렉터리로 빠르게 되돌아가기

리눅스의 디렉터리에 대한 자세한 설명은 부록 A를 참조하라. bash 외의 셸을 사용하고 있다면 부록 B를 참조하라.

4.1 특정한 디렉터리로 빠르게 이동하기

열 명의 리눅스 전문가에게 명령행을 사용할 때 가장 번거로운 부분이 무엇인지를 물어본다면, 열에 일곱은 아마 '긴 디렉터리 경로를 입력하기'를 꼽을 것이다.[1] 작업 파일을 둔 디렉터리는 /home/smith/Work/Projects/Apps/Neutron-Star/src/include, 금융 관련 문서를 둔 디렉터리는 /home/smith/Finances/Bank/Checking/Statements, 동영상을 둔 디렉터리는 /data/

---

1 이는 내가 지어낸 이야기이지만, 경로 입력이 크게 번거로운 것은 사실이다.

Arts/Video/Collection이라면, 이렇게 긴 디렉터리 경로를 반복적으로 입력하기가 그리 달갑지는 않을 것이다. 이번 절에서는 어떤 특정한 디렉터리로 빠르고 효율적으로 이동하는 방법을 소개하겠다.

4.1.1 홈 디렉터리로 빠르게 이동하기

먼저 기본적인 것부터 알아보자. 현재 위치와 상관없이 cd 명령을 인수 없이 실행하면 홈 디렉터리로 이동한다.

```
$ pwd
/etc                    # 어떤 디렉터리에 있건
$ cd                    # cd 명령을 인수 없이 실행하면
$ pwd
/home/smith             # 홈 디렉터리로 이동한다
```

홈 디렉터리 안에 있는 하위 디렉터리로 이동할 때는 /home/smith처럼 절대 경로를 적는 대신 환경변수 HOME의 값을 사용하면 간편하다.

```
$ cd $HOME/Work
```

또 다른 방법으로 틸드(~) 기호가 있다.

```
$ cd ~/Work
```

$HOME과 ~는 모두 셸이 평가하는 표현식이다. 표준 출력으로 이들 값을 출력해보면 이를 확인할 수 있다.

```
$ echo $HOME ~
/home/smith /home/smith
```

틸드 기호를 다른 사용자의 사용자명 앞에 사용하면 해당 사용자의 홈 디렉터리를 가리킬 수 있다.

```
$ echo ~jones
/home/jones
```

4.1.2 탭 자동 완성을 이용한 빠른 디렉터리 이동

cd 명령을 사용할 때 Tab 키를 누르면 디렉터리명이 자동 완성된다. 예제를 위해 하위 디렉터리가 있는 디렉터리(여기서는 /usr)로 이동한다.

```
$ cd /usr
$ ls
bin  games  include  lib  local  sbin  share  src
```

이 하위 디렉터리 중에서 share 디렉터리로 이동하려고 한다. sha까지만 입력하고 Tab 키를 누른다.

```
$ cd sha<탭>
```

셸이 디렉터리명을 자동 완성시킨다.

```
$ cd share/
```

이 방법을 탭 자동 완성(tab completion)이라고 한다. 입력한 문자열로 시작하는 디렉터리가 하나뿐이라면 바로 디렉터리명이 자동 완성되지만, 두 개 이상이라면 정보가 조금 더 필요하다. 조금 전 예제에서 s까지만 입력하고 Tab 키를 누르면 어떻게 될까?

```
$ cd s<탭>
```

이름이 s로 시작하는 하위 디렉터리가 두 개 이상(sbin, src) 있으므로 디렉터리명이 자동 완성되지 않는다. 다시 한 번 Tab 키를 누르면 s로 시작하는 모든 하위 디렉터리를 보여준다.

```
$ cd s<탭><탭>
sbin/  share/  src/
```

그리고 추가 입력을 기다린다. 중의성을 제거하기 위해 h 한 글자를 더 입력하고 Tab 키를 누른다.

```
$ cd sh<탭>
```

sh와 일치하는 하위 디렉터리가 share뿐이므로 디렉터리명이 자동 완성된다.

```
$ cd share/
```

일반적으로 Tab 키를 한 번 누르면 가장 비슷한 디렉터리로 자동 완성되며, 두 번 누르면 가능한 모든 후보가 출력된다. 입력한 글자 수가 많을수록 모호함이 감소하고 자동 완성 후보가 줄어든다.

탭 자동 완성은 빠르게 디렉터리 사이를 오갈 수 있게 해준다. /home/smith/Projects/Web/src/include 같은 긴 경로를 직접 입력하는 대신, 일부만 입력하고 Tab 키를 누르면 된다. 연습하다 보면 금방 익숙해질 것이다.

> **Note ≡ 프로그램마다 다르게 동작하는 탭 자동 완성**
>
> 탭 자동 완성이 cd 명령에서만 사용 가능한 것은 아니다. 다른 명령에서도 탭 자동 완성을 사용할 수 있지만 그 동작 내용이 다를 수 있다. cd 명령에서는 Tab 키가 디렉터리명을 자동 완성해줬지만, cat이나 grep, sort 같은 파일을 다루는 명령에서는 파일명을 자동 완성해준다. 또 보안 셸 프로그램인 ssh는 호스트명을 자동 완성해준다. 파일의 소유권을 다루는 chown 명령은 사용자명을 자동 완성해준다. 이뿐만 아니라, 직접 사용자 정의 자동 완성 규칙을 만들 수도 있다. 이 방법은 예제 4-1에서 소개하겠다. 더 자세한 내용은 man bash 문서의 'programmable completion' 항목을 참조하라.

4.1.3 별명 또는 환경변수를 이용해 자주 사용하는 디렉터리로 빠르게 이동하기

/home/smith/Work/Projects/Web/src/include처럼 경로 길이가 긴 디렉터리를 자주 사용한다면, 해당 디렉터리로 이동하는 cd 명령을 별명으로 만들어두는 것이 좋다.

```
# 셸 설정 파일에 다음 내용을 추가
alias work="cd $HOME/Work/Projects/Web/src/include"
```

이 별명을 호출하기만 하면 이 디렉터리로 즉시 이동할 수 있다.

```
$ work
$ pwd
/home/smith/Work/Projects/Web/src/include
```

환경변수에 경로를 저장해두는 방법도 가능하다.

```
$ work=$HOME/Work/Projects/Web/src/include
$ cd $work
$ pwd
/home/smith/Work/Projects/Web/src/include
$ ls $work/css                    # 환경변수를 활용하는 다른 방법
main.css mobile.css
```

> **Note** ≡ **자주 편집하는 파일을 별명으로 지정하기**
>
> 특정 디렉터리를 자주 사용하는 이유가 그 안에 있는 특정 파일을 수정하기 위함인 경우가 많다. 이럴 때는 디렉터리를 매번 이동하는 대신 해당 파일의 절대 경로를 별명으로 지정해두면 좋다. 다음은 $HOME/.bashrc 파일을 편집하는 명령의 별명을 정의한 것이다. 현재 작업 디렉터리가 어디든 간에 rcedit만 입력하면 설정 파일을 편집할 수 있다.
>
> ```
> # 셸 설정 파일에 다음을 추가한 뒤 설정을 다시 읽어들인다
> alias rcedit='$EDITOR $HOME/.bashrc'
> ```

경로 길이가 긴 디렉터리로 이동해야 할 경우가 잦다면, 이들 디렉터리 경로를 별명이나 환경변수로 정의해두면 편리하다. 하지만 이 방법에는 다음과 같은 단점도 있다.

- 경로와 관련된 모든 별명이나 환경변수를 기억하기 어렵다.
- 실수로 기존 별명과 같은 별명을 짓는다면 충돌이 발생한다.

또 다른 대안은 예제 4-1과 같은 셸 함수를 작성하는 것이다. 이 함수의 이름은 qcd('빠른 cd'라는 의미다)로, work나 recipes 같은 문자열을 인수로 받아 그에 해당하는 경로로 디렉터리를 이동한다.

예제 4-1 먼 디렉터리로 이동하기 위한 셸 함수

```
# 셸 함수 qcd의 정의
qcd () {
  # 문자열 형태의 인수 하나를 받아 인수로 받은 키에 해당하는
  # 디렉터리로 이동한다
  case "$1" in
    work)
      cd $HOME/Work/Projects/Web/src/include
      ;;
    recipes)
      cd $HOME/Family/Cooking/Recipes
      ;;
    video)
      cd /data/Arts/Video/Collection
      ;;
    beatles)
      cd $HOME/Music/mp3/Artists/B/Beatles
      ;;
    *)
      # 인수로 받은 문자열과 일치하는 키가 없는 경우
      echo "qcd: unknown key '$1'"
```

```
        return 1
        ;;
    esac
    # 정보 제공을 위해 현재 작업 디렉터리를 출력한다
    pwd
}
# 탭 자동 완성 설정 추가
complete -W "work recipes video beatles" qcd
```

위의 셸 함수 정의를 $HOME/.bashrc 같은 셸 설정 파일에 추가한 다음(2.8절 '환경 설정 및 초기화 파일, 간단히 설명하기' 참조), 설정을 다시 읽어들이고 나면 셸 함수를 사용할 수 있다. qcd 뒤로 설정된 문자열 키를 입력하면 해당 키와 연결된 디렉터리로 바로 이동한다.

```
$ qcd beatles
/home/smith/Music/mp3/Artists/B/Beatles
```

여기에 더해, 스크립트의 마지막 줄을 보면 complete 명령이 쓰였다. 이 명령은 셸 내장 명령으로, qcd에 사용자 정의 탭 자동 완성을 추가해준다. 여기서는 네 개의 자동 완성 가능한 키가 설정됐으므로 qcd에 쓰인 키를 모두 기억할 필요가 없다. qcd를 입력하고 공백을 한 칸 입력한 다음 Tab 키를 두 번 치면, 셸이 사용 가능한 모든 값을 알려준다. 그러고 나면, 평소와 같이 탭 자동 완성을 사용하면 된다.

```
$ qcd <탭><탭>
beatles  recipes  video  work
$ qcd v<탭><엔터>                         # 'v'가 'video'로 자동 완성된다
/data/Arts/Video/Collection
```

4.1.4 CDPATH 설정을 이용한 간편 디렉터리 이동

셸 함수 qcd는 디렉터리 이동을 편리하게 해주지만 우리가 지정한 디렉터리로만 이동할 수 있다. 셸에는 이와 같은 함수를 사용하지 않아도 비슷한 결과를 얻을 수 있는 방법이 있다. 이를 cd 검색 경로(cd search path)라고 한다. 이 기능 역시 내가 리눅스 파일 시스템을 오갈 때 많이 사용하는 기능이다.

우리가 매우 자주 이동해가는 Photo라는 디렉터리가 있다고 하자. 이 디렉터리의 절대 경로는 /home/smith/Family/Memories/Photos이다. 파일 시스템을 여기저기 오가다가 이 Photos 디렉터리로 이동하려면 다음과 같이 긴 절대 경로를 모두 입력해야 한다.

```
$ cd ~/Family/Memories/Photos
```

현재 작업 디렉터리가 어디든지 Photos와 같은 짧은 이름으로 이동할 수 있으면 좋겠다는 생각이 들 것이다. 어떻게 해야 할까?

```
$ cd Photos
```

위의 명령은 현재 디렉터리가 정확히 이 디렉터리의 부모 디렉터리(~/Family/Memories)이거나 우연히도 Photos라는 하위 디렉터리를 가진 경우가 아닌 한 다음과 같이 실패할 것이다.

```
bash: cd: Photos: No such file or directory
```

간단한 설정만 추가하면 cd 명령이 현재 작업 디렉터리 외의 다른 곳에서도 이동 대상 디렉터리를 찾아보도록 할 수 있다. 이 탐색 과정 역시 우리가 지정한 디렉터리의 하위 디렉터리만을 대상으로 하기 때문에 매우 빠르다. 예를 들어 현재 작업 디렉터리와 더불어 $HOME/Family/Memories 디렉터리에서 함께 이동 대상 디렉터리를 찾도록 설정했다면, 어느 곳에서든 cd Photos만 입력하면 원하는 디렉터리로 이동할 수 있다.

```
$ pwd
/etc
$ cd Photos
/home/smith/Family/Memories/Photos
```

cd 검색 경로는 명령 검색 경로($PATH)와 비슷하게 동작한다. 차이가 있다면, 명령이 아니라 하위 디렉터리를 찾는다는 것이다. cd 검색 경로는 환경변수 CDPATH의 값으로 설정한다. 값의 형식은 PATH와 마찬가지로 콜론으로 구분된 디렉터리의 목록이다. 만약 현재 CDPATH의 값이 다음과 같이 네 개의 디렉터리로 구성돼 있다고 가정해보자.

```
$HOME:$HOME/Projects:$HOME/Family/Memories:/usr/local
```

다음 명령을 입력한다.

```
$ cd Photos
```

cd 명령이 다음과 같은 순서대로 이 네 개 디렉터리의 하위 디렉터리를 찾아 이동할 대상 디렉터리를 발견하거나, 혹은 발견하지 못해 실패하게 된다.

1. 현재 작업 디렉터리 안에 있는 Photos 디렉터리
2. $HOME/Photos
3. $HOME/Projects/Photos
4. $HOME/Family/Memories/Photos
5. /usr/local/Photos

여기서는 4번에서 $HOME/Family/Memories/Photos 디렉터리를 발견했다. 만약 Photos라는 이름을 가진 하위 디렉터리가 두 개 이상 발견됐다면, CDPATH의 값에서 앞에 오는 부모 디렉터리가 우선한다.

> **Note** ≡ 일반적으로 cd 명령을 사용해 디렉터리 이동이 성공했다면 아무것도 출력되지 않는다. 그러나 CDPATH에서 찾은 하위 디렉터리로 이동했다면 새로운 현재 디렉터리를 표준 출력으로 출력해 알려준다.
>
> ```
> $ CDPATH=/usr          # CDPATH를 설정
> $ cd /tmp              # 출력 없음: CDPATH를 검색하지 않았다
> $ cd bin               # 이번에는 CDPATH의 디렉터리를 검색한다...
> /usr/bin               # ...따라서 새로 이동한 현재 디렉터리를 화면에 출력한다
> ```

CDPATH에 여러분이 가장 자주 사용하는 부모 디렉터리를 담아두면, 현재 어느 디렉터리에 있든 cd 명령에서 절대 경로 없이 하위 디렉터리의 이름만으로 해당 디렉터리로 이동할 수 있다. 정말로 멋진 기능이니 나를 믿고 한번 사용해보길 바란다. 곧 설명할 사례 연구에서 이를 직접 확인할 수 있을 것이다.

4.1.5 빠른 이동을 위한 홈 디렉터리 구성하기

CDPATH를 사용해 빠른 이동이 가능한 홈 디렉터리를 구성해보자. 약간의 설정만 추가하면 홈 디렉터리 안에 있는 여러 디렉터리에 적은 타수로 쉽게 접근할 수 있다. 현재 작업 디렉터리가 어디인지도 상관없다. 이 방법은 여러분의 홈 디렉터리가 최소 두 레벨 이상의 하위 디렉터리로 잘 구성돼 있어야 가장 큰 효과를 볼 수 있다. 그림 4-1은 '잘 구성된' 디렉터리 구조의 예다.

▼ 그림 4-1 홈 디렉터리 /home/smith 아래에 구성된 두 레벨의 하위 디렉터리 구조

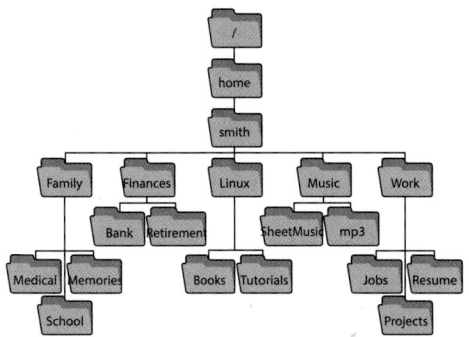

필요한 설정을 위해서는 CDPATH에 다음 순서대로 디렉터리를 추가하면 된다.

1. $HOME

2. $HOME의 하위 디렉터리 중 선택한 것들

3. 부모 디렉터리를 의미하는 상대 경로(..)

먼저 CDPATH에 $HOME을 추가하면 파일 시스템 어디서든 디렉터리명 앞의 경로를 생략하고 $HOME의 하위 디렉터리(Family, Finances, Linux, Music, Work)로 바로 이동할 수 있다.

```
$ pwd
/etc                            # 홈 디렉터리 밖에서 시작하자
$ cd Work
/home/smith/Work
$ cd Family/School              # $HOME 두 단계 아래까지 바로 이동 가능하다
/home/smith/Family/School
```

그리고 $HOME의 하위 디렉터리를 CDPATH에 추가했다면 이들 디렉터리의 하위 디렉터리에도 디렉터리명만으로 한 번에 접근할 수 있다.

```
$ pwd
/etc                            # 다시 홈 디렉터리 밖에서 시작하자
$ cd School
/home/smith/Family/School       # 디렉터리명만으로 $HOME 두 단계 아래까지
                                # 바로 이동했다
```

지금까지 CDPATH에 추가한 모든 디렉터리는 $HOME과 그 하위 디렉터리로, 모두 절대 경로였다. 그러나 여기에 상대 경로 ..을 추가하면 cd 명령이 모든 디렉터리에서 다른 동작을 보인다. 현재 작업 디렉터리가 어디든 간에 ..을 따로 입력하지 않아도 이름만 입력하면 형제 디렉터리(../

sibling)로 바로 이동할 수 있다. 이게 가능한 이유는 현재 작업 디렉터리의 부모 디렉터리를 cd 명령이 탐색해주기 때문이다. 예를 들어 현재 작업 디렉터리가 /usr/bin이고 /usr/lib로 이동하고 싶다면 cd lib만 입력하면 된다.

```
$ pwd
/usr/bin                         # 현재 작업 디렉터리
$ ls ..
bin    include   lib   src       # 현재 작업 디렉터리의 형제 디렉터리
$ cd lib
/usr/lib                         # 형제 작업 디렉터리로 바로 이동
```

만약 여러분이 작업 중인 소스 코드 디렉터리에 src, include, docs 같은 하위 디렉터리가 있다고 가정해보자.

```
$ pwd
/usr/src/myproject
$ ls
docs    include    src
```

위와 같이 하위 디렉터리 사이를 편리하게 오갈 수 있다.

```
$ cd docs                        # 현재 작업 디렉터리를 변경한다
$ cd include
/usr/src/myproject/include       # 형제 디렉터리로 바로 이동했다
$ cd src
/usr/src/myproject/src           # 다른 디렉터리도 가능하다
```

그림 4-1의 트리 구조에 사용된 CDPATH에는 여섯 개의 항목이 있다. 홈 디렉터리, 홈 디렉터리 아래의 하위 디렉터리 네 개, 상대 경로 ..이다.

```
# 셸 설정 파일에 다음 내용을 추가하고 source 명령으로 설정을 반영하라
export CDPATH=$HOME:$HOME/Work:$HOME/Family:$HOME/Linux:$HOME/Music:..
```

설정 파일을 새로 반영하고 나면, 대부분의 주요 디렉터리에 전체 경로를 입력하지 않아도 디렉터리명만으로 이동할 수 있다. 만세!

이 방법은 CDPATH에 담긴 디렉터리의 하위 디렉터리가 모두 이름이 다를 때 가장 효과적이다. 예를 들어 $HOME/Music과 $HOME/Linux/Music처럼 이들 하위 디렉터리에 이름이 중복되는 디렉터리가 있다면 cd 명령이 우리가 원하는 대로 동작하지 않는다. cd Music을 입력하면 $HOME/Linux보다 $HOME을 먼저 탐색하기 때문에 $HOME/Linux/Music은 탐색되지 않는다.

한 줄짜리 명령으로 $HOME의 처음 두 단계 안의 하위 디렉터리 중에 이름이 중복되는 것이 있는지 확인할 수 있다. 이 명령을 실행하면 $HOME의 하위 디렉터리 및 그 하위 디렉터리의 목록을 수집하고 cut 명령으로 디렉터리명만을 잘라낸다. 그 후, 이 목록을 정렬한 다음 uniq 명령으로 각 항목의 빈도 수를 센다.

```
$ cd
$ ls -d */ && (ls -d */*/ | cut -d/ -f2-) | sort | uniq -c | sort -nr | less
```

이 명령은 1.3절 '중복 파일 찾아내기'에서도 사용했던 방법이다. 출력된 내용 중에 빈도가 2 이상인 것이 있다면 중복된 디렉터리명이 있는 것이다. 이 명령에는 아직 설명하지 않은 셸 기능이 쓰였다. 쌍 앰퍼샌드(&&)는 7.1.1절 '첫 번째 방법: 조건부 리스트 사용하기'에서 소개하며, 괄호는 7.4.2절 '열 번째 방법: 명시적 하위 셸'에서 소개할 것이다.

4.2 / 이전 디렉터리로 편리하게 돌아가기

지금까지 다른 디렉터리로 편리하게 이동하는 방법을 알아봤다. 이번에는 지금까지 이동하며 거쳐온 이전 디렉터리로 편리하게 돌아가는 방법을 소개하겠다.

4.2.1 'cd -'로 두 디렉터리 사이를 반복해서 오가기

현재 작업 디렉터리가 아주 깊은 경로에 있고, cd 명령을 사용해 다른 디렉터리로 이동해야 한다고 가정해보자.

```
$ pwd
/home/smith/Finances/Bank/Checking/Statements
$ cd /etc
```

그런데, 이전 디렉터리로 다시 돌아가야 할 일이 생겼다. 그럴 때는 긴 경로를 다시 입력하는 대신 cd - 명령을 사용한다.

```
$ cd -
/home/smith/Finances/Bank/Checking/Statements
```

바로 이전 디렉터리로 돌아간 후, 그 경로를 출력해준다.

cd - 명령을 반복해서 사용하면 두 디렉터리를 왕복하는 효과가 있으며, 터미널 창 하나에서 두 디렉터리를 오가는 작업을 할 때 유용하다. 주의할 점은 셸이 기억하는 것은 바로 직전 작업 디렉터리뿐이라는 점이다. 예를 들어 다음과 같이 /usr/local/bin과 /etc라는 두 디렉터리를 오가고 있었다고 가정해보자.

```
$ pwd
/usr/local/bin
$ cd /etc              # 셸은 /usr/local/bin 디렉터리를 기억 중이다
$ cd -                 # 지금은 /etc 디렉터리를 기억 중이다
/usr/local/bin
$ cd -                 # 현재 기억된 디렉터리는 /usr/local/bin이다
/etc
```

인수 없이 cd 명령을 사용해 홈 디렉터리로 돌아갔다면 어떻게 될까?

```
$ cd                   # 현재 기억된 디렉터리는 /etc이다
```

셸에서 기억된 직전 디렉터리는 /usr/local/bin이 아니게 된다.

```
$ cd -                 # 셸은 홈 디렉터리를 기억한다
/etc
$ cd -                 # 현재 기억된 디렉터리는 /etc이다
/home/smith
```

다음 기법을 이용해 이러한 한계를 해결할 수 있다.

4.2.2 pushd와 popd로 세 개 이상의 디렉터리를 반복해서 오가기

cd - 명령은 두 디렉터리를 반복해서 오가는 데 사용했다. 그러나 반복해서 오가야 할 디렉터리가 세 개 이상이면 어떻게 해야 할까? 리눅스 컴퓨터에 로컬 웹 사이트를 만드는 상황을 가정해보자. 웹 사이트를 만들려면 다음 네 개의 디렉터리에서 작업을 해야 한다.

- 웹 페이지 콘텐츠 파일이 위치할 디렉터리: 예를 들어 /var/www/html이 쓰인다.
- 웹 서버 설정 파일 디렉터리: 주로 /etc/apache2가 쓰인다.
- SSL 인증서가 위치할 디렉터리: 주로 /etc/ssl/certs가 쓰인다.
- 작업 디렉터리: 예를 들어 ~/Work/Projects/Web/src가 쓰인다.

다음 명령을 반복해서 입력하려면 분명 짜증스러울 것이다.

```
$ cd ~/Work/Projects/Web/src
$ cd /var/www/html
$ cd /etc/apache2
$ cd ~/Work/Projects/Web/src
$ cd /etc/ssl/certs
```

여러 터미널 창을 띄울 수 있는 환경이라면 각각의 디렉터리마다 따로 터미널 창을 띄워두면 되겠지만, (아마도 SSH 연결을 통한) 셸 세션을 하나만 사용하고 있다면 **디렉터리 스택**(directory stack)이라는 기능이 편리할 것이다. 이 기능을 제공하는 pushd와 popd, dirs 명령을 사용하면 여러 디렉터리 사이를 편리하게 오갈 수 있다. 딱 15분만 시간을 들여 익혀두면, 평생 동안 시간을 절약할 수 있다.[2]

디렉터리 스택은 현재 셸 세션에서 방문했던 디렉터리 중 기록을 남기겠다고 결정한 디렉터리의 목록이다. 스택인 만큼 **푸시**(push)와 **팝**(pop)이라는 두 가지 동작이 있는데, 푸시는 목록의 맨 위에 새로운 디렉터리를 추가하는 것이고 팝은 목록 맨 위의 디렉터리를 목록에서 제거하는 것이다.[3] 스택의 초기 상태에는 현재 작업 디렉터리만이 들어 있다. 그리고 이 목록에 디렉터리를 추가(푸시)하거나 제거(팝)하고 목록에 담긴 디렉터리 사이를 오갈 수 있다.

> **Note** ≡ 실행 중인 셸은 제각기 다른 디렉터리 스택을 갖는다.

먼저 디렉터리 스택의 기본적인 동작을 살펴본 다음, 편리하게 사용하는 방법을 설명한다.

디렉터리 스택에 디렉터리 추가하기

pushd(푸시 디렉터리) 명령을 실행하면 다음과 같은 일이 일어난다.

---

2 실제 터미널 창을 띄우지 않아도 screen이나 tmux 같은 명령행 도구를 사용하는 방법이 있다. 이들 도구를 터미널 멀티플렉서(terminal multiplexer)라고 한다. 이는 디렉터리 스택보다 사용법이 더 복잡하지만 배워둘 만한 가치가 있다.

3 컴퓨터과학을 배운 적이 있다면, 디렉터리 스택은 말 그대로 '디렉터리명을 담은 스택'임을 알 수 있다.

1. 인수로 지정된 디렉터리를 스택 맨 위에 추가한다.
2. cd 명령으로 해당 디렉터리로 이동한다.
3. 현재 스택에 담긴 디렉터리 목록을 출력한다.

디렉터리 스택에 한 번에 하나씩 네 개의 디렉터리를 추가해보자.

```
$ pwd
/home/smith/Work/Projects/Web/src
$ pushd /var/www/html
/var/www/html   ~/Work/Projects/Web/src
$ pushd /etc/apache2
/etc/apache2  /var/www/html   ~/Work/Projects/Web/src
$ pushd /etc/ssl/certs
etc/ssl/certs   /etc/apache2   /var/www/html   ~/Work/Projects/Web/src
$ pwd
/etc/ssl/certs
```

pushd 명령을 실행할 때마다 스택에 담긴 디렉터리 목록이 출력된다. 그리고 현재 디렉터리가 맨 위(가장 왼쪽) 디렉터리가 된다.

디렉터리 스택 상태 보기

현재 셸의 디렉터리 스택에 담긴 목록을 출력하려면 dirs 명령을 사용한다. dirs 명령은 스택에 변경을 가하지 않는다.

```
$ dirs
etc/ssl/certs   /etc/apache2   /var/www/html   ~/Work/Projects/Web/src
```

디렉터리 목록을 세로로 출력하고 싶다면 -p 인수를 사용하면 된다.

```
$ dirs -p
etc/ssl/certs
/etc/apache2
/var/www/html
~/Work/Projects/Web/src
```

출력 결과를 nl 명령에 파이핑하면 0부터 시작하는 행 번호를 붙일 수도 있다.

```
$ dirs -p | nl -v0
     0  etc/ssl/certs
     1  /etc/apache2
     2  /var/www/html
     3  ~/Work/Projects/Web/src
```

dirs -v를 사용하면 더 간단히 같은 결과를 얻을 수 있다.

```
$ dirs -v
 0  etc/ssl/certs
 1  /etc/apache2
 2  /var/www/html
 3  ~/Work/Projects/Web/src
```

목록을 세로로 출력하는 쪽이 더 나아 보일 경우, 별명을 정의해두면 편리하다.

```
# 셸 설정 파일에 다음 내용을 추가하고 source 명령으로 설정을 반영하라
alias dirs='dirs -v'
```

디렉터리 스택에서 디렉터리 제거하기

popd 명령(팝 디렉터리)은 pushd 명령과 정확히 반대되는 작용을 한다.

1. 스택의 맨 위 디렉터리를 제거한다.
2. cd 명령으로 새롭게 맨 위 디렉터리가 된 디렉터리로 이동한다.
3. 현재 스택에 담긴 디렉터리 목록을 출력한다.

예를 들어 현재 디렉터리 스택에 다음 네 개의 디렉터리가 있다고 하자.

```
$ dirs
etc/ssl/certs  /etc/apache2  /var/www/html  ~/Work/Projects/Web/src
```

이 상태에서 popd 명령을 반복해 입력하면 디렉터리 스택의 맨 위부터 차례로 순회할 것이다.

```
$ popd
/etc/apache2  /var/www/html  ~/Work/Projects/Web/src
$ popd
/var/www/html  ~/Work/Projects/Web/src
$ popd
~/Work/Projects/Web/src
```

```
$ popd
bash: popd: directory stack empty
$ pwd
~/Work/Projects/Web/src
```

> Note ≡ pushd와 popd 명령의 별명을 만들어두면 cd 명령만큼 간편하게 사용할 수 있다.
>
> ```
> # 셸 설정 파일에 다음 내용을 추가하고 source 명령으로 설정을 반영하라
> alias gd=pushd
> alias pd=popd
> ```

디렉터리 스택의 디렉터리를 스왑하기

지금까지 디렉터리 스택에서 디렉터리를 추가하고 제거하는 방법을 배웠다. 이번에는 조금 더 유용한 사용법을 알아보자. pushd 명령을 인수 없이 실행하면 스택의 최상위에 있는 두 디렉터리의 순서를 바꾸며 두 번째 디렉터리로 이동한다. /etc/apache2 디렉터리와 소스 코드 디렉터리를 pushd 명령으로 왕복해보자. 디렉터리 스택의 세 번째에 들어 있는 /var/www/html 디렉터리는 그대로 남아 있고, 앞의 두 디렉터리만 순서가 서로 바뀐다.

```
$ dirs
/etc/apache2  ~/Work/Projects/Web/src  /var/www/html
$ pushd
~/Work/Projects/Web/src  /etc/apache2  /var/www/html
$ pushd
/etc/apache2  ~/Work/Projects/Web/src  /var/www/html
$ pushd
~/Work/Projects/Web/src  /etc/apache2  /var/www/html
```

pushd 명령은 두 개의 디렉터리를 오가는 cd - 명령과 유사한 동작을 하지만, 디렉터리를 하나만 기억하는 제한이 없다는 점에서 차이가 있다.

잘못 입력한 cd 명령을 되돌리기

pushd 명령을 사용해 여러 디렉터리를 오가다가 실수로 cd 명령을 입력해 이전에 방문했던 디렉터리 하나를 스택에서 잃어버렸다고 하자.

```
$ dirs
~/Work/Projects/Web/src   /var/www/html   /etc/apache2
$ cd /etc/ssl/certs
$ dirs
/etc/ssl/certs   /var/www/html   /etc/apache2
```

실수로 pushd 대신 cd 명령을 입력해 스택에서 ~/Work/Projects/Web/src 디렉터리가 사라지고 /etc/ssl/certs 디렉터리가 추가됐다. 하지만 걱정하지 않아도 된다. 다시 전체 경로를 입력하지 않아도 스택에서 사라진 디렉터리를 되돌릴 수 있다. pushd 명령에 - 인수를 붙여서 한 번, 인수를 붙이지 않고 한 번, 총 두 번만 실행하면 된다.

```
$ pushd -
~/Work/Projects/Web/src   /etc/ssl/certs   /var/www/html   /etc/apache2
$ pushd
/etc/ssl/certs   ~/Work/Projects/Web/src   /var/www/html   /etc/apache2
```

어떻게 이런 결과가 나오는지 차근차근 살펴보자.

- pushd의 첫 번째 실행은 직전 디렉터리인 ~/Work/Projects/Web/src로 돌아간 다음 스택에 추가한다. pushd에서도 - 인수는 '직전 디렉터리로 돌아가라'는 뜻이다.
- pushd의 두 번째 실행은 스택의 맨 위에 있는 두 디렉터리의 순서를 교환한다. 그리고 /etc/ssl/certs 디렉터리로 돌아간다. 결과적으로 ~/Work/Projects/Web/src 디렉터리를 스택의 두 번째 자리에 되돌려놨고, 작업 디렉터리를 /etc/ssl/certs로 옮겼다. 이 상태는 실수를 저지르지 않았을 때의 결과와 같다.

이 명령은 pushd 대신 cd를 사용한 실수를 되돌리는 데 유용하므로 별명으로 만들어둘 만하다. 나 개인적으로는 '실수를 호로록 되돌려놓는다(slurp back)'는 의미에서 slurp라는 별명을 지어뒀다.

```
# 셸 설정 파일에 다음 내용을 추가하고 source 명령으로 설정을 반영하라
alias slurp='pushd - && pushd'
```

스택의 안쪽에 저장된 디렉터리로 이동하려면?

스택의 처음 두 번째보다 더 안쪽에 있는 디렉터리를 cd로 오가려면 어떻게 해야 할까? pushd와 popd 명령은 양의 정수와 음의 정수를 인수로 받아 스택의 더 안쪽에 있는 디렉터리를 다룬다.

```
$ pushd +N
```

위의 명령은 디렉터리 스택의 최상위 항목을 맨 아래로 이동시키는 연산을 N번 한 후 최상위 항목 디렉터리로 이동하라는 뜻이다. 반대로 인수를 음의 정수(-N)로 지정하면, 스택의 맨 아래 항목이 최상위로 이동시키는 연산을 N번 한 다음에 최상위 항목 디렉터리로 이동한다.[4]

```
$ dirs
/etc/ssl/certs  ~/Work/Projects/Web/src  /var/www/html  /etc/apache2
$ pushd +1
~/Work/Projects/Web/src  /var/www/html  /etc/apache2  /etc/ssl/certs
$ pushd +2
/etc/apache2  /etc/ssl/certs  ~/Work/Projects/Web/src  /var/www/html
```

이런 방식으로 스택 안에 있는 어떤 디렉터리로도 간단히 이동할 수 있다. 디렉터리 스택의 항목 수가 많다면 눈으로는 디렉터리 스택을 얼마나 회전시켜야 하는지 알기 어려울 수 있다. 이럴 때는 앞서 설명했듯 dirs -v 명령으로 항목에 번호를 붙여 확인하면 된다.

```
$ dirs -v
 0  /etc/apache2
 1  /etc/ssl/certs
 2  ~/Work/Projects/Web/src
 3  /var/www/html
```

/var/www/html이 스택의 맨 위로 오도록(현재 작업 디렉터리가 되도록) 회전시키려면 pushd +3을 실행하면 된다.

스택 맨 아래의 디렉터리로 이동하려면 pushd -0을 실행한다.

```
$ dirs
/etc/apache2  /etc/ssl/certs  ~/Work/Projects/Web/src  /var/www/html
$ pushd -0
/var/www/html  /etc/apache2  /etc/ssl/certs  ~/Work/Projects/Web/src
```

맨 위 항목이 아니더라도 스택에서 디렉터리를 제거할 수 있다.

```
$ popd +N
```

위 명령을 사용하면 스택에서 (위에서부터) N번째 항목이 제거된다. 인수를 음수(-N)로 지정하면 밑에서부터 N번째 항목이 제거된다. 인수는 0이 첫 번째 항목을 가리키므로, popd +1을 입력하면 스택의 위에서부터 두 번째 항목이 제거된다.

---

4 프로그래머라면 이러한 연산을 '회전'이라고 부르는 편이 더 익숙할 것이다.

```
$ dirs
/var/www/html  /etc/apache2  /etc/ssl/certs  ~/Work/Projects/Web/src
$ popd +1
/var/www/html  /etc/ssl/certs  ~/Work/Projects/Web/src
$ popd +2
/var/www/html  /etc/ssl/certs
```

4.3 정리

이번 장의 내용은 몇 번만 연습하면 어렵지 않게 몸에 익힐 수 있으며, 키보드 입력에 따르는 수고를 크게 줄이고 시간도 절약할 수 있어 매우 유용하다. 그중에서 내게 특히 유용했던 것은 다음과 같다.

- CDPATH 변수를 이용한 빠른 디렉터리 이동
- pushd, popd 명령을 이용한 이전 디렉터리로의 이동
- 가끔 유용할 때 사용하는 cd - 명령

제 2 부

응용 기법

5장 리눅스 명령을 몸에 익히기

6장 부모 프로세스와 자식 프로세스, 그리고 환경

7장 명령을 실행하는 열한 가지 방법

8장 한 줄로 끝내는 명령 작성하기

9장 텍스트 파일 활용하기

기본적인 명령 입력, 파이핑, 디렉터리 이동을 익혔으니 이제는 응용할 차례다. 이어지는 다섯 개 장에서는 다양한 리눅스 명령과 함께 중요한 셸 개념을 몇 가지 더 소개한다. 이를 응용함으로써 리눅스를 사용하면서 마주칠 만한 상황을 해결하기 위한 복잡한 리눅스 명령을 작성해보자.

5장

리눅스 명령을 몸에 익히기

5.1 텍스트 생성하기

5.2 문자열 추출하기

5.3 텍스트 결합하기

5.4 텍스트 변환하기

5.5 더 많은 리눅스 명령 익히기

5.6 정리

리눅스 시스템에는 수많은 명령행 프로그램이 딸려오지만, 경험 많은 사용자라고 해도 대부분은 그중에서 일부(나름 엄선된 도구들)만을 반복적으로 사용한다. 1장에서는 자주 사용하게 될 유용한 명령 여섯 가지를 배웠다. 이번 장에서는 10개 이상의 새로운 명령을 소개하고, 각 명령마다의 기능을 간략히 설명한 후 사용 예를 제시하겠다(명령에서 사용할 수 있는 모든 옵션의 목록을 보고 싶다면 man 도움말을 참조하라). 그리고 다소 어려울 수 있지만 익혀두면 매우 유용하게 사용할 수 있는 강력한 명령인 awk와 sed도 소개한다. 이번 장에서 소개할 명령을 크게 보면, 파이프라인이나 복잡한 명령을 작성하면서 필요한 다음 네 가지의 매우 흔하면서도 실용적인 목적을 만족시키기 위한 것이라 할 수 있다.

텍스트 생성하기
날짜, 시간, 숫자나 글자의 연속열, 파일 경로, 반복되는 문자열 등의 텍스트를 파이프라인의 시작점에 출력하는 기능

텍스트 추출하기
grep, cut, head, tail 또는 awk를 조합해 텍스트 파일의 원하는 부분을 추출하는 기능

텍스트 결합하기
cat과 tac을 사용해 파일의 내용을 서로 합치거나 echo와 paste 명령으로 좌우로 결합하는 기능, 그리고 paste나 diff를 사용해 파일 내용을 서로 섞어 결합하는 기능

텍스트 변환하기
간단히 tr 또는 rev 명령을 사용하거나 awk나 sed 명령으로 복잡한 조건에 맞춰 텍스트를 변환하는 기능

이번 장에서는 대략적인 내용만을 다루며, 실제 사용할 수 있는 명령은 이어지는 장에서 자세히 소개할 것이다.

5.1 텍스트 생성하기

모든 파이프라인은 stdout을 통해 텍스트를 출력하는 간단한 명령으로 시작한다. 다음은 파일의 내용으로부터 grep이나 cut 명령을 사용해 일부를 골라내는 방식으로 시작하는 파이프라인이다.

```
$ cut -d: -f1 /etc/passwd | sort          # 모든 사용자명을 출력해 이를 정렬함
```

또는 cat 명령을 사용해 (하나 또는 여러 개의) 파일 전체 내용으로부터 파이프라인을 시작하기도 한다.

```
$ cat *.txt | wc -l                       # 전체 텍스트의 줄 수를 센다
```

파이프라인을 시작하는 텍스트의 출처가 파일이 아닐 수도 있다. 이러한 예는 이미 본 적이 있다. 바로 파일과 디렉터리의 이름 및 관련 정보를 출력하는 ls이다. 지금부터 텍스트를 생성하는 명령을 몇 가지 더 살펴보자.

date
날짜와 시간을 여러 가지 형식으로 출력한다.

seq
숫자의 연속열을 출력한다.

중괄호 확장
일련의 숫자와 문자를 출력하는 셸 기능이다.

find
파일의 경로를 출력한다.

yes
동일한 내용의 줄을 반복적으로 출력한다.

5.1.1 date 명령

date 명령은 현재 시각 및 날짜를 다양한 형식으로 출력한다.

📁 chapter05

```
$ date                           # 기본 형식
Mon Jun 28 16:57:33 EDT 2023
$ date +%Y-%m-%d                 # 연도-월-일 형식
2023-06-28
$ date +%H:%M:%S                 # 시:분:초 형식
16:57:33
```

출력 형식을 지정하기 위해서는 + 기호 뒤로 텍스트를 기재해 인수를 지정한다. 이 텍스트는 % 기호로 시작하는 특별한 표현식(예를 들면 %Y는 네 자리 연도이고, %H는 현재 시각의 시간(24시간제)을 나타낸다)을 포함한다. 이 표현식의 전체 목록은 date 명령의 man 도움말에서 볼 수 있다.

```
$ date +"I cannot believe it's already %A!"    # 요일 표현식
I cannot believe it's already Tuesday!
```

5.1.2 seq 명령

seq 명령은 특정 범위에 들어가는 숫자의 연속열을 출력한다. 두 개의 인수를 지정하면 이를 최솟값과 최댓값으로 하는 숫자의 연속열을 출력한다.

```
$ seq 1 5                        # 1 이상 5 이하 정수의 연속열을 출력한다
1
2
3
4
5
```

인수를 세 개 지정하면 첫 번째와 세 번째 인수가 최솟값, 최댓값이 되고, 두 번째 인수는 증가 값이 된다.

```
$ seq 1 2 10                    # 1 이상 10 이하에서 2씩 증가하는 정수의 연속열을 출력한다
1
3
5
7
9
```

증가 값을 -1과 같이 음수로 지정하면, 감소하는 연속열을 출력한다.

```
$ seq 3 -1 0
3
2
1
0
```

증가 값을 실수로 지정할 수도 있다.

```
$ seq 1.1 0.1 2                 # 0.1씩 증가한다
1.1
1.2
1.3
...
2.0
```

기본값으로 각 값은 개행 문자로 구분되지만, -s 옵션 뒤에 기재한 텍스트로 구분자를 지정할 수 있다.

```
$ seq -s/ 1 5                   # 슬래시를 구분자로 사용한다
1/2/3/4/5
```

-w 옵션은 앞에 필요한 만큼 0을 붙여 모든 값의 자릿수를 일치시킨다.

```
$ seq -w 8 10
08
09
10
```

이 외에도 다양한 형태로 숫자의 연속열을 생성할 수 있지만(자세한 내용은 man 도움말을 참조하라), 지금까지 소개한 것이 가장 많이 쓰이는 형태다.

5.1.3 중괄호 확장(셸 내장 기능)

숫자의 연속열을 출력하는 셸 자체 기능도 있다. 이를 중괄호 확장(brace expansion)이라 한다. 왼쪽 중괄호({)로 시작해 두 개의 정수 사이에 점 두 개(..)를 찍고 오른쪽 중괄호(})가 이어지는 형태다.

```
$ echo {1..10}                    # 1부터 10까지 숫자의 연속열
1 2 3 4 5 6 7 8 9 10
$ echo {10..1}                    # 10부터 1까지 숫자의 연속열
10 9 8 7 6 5 4 3 2 1
$ echo {01..10}                   # 자릿수를 맞춘 1부터 10까지 숫자의 연속열
01 02 03 04 05 06 07 08 09 10
```

일반형을 설명하자면, 셸 표현식 {x..y..z}는 z씩 증가하는 x 이상 y 이하 숫자의 연속열을 생성한다.

```
$ echo {1..1000..100}             # 1부터 100씩 증가하는 연속열
1 101 201 301 401 601 701 801 901
$ echo {1000..1..100}             # 1000부터 100씩 감소하는 연속열
1000 900 800 700 600 500 400 300 200 100
$ echo {01..1000..100}            # 자릿수를 맞춘 연속열
0001 0101 0201 0301 0401 0501 0601 0701 0801 0901
```

> **Note 중괄호와 대괄호**
>
> 앞서 2장에서 대괄호를 파일명의 패턴 일치 연산자로 사용했었다. 하지만 중괄호는 파일명과 전혀 관련이 없으며, 사실은 문자열의 리스트로 평가된다. 중괄호를 파일명을 출력하는 데 쓸 수는 있지만, 이때에도 패턴 일치 기능은 없다.
>
> 📁 chapter05 〉 brace-expansion
>
> ```
> $ ls
> file1  file2  file4
> $ ls file[2-4]                  # 기존 파일명과 일치됨
> file2  file4
> $ ls file{2..4}                 # 다음 문자열 목록으로 평가됨: file2 file3 file4
> ls: cannot access 'file3': No such file or directory
> file2  file4
> ```

중괄호 확장은 seq 명령으로 만들 수 없는 문자의 연속열을 만들 수도 있다.

📁 chapter05

```
$ echo {A..Z}
A B C D E F G H I J K L M N O P Q R S T U V W X Y Z
```

중괄호 확장으로 생성된 연속열은 항상 공백 문자로 구분된 한 줄의 문자열이다. tr 등의 명령을 사용한 파이핑으로 이러한 형태를 변환할 수 있다(자세한 내용은 5.4.1절 'tr 명령'을 참고하라).

```
$ echo {A..Z} | tr -d ' '          # 공백 문자 제거
ABCDEFGHIJKLMNOPQRSTUVWXYZ
$ echo {A..Z} | tr ' ' '\n'        # 공백 문자를 개행 문자로 변환
A
B
C
...
Z
```

다음과 같이 영어 알파벳의 n번째 글자를 출력하는 명령의 별명을 정의할 수 있다.

```
$ alias nth="echo {A..Z} | tr -d ' ' | cut -c"
$ nth 10
J
```

5.1.4 find 명령

find 명령은 어떤 디렉터리 안의 파일 목록을 하위 디렉터리를 포함해 재귀적으로 출력한다. 이때 파일의 전체 경로가 출력되며,[1] 목록의 순서는 정렬되지 않는다(정렬이 필요하다면 sort 명령으로 파이핑한다).

```
$ find /etc -print                 # /etc 아래의 디렉터리를 재귀적으로 탐색한다
/etc
/etc/issue.net
/etc/nanorc
/etc/apache2
/etc/apache2/sites-available
/etc/apache2/sites-available/default.conf
...
```

---

[1] ls -R 명령도 비슷하게 기능하지만 출력 형식이 find와 달리 파이프에 적합하지 않다.

find 명령에는 다양한 옵션을 조합해 사용할 수 있다. 다음은 그중에서 매우 자주 사용되는 조합이다. 먼저 파일 또는 디렉터리만을 출력하려면 -type 옵션을 사용한다.

```
$ find . -type f -print         # 파일만 출력하기
$ find . -type d -print         # 디렉터리만 출력하기
```

파일명이 패턴과 일치하는 파일만을 출력하려면 -name 옵션을 사용한다. 파일명 패턴은 큰따옴표로 감싸거나 이스케이프로 처리해 표현식으로 평가되지 않도록 한다.

```
$ find /etc -type f -name "*.conf" -print    # .conf로 끝나는 파일만 출력하기
/etc/logrotate.conf
/etc/systemd/logind.conf
/etc/systemd/timesyncd.conf
...
```

파일명 패턴에서 대소문자 구분을 하지 않으려면 -iname 옵션을 사용한다.

```
$ find . -iname "*.txt" -print
```

find 명령은 파일 목록의 각 항목마다 해당 항목을 대상으로 리눅스 명령을 실행할 수 있다. -exec 옵션을 사용하면 된다. 다만 문법이 약간 까다롭다.

1. find 명령을 작성하고 -print 옵션을 삭제한다.
2. find 명령 뒤로 -exec 옵션을 추가한다. 실행할 명령 사이에서 파일 경로가 들어갈 곳에 {}를 삽입한다.
3. 명령 맨 끝에 따옴표로 감싸거나 이스케이프한 세미콜론을 추가한다.

다음은 파일 경로의 양쪽으로 @ 기호를 찍는 간단한 예제다.

```
$ find /etc -exec echo @ {} @ ";"
@ /etc @
@ /etc/issue.net @
@ /etc/nanorc @
...
```

조금 더 실용적인 예제를 살펴보자. 다음은 /etc 아래의 모든 .conf 파일에 ls -l 명령을 실행하는 예제다.

```
$ find /etc -type f -name "*.conf" -exec ls -l {} ";"
-rw-r--r-- 1 root root   703  Aug 21 2017 /etc/logrotate.conf
-rw-r--r-- 1 root root  1022  Apr 20 2018 /etc/systemd/logind.conf
-rw-r--r-- 1 root root   604  Apr 20 2018 /etc/systemd/timesyncd.conf
```

find -exec는 디렉터리 구조를 순회하며 대량의 파일을 삭제할 때 유용하다(하지만 매우 주의해서 사용해야 한다!). $HOME/tmp 디렉터리 아래의 파일 중 이름이 ~로 끝나는 파일을 삭제해본다. 안전을 위해 echo 명령으로 삭제되는 파일의 목록을 먼저 확인한 다음, 실제로 파일을 삭제한다.

```
$ find $HOME/tmp -type f -name "*~" -exec echo rm {} ";"    # 안전을 위해 목록만 확인
rm /home/smith/tmp/file1~
rm /home/smith/junk/file2~
rm /home/smith/vm/vm-8.2.0b/lisp/vm-cus-load.el~
$ find $HOME/etc -type f -name "*~" -exec rm {} ";"         # 실제로 삭제
```

5.1.5 yes 명령

yes 명령은 강제 종료시킬 때까지 같은 문자열을 연속해서 출력하는 명령이다.

```
$ yes                    # 기본값인 "y"를 반복해서 출력한다
y
y
y ^C                     # yes를 강제 종료한다
$ yes woof!              # 다른 문자열을 반복해서 출력한다
woof!
woof!
woof! ^C
```

이 이상한 프로그램의 용도는 무엇일까? yes 명령은 사람이 없어도 대화형 프로그램에 자동으로 입력이 진행되도록 할 때 쓰인다. 예를 들어 리눅스 파일 시스템의 오류를 검사하는 fsck 프로그램을 사용하면 사용자가 y 또는 n으로 응답해야 하는 경우가 있다. 이때 yes의 출력을 fsck로 파이핑하면 여러분 대신 응답을 입력해주므로 fsck의 실행이 완료될 때까지 자리를 비워도 된다.[2]

여기서는 head 명령으로 파이핑해서 어떤 문자열을 정해진 횟수만큼 출력하기 위한 목적으로 주로 yes를 사용한다(자세한 내용은 8.5절 '테스트용 파일 만들기'를 참고하라).

---

[2] 최근의 fsck 구현체 중에는 yes 또는 no를 출력하도록 -y 또는 -n 옵션을 추가한 것도 있다. 이 경우 yes 같은 문자열을 입력할 필요가 없다.

```
$ yes "Efficient Linux" | head -n3        # 문자열을 세 번 출력한다
Efficient Linux
Efficient Linux
Efficient Linux
```

5.2 문자열 추출하기

파일 내용의 일부만 필요하다면 grep, cut, head, tail을 조합하는 것이 가장 간단한 방법이다. 앞의 세 가지는 이미 1장에서 소개했다. grep은 패턴과 일치하는 문자열을 출력하는 명령이고, head는 파일의 처음부터 지정된 수의 줄을 출력하는 명령이며, tail은 head의 반대로 파일의 끝부터 지정된 수의 줄을 출력하는 명령이다. 그림 5-1은 이들 네 가지 명령이 조합된 형태를 나타낸 것이다.

▼ 그림 5-1 head, grep, tail은 필요한 범위의 줄을 골라내는 데 쓰인다. 여기서 grep은 'blandit'이라는 문자열이 포함된 줄을 찾는 데 쓰였다.

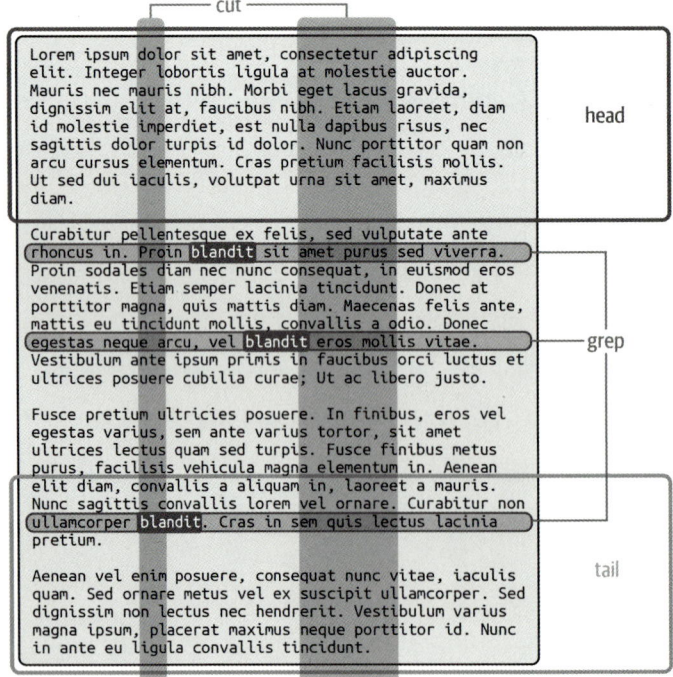

이번 절에서는 단순 문자열 일치 여부를 확인하는 것을 넘어서는 grep의 기능과 tail의 기능을 더 자세히 설명하겠다. 그리고 cut 명령으로 할 수 없는 문자열 내 추출을 awk 명령을 사용해 수행해 본다. 이들 다섯 가지 명령을 잘 조합하면, 하나의 파이프라인만으로 거의 모든 텍스트를 원하는 대로 추출해낼 수 있다.

5.2.1 단순 문자열 일치 그 이상의 기능: grep

앞에서는 파일의 내용 중 문자열과 일치하는 줄을 출력하기 위해 이미 grep 명령을 사용했었다.

📁 chapter05 > grep_deeper_look

```
$ cat frost
Whose woods these are I think I know.
His house is in the village though;
He will not see me stopping here
To watch his woods fill up with snow.
This is not the end of the poem.
$ grep his frost                         # 'his'라는 문자열이 포함된 줄을 출력한다
To watch his woods fill up with snow.
This is not the end of the poem.         # 'This' 역시 'his'와 일치한다
```

grep을 더 유용하게 해주는 옵션도 있다. -w 옵션을 사용하면 단어 전체가 문자열과 동일해야 일치로 간주된다.

```
$ grep -w his frost                      # 'his'라는 단어에만 일치한다
To watch his woods fill up with snow.
```

-i 옵션을 사용하면 대소문자를 구분하지 않는다.

```
$ grep -i his frost
His house is in the village though;      # 'His'와 일치한다
To watch his woods fill up with snow.    # 'his'와도 일치한다
This is not the end of the poem.         # 'This'도 'his'와 일치한다
```

또한, -l 옵션을 사용하면 (일치하는 줄은 출력하지 않고) 일치하는 줄이 있는 파일의 이름만을 출력한다.

```
$ grep -l his *        # 'his'라는 문자열이 들어 있는 파일은?
frost
```

하지만 grep의 진짜 위력은 단순 문자열을 비교할 때가 아니라 정규표현식(Regular Expression, RE)[3]이라는 패턴을 비교할 때 발휘된다. 정규표현식의 문법은 파일명 패턴과는 사뭇 다르다. 그중 일부를 표 5-1에 정리했다.

▼ 표 5-1 grep, awk, sed[a]에서 공통적으로 사용할 수 있는 정규표현식 문법

일치하는 대상	문법	예제
줄의 처음	^	^a = a로 시작하는 줄
줄의 끝	$	!$ = 느낌표로 끝나는 줄
단일 문자 (개행 문자 제외)	.	... = 세 글자
문자 리터럴 ^, 달러 기호 등의 특수 문자 c	\c	\$ = 달러 기호
표현식 E의 0번 이상의 출현	E*	_* = 0개 이상의 언더스코어
문자 집합에 포함된 문자의 한 글자	[characters]	[aeiouAEIOU] = 모음 한 글자
문자 집합에 포함되지 않는 문자의 한 글자	[^characters]	[^aeiouAEIOU] = 모음이 아닌 문자 한 글자
문자 c_1과 c_2 사이의 문자 중 한 글자	[c_1-c_2]	[0-9] = 숫자 한 글자
문자 c_1과 c_2 사이의 문자가 아닌 한 글자	[^c_1-c_2]	[^0-9] = 숫자가 아닌 문자 한 글자
두 표현식 E_1과 E_2 중의 하나	E_1\¦E_2 (grep과 sed) E_1¦E_2 (awk)	one\¦two = one 또는 two one¦two = one 또는 two
결합된 표현식 E에 우선순위 부여	\(E\) (grep과 sed)[b] (E) (awk)	\(one\¦two\)* = one 또는 two의 0번 이상의 출현 (one¦two)* = one 또는 two의 0번 이상의 출현

a) 세 명령은 정규표현식을 취급하는 방식에 조금씩 차이가 있다. 표 5-1은 그중 일부만을 제시한 것이다.
b) sed에서는 표현식의 결합 이상의 효과가 있다. 5.4.3절의 'sed에서 하위표현식 사용하기'를 참고하라.

정규표현식을 사용한 grep 명령의 예를 살펴보자. 먼저 대문자로 시작하는 모든 줄과 일치하는 예다.

　　`$ grep '^[A-Z]' myfile`

다음은 빈 줄이 아닌 모든 줄과 일치하는 패턴이다(-v가 빈 줄을 제거하는 옵션이다).

　　`$ grep -v '^$' myfile`

3　grep이라는 이름부터가 애초에 'get regular expression and print'의 약어다.

다음은 cookie 또는 cake를 포함하는 줄과 일치하는 패턴이다.

```
$ grep 'cookie\|cake' myfile
```

다음은 다섯 글자 이상의 문자가 있는 줄과 일치하는 패턴이다.

```
$ grep '.....' myfile
```

한 줄 안에서 > 기호 앞에 < 기호가 오는 줄과 일치하는 패턴이다. HTML 코드가 이런 예에 해당한다.

```
$ grep '<.*>' page.html
```

정규표현식은 아주 강력하지만 오히려 거추장스러울 때도 많다. 예를 들어 frost 파일에서 w.이라는 패턴을 찾고 싶다고 가정해보자. 하지만 패턴 w.을 그대로 입력하면 원하는 결과가 나오지 않는다. 문자 .이 정규표현식에서 '아무 글자 하나'를 의미하기 때문이다.

```
$ grep w. frost
Whose woods these are I think I know.
He will not see me stopping here
To watch his woods fill up with snow.
```

이것을 우회하려면 이스케이프를 써야 한다.

```
$ grep 'w\.' frost
Whose woods these are I think I know.
To watch his woods fill up with snow.
```

하지만 이 방법도 이스케이프해야 할 특수 문자가 늘어나면 불편해진다. 다행히 grep에는 입력한 패턴을 정규표현식으로 해석하지 않고 문자 그대로 찾도록 하는 -F('fixed'를 의미한다) 옵션이 있다. 또는 이와 같은 기능을 하는 다른 명령인 fgrep을 사용해도 된다.

```
$ grep -F w. frost
Whose woods these are I think I know.
To watch his woods fill up with snow.
$ fgrep w. frost
Whose woods these are I think I know.
To watch his woods fill up with snow.
```

이 외에도 grep에는 다양한 옵션이 있다. 여기서 흔히 사용되는 옵션을 하나 더 소개하겠다. -f 옵션(소문자 f이다. 대문자인 -F와 혼동하지 않도록 주의한다)은 여러 개의 문자열로 된 패턴을 검색할 수 있게 해준다. 예를 들어 /etc/passwd 파일(1.2.5절 '다섯 번째 명령 - sort' 참조)에 기재된 모든 셸의 목록을 알고 싶다고 하자. 앞서 소개했다시피 이 파일은 사용자에 대한 정보를 담고 있는데, 이 정보는 콜론으로 구분된 필드에 기재돼 있다. 각 줄의 마지막 필드는 해당 사용자가 로그인했을 때 실행할 프로그램으로, 간혹 이 프로그램이 셸이 아닌 사용자가 있다.

```
$ cat /etc/passwd
root:x:0:0:root:/root:/bin/bash              # 일곱 번째 필드가 셸을 가리킨다
daemon:x:1:1:daemon:/usr/sbin:/usr/sbin/nologin  # 일곱 번째 필드가 가리키는 것이 셸이 아
                                              니다
...
```

마지막 필드의 프로그램이 셸인지 아닌지 어떻게 알 수 있을까? /etc/shell 파일에서 이 리눅스 시스템에서 사용할 수 있는 셸의 목록을 알 수 있다.

```
$ cat /etc/shells
/bin/sh
/bin/bash
/bin/csh
```

/etc/passwd 파일 각 줄의 마지막 필드를 cut 명령으로 추출하고 sort -u 명령으로 중복을 제거한 다음, /etc/shell 파일의 내용을 패턴으로 삼아 grep -f 명령을 실행하면 사용자들이 사용하는 셸의 종류를 알 수 있다. 만일을 위해 패턴에 특수 문자가 들어 있더라도 문자 그대로 인식되도록 하는 -F 옵션도 추가했다.

```
$ cut -d: -f7 /etc/passwd | sort -u | grep -f /etc/shells -F
/bin/bash
/bin/sh
```

5.2.2 tail 명령

tail 명령은 파일의 마지막 부분을 출력하는 명령으로(범위를 따로 지정하지 않으면 기본으로 마지막 열 줄을 출력한다), head 명령과 반대되는 기능이라고 할 수 있다. 다음과 같은 내용의 26줄짜리 alphabet 파일이 있다고 하자.

📁 chapter05 〉 tail_command

```
$ cat alphabet
A is for aardvark
B is for bunny
C is for chipmunk
...
X is for xenorhabdus
Y is for yak
Z is for zebu
```

tail 명령을 사용해 파일의 마지막 세 줄을 출력해보자. -n을 사용하면 head에서와 마찬가지로 출력할 줄의 수를 지정할 수 있다.

```
$ tail -n3 alphabet
X is for xenorhabdus
Y is for yak
Z is for zebu
```

-n 옵션의 숫자 앞에 + 기호를 붙이면 파일의 해당 줄 번호부터 시작해 마지막까지를 출력한다. 예를 들어 다음 명령은 alphabet 파일의 내용을 25번째 줄부터 끝까지 출력한다.

```
$ tail -n+25 alphabet
Y is for yak
Z is for zebu
```

또 tail 명령과 head 명령을 조합하면 파일의 특정한 부분을 골라 출력할 수 있다. 예를 들어 파일의 네 번째 줄만 출력하려면 앞에서부터 네 줄을 출력한 다음, 그중에서 마지막 줄을 골라내면 된다.

```
$ head -n4 alphabet | tail -n1
D is for dingo
```

이를 일반화해서 M번째 줄부터 N번째 줄까지의 내용을 골라내고 싶다면, head 명령으로 N번째 줄까지를 추출한 다음 tail 명령으로 다시 N-M+1개 줄만 남기면 된다. 다음은 파일 alphabet에서 여섯 번째 줄부터 여덟 번째 줄까지의 내용을 추출한 예다.

```
$ head -n8 alphabet | tail -n3
F is for falcon
G is for gorilla
H is for hawk
```

> Note ≡ head 명령과 tail 명령은 -n 옵션을 사용하지 않아도 간단한 문법을 통해 출력할 줄 수를 지정할 수 있다. 이 문법은 아주 예전부터 있던 것으로, 정식 지원이 중단된 지도 오래됐다. 하지만 기능이 완전히 제거되는 일은 아마 없을 것이다.
>
> ```
> $ head -4 alphabet        # head -n4 alphabet과 동일하게 동작
> $ tail -3 alphabet        # tail -n3 alphabet과 동일하게 동작
> $ tail +25 alphabet       # tail -n+25 alphabet과 동일하게 동작
> ```

5.2.3 awk {print} 명령

awk 명령은 매우 다양한 용도로 쓰이는 일반 텍스트 처리 도구다. 그중 한 가지 기능인 print를 살펴보자. 이 기능은 파일에서 cut으로는 골라낼 수 없는 특정한 열을 골라낼 수 있다. 예를 들어 시스템 파일인 /etc/hosts 파일에는 공백으로 구분된 IP 주소와 호스트명이 담겨 있다.

📁 chapter05 〉 awk_essentials

```
$ less /etc/hosts
127.0.0.1       localhost
127.0.1.1       myhost      myhost.example.com
192.168.1.2     frodo
192.168.1.3     gollum
192.168.1.28    gandalf
```

이 파일에서 두 번째 단어만을 골라내 호스트명을 수집하려고 한다. 그런데 호스트명 앞의 공백 문자 수가 줄마다 다르다. cut 명령을 사용하려면 필드가 모든 줄에서 같은 위치에 있거나(-c) 구분 문자가 하나뿐이어야(-f) 한다. 이때 awk를 사용하면 손쉽게 각 줄의 두 번째 단어를 추출할 수 있다.

```
$ awk '{print $2}' /etc/hosts
localhost
myhost
frodo
gollum
gandalf
```

awk는 $ 기호 뒤의 숫자로 문자열의 n번째 단어를 가리킨다. 예를 들어 $7은 일곱 번째 컬럼(column)이다. n이 두 자리를 넘어가면 $(25)와 같이 괄호로 감싸야 한다. 마지막 필드를 참조하려면 $NF(필드의 수를 의미)를 사용하며 해당 줄 전체를 참조하려면 $0을 쓰면 된다.

awk는 컬럼 사이의 공백 문자는 원칙적으로 출력하지 않는다. 컬럼 값에 공백 문자를 포함시키고 싶다면 각 값을 콤마로 구분하면 된다.

```
$ echo Efficient fun Linux | awk '{print $1 $3}'      # 공백 없음
EfficientLinux
$ echo Efficient fun Linux | awk '{print $1, $3}'     # 공백 추가됨
Efficient Linux
```

awk의 print 문은 컬럼 길이가 일정치 않게 출력되는 다른 명령의 출력 내용을 처리하기에 편리하다. df는 리눅스 컴퓨터의 디스크 사용량과 남은 용량을 알려주는 명령이다.

```
$ df / /data
Filesystem       1K-blocks        Used     Available  Use% Mounted on
/dev/sda1       1888543276   902295944    890244772    51% /
/dev/sda2       7441141620  1599844268   5466214400    23% /data
```

파일 시스템 내 경로의 길이 차이, 디스크 용량 등으로 인해 컬럼의 위치가 일정치 않으므로 cut 명령으로는 원하는 내용을 추출하기 어렵다. 그러나 awk를 사용하면 각 줄에서 네 번째 필드(디스크의 남은 용량)를 어렵지 않게 추출할 수 있다.

```
$ df / /data | awk '{print $4}'
Available
890244772
5466214400
```

또한, 첫 번째 줄의 필드명도 간단하게 제거할 수 있다. 행 번호가 2 이상인 줄만 출력하도록 하면 된다.

```
$ df / /data | awk 'FNR>1 {print $4}'
890244772
5466214400
```

공백 문자가 아닌 다른 문자를 구분자로 사용하는 경우라면, -F 옵션에 정규표현식 패턴을 구분자로 지정하면 처리할 수 있다.

```
$ echo efficient:::::linux | awk -F':*' '{print $2}'    # 임의의 수의 콜론이 구분자
linux
```

awk는 5.4.3절 'awk 명령과 sed 명령'에서 더 자세히 다룬다.

5.3 텍스트 결합하기

이미 여러 파일에서 추출한 텍스트를 결합하는 몇 가지 명령을 배웠다. 첫 번째 명령은 cat이다. cat은 여러 파일의 내용을 표준 출력으로 출력하는 기능을 하며, 파일의 전체 내용을 서로 이어 붙이고 싶을 때 사용한다. 이 명령의 이름인 'cat'도 '이어 붙이다'라는 뜻을 가진 'concatenate'에서 따온 것이다.

📁 chapter05 〉 combining_text

```
$ cat poem1
It is an ancient Mariner,
And he stoppeth one of three.
$ cat poem2
'By thy long grey beard and glittering eye,
$ cat poem3
Now wherefore stopp'st thou me?
$ cat poem1 poem2 poem3
It is an ancient Mariner,
And he stoppeth one of three.
'By thy long grey beard and glittering eye,
Now wherefore stopp'st thou me?
```

텍스트를 결합하는 데 사용했던 두 번째 명령은 echo이다. 이 명령은 셸 내장 명령으로, 인수로 받은 값을 하나의 공백 문자로 구분해 좌우로 연결한 다음 출력한다.

```
$ echo efficient           linux        in       $HOME
efficient linux in /home/smith
```

이밖에 텍스트를 결합하는 데 쓰이는 명령은 다음과 같다.

tac
텍스트 파일의 순서를 뒤집는다.

paste
텍스트 파일을 좌우로 이어 붙인다.

diff

두 파일의 내용을 엇갈리게 보여주며 내용이 어떻게 다른지 보여준다.

5.3.1 tac 명령

tac 명령은 파일의 내용을 줄 단위로 뒤집는다. 명령의 이름 역시 'cat'이란 이름을 뒤집어 지었다.

📁 chapter05 〉 tac_command

```
$ cat poem1 poem2 poem3 | tac
Now wherefore stopp'st thou me?
'By thy long grey beard and glittering eye,
And he stoppeth one of three.
It is an ancient Mariner,
```

텍스트의 순서를 뒤집기 전에 세 파일의 내용을 먼저 연결했다는 점에 주의하길 바란다. 세 파일을 그냥 tac의 인수로 지정했다면, 순서가 뒤집힌 파일이 각각 인수로 지정된 순서대로 연결됐을 것이다.

```
$ tac poem1 poem2 poem3
And he stoppeth one of three.             # 첫 번째 파일(순서 뒤집힘)
It is an ancient Mariner,
'By thy long grey beard and glittering eye,   # 두 번째 파일
Now wherefore stopp'st thou me?           # 세 번째 파일
```

tac은 이미 시간순으로 정렬됐지만 sort -r 명령으로 순서를 뒤집기 어려운 데이터를 다룰 때 특히 유용하다. 주로 웹 서버의 로그 파일을 뒤집어 최근 로그가 위로 올라오도록 하는 경우가 이에 해당한다.

```
192.168.1.34 - - [30/Nov/2021:23:37:39 -0500] "GET / HTTP/1.1" ...
192.168.1.10 - - [01/Dec/2021:00:02:11 -0500] "GET /notes.html HTTP/1.1" ...
192.168.1.8 - - [01/Dec/2021:00:04:30 -0500] "GET /stuff.html HTTP/1.1" ...
...
```

이 로그는 시간순으로 정렬돼 있지만, 시간을 나타내는 타임스탬프 값이 알파벳순이나 정렬 가능한 숫자 값이 아니므로 sort -r 명령으로는 원하는 결과를 얻을 수 없다. tac 명령을 사용하면 이들 로그를 타임스탬프 값을 따질 필요 없이 역순으로 뒤집을 수 있다.

5.3.2 paste 명령

paste 명령은 파일의 각 줄을 탭 문자 하나를 구분자로 삼아 좌우로 연결하는 기능을 한다. 탭 문자로 구분된 줄에서 특정 컬럼을 추출하는 cut 명령과 상대되는 개념이라고 할 수 있다.

📁 chapter05 〉 paste_command

```
$ cat title-words1
EFFICIENT
AT
COMMAND
$ cat title-words2
linux
the
line
$ paste title-words1 title-words2
EFFICIENT       linux
AT      the
COMMAND         line
$ paste title-words1 title-words2 | cut -f2     # cut과 paste는 서로 상대되는 기능을 한다
linux
the
line
```

구분자를 바꾸고 싶다면(이를테면 콤마), -d 옵션('delimiter'라는 뜻이다)을 사용한다.

```
$ paste -d, title-words1 title-words2
EFFICIENT,linux
AT,the
COMMAND,line
```

출력 내용의 행과 열을 서로 바꾸고 싶다면 -s 옵션을 사용한다.

```
$ paste -d, -s title-words1 title-words2
EFFICIENT,AT,COMMAND
linux,the,line
```

구분자로 개행 문자(\n)를 사용하면 두 파일의 내용을 줄이 엇갈리게 합칠 수도 있다.

```
$ paste -d "\n" title-words1 title-words2
EFFICIENT
linux
AT
```

5.3.3 diff 명령

diff 명령은 두 파일의 내용을 줄 단위로 비교하며 내용이 어떻게 다른지를 정리해 보여준다.

📁 chapter05 〉 diff_command

```
$ cat file1
Linux is all about efficiency.
I hope you will enjoy this book.
$ cat file2
MacOS is all about efficiency.
I hope you will enjoy this book.
Have a nice day.
$ diff file1 file2
1c1
< Linux is all about efficiency.
---
> MacOS is all about efficiency.
2a3
> Have a nice day.
```

출력 내용 중간의 1c1은 두 파일 간의 차이점이 한 곳이라는 뜻이다. 다시 말해 두 파일의 첫 번째 줄이 서로 다르다. 같은 줄에 해당하는 두 파일의 내용은 구분자 ---로 구분하며, < 기호는 첫 번째 파일의 내용, > 기호는 두 번째 파일의 내용이라는 뜻이다.

그리고 2a3은 추가된 내용을 의미한다. 풀어 설명하면, file2에는 file1의 두 번째 줄 뒤에 없는 세 번째 줄이 있다는 뜻이다. 그 뒤로 file2의 추가된 줄 'Have a nice day'가 출력된다.

diff의 출력에는 이 외에도 다른 유형의 내용의 차이를 나타내는 또 다른 표기법이 있다. 하지만 일단 여기서는 두 파일의 내용을 섞어 처리하는 것이 목적이므로 이 정도만 알면 된다. diff를 이런 용도로 쓰는 사람은 그리 많지 않지만, 특정한 문제를 해결하는 파이프라인을 작성할 때 매우 편리하다. 예를 들어 두 파일 간에 내용이 다른 줄을 다음과 같이 grep과 cut을 사용해 골라낼 수 있다.

```
$ diff file1 file2 | grep '^[<>]'
< Linux is all about efficiency.
> MacOS is all about efficiency.
> Have a nice day.
$ diff file1 file2 | grep '^[<>]' | cut -c3-
Linux is all about efficiency.
MacOS is all about efficiency.
Have a nice day.
```

7.2.2절 '네 번째 방법: 프로세스 치환하기'와 8.3절 '파일의 쌍 확인하기'에서 diff를 활용하는 더 실용적인 예를 소개할 것이다.

5.4 텍스트 변환하기

앞서 1장에서는 표준 입력 스트림을 통해 입력받은 텍스트를 다른 형태로 변환해 표준 출력 스트림으로 출력하는 몇 가지 명령을 살펴봤다. wc 명령은 입력된 텍스트의 줄 수와 단어 수, 문자 수를 세는 기능을 했고, sort 명령은 알파벳순이나 숫자순으로 텍스트의 줄을 정렬하는 기능을 했다. uniq 명령은 중복되는 줄을 제거하는 기능을 했다. 입력받은 텍스트를 변환하는 기능을 하는 명령을 몇 가지 더 알아보자.

tr
특정 문자를 다른 문자로 치환한다.

rev
한 줄의 문자열을 역순으로 뒤집는다.

awk 및 sed
일반용 텍스트 변환 도구다.

5.4.1 tr 명령

tr 명령은 (한 개 이상의) 특정한 문자를 다른 문자로 변환하는 기능을 한다. 앞서 2장에서는 콜론을 개행 문자로 치환하는 예제에서 tr 명령을 사용한 바 있다.

📁 chapter05

```
$ echo $PATH | tr : "\n"          # 콜론을 개행 문자로 치환
/home/smith/bin
/usr/local/bin
/usr/bin
/bin
/usr/games
/usr/lib/java/bin
```

tr 명령은 문자 집합 두 개를 인수로 받는데, 첫 번째 문자 집합의 문자를 두 번째 문자 집합의 대응하는 문자로 치환한다. 주로 텍스트의 대소문자를 변환하는 데 쓰인다.

```
$ echo efficient | tr a-z A-Z     # a를 A로, b를 B로, ... 변환
EFFICIENT
$ echo Efficient | tr A-Z a-z
efficient
```

예를 들어 공백 문자를 개행 문자로 변환하려면 다음과 같이 한다.

```
$ echo Efficient Linux | tr " " "\n"
Efficient
Linux
```

다음과 같이 -d를 사용해 공백 문자(그리고 탭 문자)를 지울 수도 있다.

```
$ echo efficient linux | tr -d ' \t'    # 공백 및 탭 문자 제거
efficientlinux
```

5.4.2 rev 명령

rev 명령은 입력된 각 줄의 문자를 반대 순서로 뒤집는다.[4]

---

[4] 여기서 퀴즈 하나를 내본다. rev myfile | tac | rev | tac의 결과는 어떻게 될까?

```
$ echo Efficient Linux! | rev
!xuniL tneiciffE
```

rev는 이런 장난스러운 결과를 제공할 뿐만 아니라, 파일에서 까다로운 정보를 뽑아내는 데도 실제로 유용하다. 다음과 같이 유명 인사의 이름을 담은 파일이 있다고 가정해보자.

```
$ cat celebrities
Jamie Lee Curtis
Zooey Deschanel
Zendaya Maree Stoermer Coleman
Rihanna
```

이 파일에서 각 줄의 마지막 단어(Curtis, Deschanel, Coleman, Rihanna)를 추출하려고 한다. 모든 줄의 컬럼 수가 동일하다면 cut -f 명령으로 간단하게 처리할 수 있겠지만, 컬럼 수가 줄마다 다르다. rev를 사용해 먼저 각 줄의 문자열을 뒤집은 다음 첫 번째 컬럼을 골라내고, 다시 이 컬럼의 값을 뒤집으면 원하는 결과[5]를 얻을 수 있다.

```
$ rev celebrities
sitruC eeL eimaJ
lenahcseD yeooZ
nameloC remreotS eeraM ayadneZ
annahiR
$ rev celebrities | cut -d ' ' -f1
sitruC
lenahcseD
nameloC
annahiR
$ rev celebrities | cut -d ' ' -f1 | rev
Curtis
Deschanel
Coleman
Rihanna
```

---

[5] awk와 sed를 사용해 더 간단히 처리하는 방법도 곧 소개하겠지만, 일단은 rev를 두 번 사용하는 이 방법이 이해하기 쉽다.

5.4.3 awk 명령과 sed 명령

awk와 sed 명령은 텍스트 처리에서 거의 모든 것을 처리할 수 있는 도구다. 이들 명령을 잘 활용하면 지금까지 소개한 다른 명령들의 기능을 그대로 따라 할 수 있다. 다만 조금 알아보기 힘든 문법을 이해해야 한다. 간단한 예제로 먼저 head와 같이 파일의 처음 열 줄을 출력하는 명령을 살펴보자.

📁 chapter05 > awk_and_sed_commands

```
$ sed 10q myfile              # 파일의 처음 열 줄을 출력하고 종료(q)
$ awk 'FNR<=10' myfile        # 행 번호가 10보다 커질 때(<=)까지 출력
```

이뿐만 아니라 다른 명령으로 하지 못하는 일, 이를테면 치환이나 교환도 할 수 있다.

```
$ echo image.jpg | sed 's/\.jpg/.png/'        # .jpg를 .png로 치환
image.png
$ echo "linux efficient" | awk '{print $2, $1}'   # 두 단어를 교환
efficient linux
```

awk와 sed 명령은 지금까지 소개했던 명령들보다 익히기가 어렵다. 이들 두 명령은 자그마한 프로그래밍 언어를 내장한 것과 다를 바 없기 때문이다. 기능이 너무나도 많기 때문에 이들만을 다루는 책이 여러 권 나와 있을 정도다.[6] 나는 이들 중 하나라도 시간을 진득히 들여 배워보기를 권한다. 그 첫 발걸음을 위해 awk와 sed 명령의 기본적인 사용법과 자주 쓰이는 예제를 소개하겠다. 강력한 기능을 가진 이들 명령을 다루는 온라인 튜토리얼을 시청하는 것도 좋다.

awk와 sed의 모든 기능을 기억할 필요는 없다. 다음 내용만 제대로 숙지하더라도 이미 awk와 sed의 숙련된 사용자라 할 수 있다.

- awk와 sed를 사용해 어떤 텍스트 변환이 가능한지 이해한다. '이럴 때는 awk나 sed를 쓰면 되겠다'고 깨닫고 필요에 따라 이들 명령을 사용한다.
- awk와 sed의 man 도움말이나 스택 익스체인지(Stack Exchange) 같은 온라인 자료를 읽고 이해한다.

---

[6] 하나의 예로 《sed & awk》(O'Reilly, 1997)라는 도서가 있다.

awk의 기본 사용법

awk는 파일(또는 표준 입력 스트림)에서 입력받은 텍스트의 각 줄을 awk 프로그램[7]에 기술된 일련의 지시에 따라 다른 텍스트로 변환하는 기능을 한다. awk 프로그램을 잘 짤수록 더욱 유연하게 텍스트를 처리할 수 있다. 명령행에서 awk 프로그램을 실행하려면 다음과 같이 한다.

```
$ awk program input-files
```

또 파일에 저장한 awk 프로그램을 -f 옵션으로 불러와 사용할 수 있다. awk 프로그램은 인수에 지정한 순서대로 실행된다.

```
$ awk -f program-file1 -f program-file2 -f program-file3 input-files
```

awk 프로그램은 하나 이상의 액션(action)으로 구성된다. 액션은 패턴과 일치하는 줄에 대해 실행되는 것으로, 값 계산이나 텍스트 출력 등이 액션에 해당한다. 프로그램의 각 인스트럭션은 다음과 같은 구조로 돼 있다.

```
pattern {action}
```

일반적인 패턴에는 다음과 같은 것이 있다.

BEGIN
awk가 입력을 처리하기 전에 액션이 한 번만 실행된다.

END
awk가 입력을 처리하고 난 후 액션이 한 번만 실행된다.

슬래시로 감싼 정규표현식(표 5-1 참조)
패턴 /^[A-Z]/는 대문자로 시작하는 줄을 의미한다.

awk 전용 표현식
예를 들어 패턴 $3~/^[A-Z]/는 해당 줄의 세 번째 필드($3)가 대문자로 시작되는지 확인하라는 뜻이다. 또 다른 예로 FNR>5는 처음 다섯 줄을 건너뛰라는 의미다.

---

[7] awk라는 이름은 프로그램을 만든 에이호(Aho), 와인버거(Weinberger), 커니핸(Kernighan)의 머리글자를 딴 것이다.

패턴이 지정되지 않은 액션은 모든 줄에서 실행된다(5.2.3절에서 본 awk {print} 명령이 이에 해당한다). 앞서 rev 명령을 소개하며 다뤘던 '유명 인사 이름의 마지막 단어 추출하기' 예시 역시 각 줄의 마지막 단어를 지정하는 간단한 방법으로 해결할 수 있다.

📁 chapter05 〉 awk_essentials

```
$ awk '{print $NF}' celebrities
Curtis
Deschanel
Coleman
Rihanna
```

> **Note ≡** 명령행에서 awk 프로그램을 직접 입력할 때는 프로그램을 따옴표로 감싸서 awk 프로그램에서 사용되는 특수 문자가 셸에서 해석되지 않도록 한다. 필요에 따라 작은따옴표나 큰따옴표를 사용한다.

액션이 지정되지 않은 패턴의 기본 액션은 패턴과 일치한 줄을 그대로 출력하는 {print}다.

```
$ echo efficient linux | awk '/efficient/'
efficient linux
```

조금 더 많은 기능을 확인할 수 있도록, 예제 1-1에서 다뤘던 animals.txt 파일을 다음과 같이 변환해보자.

이 파일의 원래 형식은 다음과 같았다.

```
python Programming Python      2010    Lutz, Mark
```

이 형식을 다음과 같은 형식으로 변환한다.

```
Lutz, Mark (2010). "Programming Python"
```

이렇게 변환하려면 필드 순서를 교체하고 괄호나 큰따옴표 같은 문자를 추가해야 한다. 다음은 이 변환을 수행하는 awk 프로그램이다. -F 옵션을 사용해 입력의 구분자를 공백 문자에서 탭 문자로 변경했다.

```
$ awk -F'\t' '{print $4, "(" $3 ").", "\"" $2 "\""}' animals.txt
Lutz, Mark (2010). "Programming Python"
Barrett, Daniel (2005). "SSH, The Secure Shell"
Schwartz, Randal (2012). "Intermediate Perl"
Bell, Charles (2014). "MySQL High Availability"
```

```
Siever, Ellen (2009). "Linux in a Nutshell"
Boney, James (2005). "Cisco IOS in a Nutshell"
Roman, Steven (1999). "Writing Word Macros"
```

말('horse')과 관련된 책만 처리하게 하려면, 다음과 같이 정규표현식을 추가한다.

```
$ awk -F'\t' '/^horse/{print $4, "(" $3 ").", "\"" $2 "\""}' animals.txt
Siever, Ellen (2009). "Linux in a Nutshell"
```

발행연도가 2010년 이후인 책만 처리하게 하려면, 다음과 같이 $3 필드가 ^201 패턴에 일치하는 것만 선택하면 된다.

```
$ awk -F'\t' '$3~/^201/{print $4, "(" $3 ").", "\"" $2 "\""}' animals.txt
Lutz, Mark (2010). "Programming Python"
Schwartz, Randal (2012). "Intermediate Perl"
Bell, Charles (2014). "MySQL High Availability"
```

마지막으로, BEGIN 인스트럭션과 END 인스트럭션을 사용해 제목 및 추가 정보를 출력해보자.

```
$ awk -F'\t' \
'BEGIN {print "Recent books:"} \
$3~/^201/{print "-", $4, "(" $3 ").", "\"" $2 "\""} \
END {print "For more books, search the web"}' \
animals.txt
Recent books:
- Lutz, Mark (2010). "Programming Python"
- Schwartz, Randal (2012). "Intermediate Perl"
- Bell, Charles (2014). "MySQL High Availability"
For more books, search the web
```

awk는 간단한 계산도 가능하다. 예를 들어 1부터 100까지의 수를 합하려면 다음과 같이 한다.

```
$ seq 1 100 | awk '{s+=$1} END {print s}'
5050
```

책 몇 페이지만으로 다룰 수 없는 awk의 사용법을 배우고 싶다면 tutorialspoint.com/awk 또는 riptutorial.com/awk에 실린 튜토리얼을 찾아보거나 'awk 튜토리얼'로 검색해보길 바란다. 후회하지 않을 것이다.

개선된 중복 파일 찾기

1.3절 '중복 파일 찾아내기'에서 체크섬 확인을 통해 중복되는 JPEG 파일을 찾아내는 파이프라인을 작성했었다. 하지만 이 파이프라인으로는 중복되는 파일의 이름을 알아낼 수 없다는 문제가 있었다.

📁 chapter05 〉 improving_duplicate_file_detector

```
$ md5sum *.jpg | cut -c1-32 | sort | uniq -c | sort -nr | grep -v "     1 "
      3 f6464ed766daca87ba407aede21c8fcc
      2 c7978522c58425f6af3f095ef1de1cd5
      2 146b163929b6533f02e91bdf21cb9563
```

이제 awk를 배웠으니 중복 파일의 이름도 알아낼 수 있다. 먼저 각 파일의 md5sum 체크섬을 계산하는 명령으로부터 시작해보자.

```
$ md5sum *.jpg
146b163929b6533f02e91bdf21cb9563  image001.jpg
63da88b3ddde0843c94269638dfa6958  image002.jpg
146b163929b6533f02e91bdf21cb9563  image003.jpg
...
```

이제 체크섬의 출현 횟수 외에 파일명을 함께 저장할 것이다. 이를 수행하려면 awk의 배열(array)과 반복문(loop) 기능이 필요하다.

배열은 여러 개의 값을 저장할 수 있는 변수다. A라는 이름의 배열에 7개의 값이 저장돼 있다면, 각 값은 A[1], A[2], A[3], ⋯ A[7]과 같이 참조할 수 있다. 여기에 쓰인 1부터 7까지의 값을 배열의 키라고 하며, 배열에 저장된 일곱 개의 값을 배열의 원소(element)라고 한다. 원하는 어떤 값이라도 사용해 배열의 키를 만들 수 있다. 디즈니 만화 주인공의 이름으로 배열의 값에 접근하고 싶다면, A["Doc"], A["Grumpy"], A["Bashful"], A["Dopey"]와 같이 사용하면 된다.

중복되는 그림 파일의 수를 세려면, 모든 체크섬 개수만큼의 원소가 있는 counts라는 이름의 배열을 만들어야 한다. 각 배열의 키는 체크섬이 되고, 체크섬에 해당하는 배열의 원소는 해당 체크섬의 출현 횟수가 된다. 예를 들어 설명하면 counts["f6464ed766daca87ba407aede21c8fcc"]는 3이 된다. 다음의 awk 프로그램은 각 줄의 md5sum 체크섬을 구하고 이 체크섬을 추출해 이를 키로 하는 배열 counts의 원소를 추가한다. ++ 연산자는 awk가 해당 체크섬에 접근할 때마다 대응하는 원소의 값을 1씩 증가시킨다.

```
$ md5sum *.jpg | awk '{counts[$1]++}'
```

여기까지는 awk가 아무 내용도 출력하지 않으며, 체크섬의 출현 횟수를 셀 뿐이다. 체크섬의 출현 횟수를 출력하려면 반복문이 필요하다. 배열의 각 원소를 한 번씩 방문하며 원소를 차례로 처리하는 반복문을 다음과 같이 기술할 수 있다.

```
for (variable in array) do something with array[variable]
```

예를 들어 키를 통해 배열 counts의 각 원소 값을 출력하려면 다음과 같이 한다.

```
for (key in counts) print array[key]
```

이 반복문을 END 인스트럭션의 액션으로 배치하면 체크섬의 출현 횟수를 센 다음 이 횟수가 출력된다.

```
$ md5sum *.jpg \
  | awk '{counts[$1]++} \
         END {for (key in counts) print counts[key]}'
1
2
2
...
```

그다음으로 체크섬을 함께 출력하도록 한다. 체크섬은 배열의 키이므로 출현 횟수 뒤에 키를 출력하면 된다.

```
$ md5sum *.jpg \
  | awk '{counts[$1]++} \
         END {for (key in counts) print counts[key] " " key}'
1 714eceeb06b43c03fe20eb96474f69b8
2 146b163929b6533f02e91bdf21cb9563
2 c7978522c58425f6af3f095ef1de1cd5
...
```

파일명을 저장하고 출력하기 위해 names라는 이름의 배열을 하나 더 만든다. 이번에도 체크섬을 배열의 키로 삼는다. awk가 한 줄씩 입력을 처리하는 동안, 파일명($2)을 배열 names의 해당 원소에 공백 문자를 구분자로 삼아 붙여 나간다. 그리고 END 인스트럭션의 반복문에서 체크섬을 출력한 뒤에 해당 체크섬을 갖는 파일명을 모두 출력한다.

```
$ md5sum *.jpg \
  | awk '{counts[$1]++; names[$1]=names[$1] " " $2} \
         END {for (key in counts) print counts[key] " " key ":" names[key]}'
1 714eceeb06b43c03fe20eb96474f69b8: image011.jpg
2 146b163929b6533f02e91bdf21cb9563: image001.jpg image003.jpg
2 c7978522c58425f6af3f095ef1de1cd5: image019.jpg image020.jpg
...
```

1로 시작하는 줄은 한 번만 출현한 체크섬이므로 중복 파일이 아니다. 출력을 grep -v 명령에 파이핑해서 중복 파일이 아닌 줄을 제거한다. 그다음에는 중복 건수가 많은 순서대로 sort -nr 명령으로 정렬한다. 이제 원하는 결과를 얻을 수 있다.

```
$ md5sum *.jpg \
  | awk '{counts[$1]++; names[$1]=names[$1] " " $2} \
         END {for (key in counts) print counts[key] " " key ":" names[key]}' \
  | grep -v '^1 ' \
  | sort -nr
3 f6464ed766daca87ba407aede21c8fcc: image007.jpg image012.jpg image014.jpg
2 c7978522c58425f6af3f095ef1de1cd5: image019.jpg image020.jpg
2 146b163929b6533f02e91bdf21cb9563: image001.jpg image003.jpg
```

sed의 기본 사용법

sed 역시 awk와 마찬가지로 파일(또는 표준 입력 스트림)에서 입력받은 텍스트의 각 줄을 sed 스크립트[8]에 기술된 일련의 지시에 따라 다른 텍스트로 변환하는 기능을 한다. sed 스크립트 역시 awk 프로그램 못지 않게 언뜻 보면 복잡해 보인다. s/Windows/Linux/g 같은 것으로 예를 들 수 있는데, 이 명령은 문자열 Windows를 모두 문자열 Linux로 치환하라는 의미다. 여기서 말하는 스크립트는 (셸 스크립트처럼) 스크립트가 저장된 파일이 아니라 문자열의 형태[9]다. 명령행에서 스크립트 하나로 sed를 실행하려면 다음과 같이 한다.

```
$ sed 스크립트 입력파일1 [입력파일2]
```

또는 -e 옵션을 사용하면 여러 개의 스크립트로 입력을 차례로 처리할 수 있다.

```
$ sed -e 스크립트1 -e 스크립트2 -e 스크립트3 입력파일1 [입력파일2]
```

---

8   sed는 스트림 편집기(stream editor)의 약어다. 말 그대로 텍스트의 스트림(흐름)을 편집하는 명령이기 때문이다.

9   vi 혹은 vim, ex, ed 등의 편집기에 익숙하다면 sed 스크립트의 문법이 눈에 익을 것이다.

awk와 마찬가지로, sed의 유용성은 여러분의 스크립트 작성 실력에 달려 있다. 가장 많이 쓰이는 스크립트는 문자열을 다른 문자열로 바꾸는 치환 스크립트다. 치환 스크립트의 문법은 다음과 같다.

s/regexp/replacement

regexp는 입력에 적용할 정규표현식이고(표 5-1 참조), replacement는 일치한 텍스트와 치환될 텍스트다. 다음은 한 단어를 다른 단어로 치환하는 간단한 치환 스크립트의 예다.

📁 chapter05 > sed_essentials

```
$ echo Efficient Windows | sed "s/Windows/Linux/"
Efficient Linux
```

> Note ≡ 명령행에서 sed 스크립트를 직접 입력할 때는 프로그램을 따옴표로 감싸서 sed 스크립트에서 사용되는 특수 문자가 셸에서 해석되지 않도록 한다. 필요에 따라 작은따옴표 또는 큰따옴표를 사용한다.

sed로도 어렵지 않게 '유명 인사 이름의 마지막 단어 추출하기' 문제를 해결할 수 있다. 마지막 공백 문자까지의 모든 글자를 빈 문자열로 치환하면 된다.

```
$ sed 's/.* //' celebrities
Curtis
Deschanel
Coleman
Rihanna
```

> Note ≡ 치환과 슬래시
>
> 치환 스크립트의 슬래시는 다른 문자로 바꿔 쓸 수 있다. 정규표현식 자체에도 슬래시가 쓰이므로 (따로 이스케이핑(escaping)할 필요가 없어) 이러한 기능이 편리할 때가 많다. 다음 sed 스크립트는 모두 동일하다.
>
> s/one/two/
> s_one_two_
> s@one@two@

치환 스크립트의 동작을 변경할 수 있는 옵션이 있다. 그중 i 옵션은 대소문자를 구분하지 않는다는 뜻이다.

```
$ echo Efficient Stuff | sed "s/stuff/linux/"      # 대소문자를 구분하며 일치하지 않음
Efficient Stuff
$ echo Efficient Stuff | sed "s/stuff/linux/i"     # 대소문자를 구분하지 않으며 일치함
Efficient linux
```

g 옵션('global'을 뜻한다)은 정규표현식과 일치하는 모든 출현을 치환하라는 뜻이다.

```
$ echo Efficient stuff | sed "s/f/F/"       # 첫 번째 f만 치환된다
EFficient stuff
$ echo Efficient stuff | sed "s/f/F/g"      # 모든 f가 치환된다
EFficient stuFF
```

자주 사용되는 또 다른 유형의 스크립트는 삭제 스크립트로, 다음 예는 네 번째 줄을 삭제하는 명령이다.

```
$ seq 10 14 | sed 4d             # 네 번째 줄을 삭제한다
10
11
12
14
```

또는 정규표현식과 일치하는 줄을 삭제할 수도 있다.

```
$ seq 101 200 | sed '/[13579]$/d'    # 홀수 숫자로 끝나는 줄을 삭제한다
102
104
106
...
198
200
```

sed에서 하위표현식 사용하기

다음과 같은 이름의 파일이 있다고 가정해보자.

📁 chapter05 〉 matching_subexpressions_with_sed 〉 example1

```
$ ls
image.jpg.1   image.jpg.2   image.jpg.3
```

이들 파일의 이름을 image1.jpg, image2.jpg, image3.jpg와 같은 식으로 바꾸고 싶다. sed에서 하위표현식을 이용하면 파일명을 여러 부분으로 나누고 이들의 순서를 바꿀 수 있다. 먼저 파일명과 일치하는 정규표현식을 작성한다.

```
image\.jpg\.[1-3]
```

파일명 끝에 있는 숫자를 파일명 중간으로 옮기려고 한다. 그러려면, 먼저 숫자 부분을 \(와 \)로 감싼다. 이렇게 감싼 부분은 정규표현식의 분리된 일부인 하위표현식이 된다.

```
image\.jpg\.\([1-3]\)
```

sed에서는 하위표현식을 숫자로 참조한다. 지금은 하위표현식이 한 개뿐이므로 \1과 같이 참조한다. 두 번째 하위표현식은 \2이며 이와 같은 식으로 \9까지 가능하다. 우리가 원하는 파일명은 image\1.jpg의 형태다. 그러므로 sed 스크립트를 다음과 같이 작성하면 된다.

```
$ ls | sed "s/image\.jpg\.\([1-3]\)/image\1.jpg/"
image1.jpg
image2.jpg
image3.jpg
```

조금 더 복잡한 상황을 가정해보자. 이번에는 파일명과 확장자가 서로 다르다. 다만 파일명과 확장자는 모두 소문자다.

📁 chapter05 〉 matching_subexpressions_with_sed 〉 example2

```
$ ls
apple.jpg.1   banana.png.2   carrot.jpg.3
```

파일명, 확장자, 번호까지 총 세 개의 하위표현식이 필요하다.

```
\([a-z][a-z]*\)          # \1: 한 글자 이상으로 된 파일명
\([a-z][a-z][a-z]\)      # \2: 세 글자로 된 확장자
\([0-9]\)                # \3: 숫자
```

이들을 이스케이프된 점(\.)으로 연결해 정규표현식을 완성한다.

```
\([a-z][a-z]*\)\.\([a-z][a-z][a-z]\)\.\([0-9]\)
```

새 파일명을 하위표현식으로 나타내면 \1\3.\2가 된다. 따라서 완성된 치환 스크립트는 다음과 같다.

```
$ ls | sed "s/\([a-z][a-z]*\)\.\([a-z][a-z][a-z]\)\.\([0-9]\)/\1\3.\2/"
apple1.jpg
banana2.png
carrot3.jpg
```

이 명령이 파일명을 실제로 변경하는 것은 아니며, 새로운 이름을 출력할 뿐이다. 8.2절 '연속열에 파일명 삽입하기'에서도 비슷한 예제를 다룰 것이며, 그때는 실제로 파일명을 변경할 것이다.

sed를 더 자세히 익히고 싶다면, tutorialspoint.com/sed 또는 grymoire.com/Unix/Sed.html에 실린 튜토리얼을 찾아보거나 'sed 튜토리얼'로 검색해보길 바란다.

5.5 더 많은 리눅스 명령 익히기

대부분의 리눅스 시스템에는 수천 개 이상의 명령행 프로그램이 포함돼 있다. 이들 중 대부분은 옵션을 통해 세세한 동작을 제어할 수 있는데, 이들 옵션을 모두 외우는 것은 불가능하다. 그렇다면, 원하는 목표가 생겼을 때마다 새로운 프로그램이나 이 목표에 걸맞은 기존 프로그램을 찾아 목표를 달성하려면 어떻게 해야 할까?

가장 먼저 할 일은 웹 검색이다. 예를 들어 너무 긴 줄을 줄 바꿈해서 텍스트 파일의 가로 폭을 제한(wrap)하는 명령이 필요하다고 하자. '리눅스 긴 줄 줄이기'라고 검색해보면 fold 명령을 발견하게 될 것이다.

```
$ cat title.txt
This book is titled "Efficient Linux at the Command Line"
$ fold -w40 title.txt
This book is titled "Efficient Linux at
the Command Line"
```

리눅스 운영체제에 이미 설치된 프로그램 중에서 찾아보려면 man -k 명령(또는 apropos)을 사용한다. 원하는 단어로 man -k 명령을 실행하면 해당 기능을 가진 프로그램을 찾을 수 있다.

```
$ man -k "wide|width"
```

여러분의 리눅스 시스템에 설치되지 않은 명령도 패키지 관리자를 사용하면 쉽게 설치할 수 있다. 패키지 관리자는 리눅스 프로그램을 설치해주는 소프트웨어로 apt, dnf, emerge, pacman, rpm, yum, zypper 등이 많이 쓰인다. man 명령을 사용하면 여러분의 시스템에서 사용하는 패키지 관리자가 무엇인지 확인하고, 어떤 패키지를 설치할 수 있는지 검색하는 방법을 익힐 수 있다. 보통은 두 개의 명령을 연속해서 사용하는 형태가 된다. 첫 번째는 사용 가능한 패키지의 최신 정보(메타데이터)를 받아오는 명령이고, 두 번째는 이 메타데이터를 검색하는 명령이다. 예를 들어 우분투(Ubuntu)나 데비안(Debian) 리눅스 시스템에서는 다음과 같은 명령을 사용한다.

```
$ sudo apt update           # 메타데이터를 최신으로 업데이트
$ apt-file search 검색어      # 검색어로 검색을 수행한다
```

만약 검색을 해봤는데도 필요한 명령이 무엇인지 알 수 없다면, 온라인 포럼에 질문하는 것을 고려해볼 만하다. 먼저 스택 오버플로(Stack Overflow)의 도움말 'How Do I Ask a Good Question?' (https://oreill.ly/J0jho)을 꼼꼼히 읽어보며 질문하는 요령을 익히는 것이 좋다. 여러분의 질문이 다른 사람에게 시간 낭비로 여겨지지 않도록 질문을 작성해야 답을 얻기 쉽다. 구체적으로 설명하자면, 오류 메시지나 출력된 내용을 그대로 싣고 무엇을 하려고 했는지에 대해 요점만을 잘 간추려 간결하게 전달해야 한다. 질문을 작성할 때는 시간을 들여 성의 있게 작성하길 바란다. 여러분 외에도 수많은 사람이 질문을 올리고 있으며 검색 가능한 온라인 포럼의 질문은 향후 같은 문제에 봉착한 다른 사람에게도 도움을 주기 때문이다.

5.6 정리

이번 장에서는 1장에서 배운 것보다 훨씬 많은 명령을 배웠다. 이제 명령행에서 실제 문제를 해결해볼 차례다. 앞으로 이어지는 장들에서는 이들 명령을 활용한 다양한 사례의 실용적인 예제를 다룬다.

6장

부모 프로세스와 자식 프로세스, 그리고 환경

6.1 셸은 실행 파일이다
6.2 부모 프로세스와 자식 프로세스
6.3 환경변수
6.4 자식 셸과 하위 셸
6.5 환경 설정하기
6.6 정리

셸의 존재 이유(명령을 실행하는 것)는 리눅스의 가장 기본적인 기능 중 하나다. 따라서 셸이 마치 리눅스 시스템과 모종의 특별한 관계로 연결된 것처럼 느껴질 수도 있다. 하지만 셸 역시도 ls나 cat과 같은 평범한 프로그램에 지나지 않는다. 셸은 다음과 같은 단계를 무한히 반복하도록 만들어졌다.

1. 프롬프트를 출력한다.
2. 표준 입력을 통해 명령을 읽어들인다.
3. 명령을 평가하고 실행한다.

리눅스를 사용하면 셸이 평범한 프로그램처럼 느껴지지 않는다. 시스템에 로그인하면 미리 설정된 셸(로그인 셸)을 자동으로 실행해주는데, 이 과정이 너무나도 매끄러워서 리눅스의 일부인 것처럼 느껴질 정도다. 하지만 셸 역시 리눅스와 상호작용하기 위해 자동으로 실행되는 프로그램일 뿐이다.

> **Note** 로그인 셸은 어디서 지정할까?
>
> SSH 클라이언트 등을 통해 터미널에서 리눅스 시스템에 로그인하면, 로그인 셸이 우리를 맞이한다. 이 셸이 첫 번째 프롬프트를 출력하고 명령을 기다린다.
>
> 그래픽 인터페이스를 갖춘 콘솔을 사용 중이라면 로그인 셸은 우리가 볼 수 없는 곳에서 동작한다. 이 셸은 그놈(GNOME)이나 유니티(Unity), 시나몬(Cinnamon), KDE 플라스마(KDE Plasma) 등의 데스크톱 환경을 실행하는 역할을 한다. 그다음, 터미널 창을 열고 대화형 셸을 사용하게 된다.

셸을 더 잘 이해할수록 리눅스를 더 효율적으로 사용할 수 있고 리눅스의 동작에 대한 오해도 줄일 수 있다. 이번 장에서는 2장에서 다뤘던 셸의 신비에 대해 조금 더 깊이 파고들 것이다. 여기서는 다음과 같은 내용을 다룬다.

- 셸 프로그램의 위치
- 서로 다른 셸 인스턴스 간에 연결되는 원리
- 서로 다른 셸 인스턴스끼리 같은 변수, 값, 별명 등의 컨텍스트를 공유하는 이유
- 설정 파일을 통해 셸의 기본 동작 변경하기

6.1 셸은 실행 파일이다

리눅스 시스템에서 기본 셸은 대부분 bash이다.[1] bash 역시 일반적인 프로그램, 즉 실행 파일이며 시스템 디렉터리인 /bin에 위치해 있다. cat, ls, grep 같은 명령과 마찬가지다.

📁 chapter06

```
$ cd /bin
$ ls -l bash cat ls grep
-rwxr-xr-x 1 root root 1113504 Jun  6  2023 bash
-rwxr-xr-x 1 root root   35064 Jan 18  2022 cat
-rwxr-xr-x 1 root root  219456 Sep 18  2023 grep
-rwxr-xr-x 1 root root  133792 Jan 18  2021 ls
```

대부분의 경우에는 bash 외에 다른 셸도 설치돼 있다. /etc/shells 파일에서 사용 가능한 셸의 목록을 볼 수 있다.

```
$ cat /etc/shells
/bin/sh
/bin/bash
/bin/csh
/bin/zsh
```

지금 사용 중인 셸이 무엇인지 알고 싶다면 셸 변수 SHELL을 확인하면 된다.

```
$ echo $SHELL
/bin/bash
```

이론적으로, 사용자 계정에 로그인 시 해당 프로그램을 실행하도록 설정됐고 이 프로그램이 /etc/shells 파일에 기재(시스템 종류에 따라 필요할 수 있다)돼 있다면 어떤 프로그램이든 로그인 셸이 될 수 있다. 관리자 권한이 있다면 예제 6-1과 같이 직접 셸을 작성하고 추가하는 것도 가능하다. 이 스크립트는 명령을 입력받고, 'I'm sorry, I'm afraid I can't do that'이라는 메시지를 출력한다. 이 셸은 별 기능은 없지만 /bin/bash와 같은 셸도 다른 프로그램과 다를 바 없다는 사실을 보여준다.

---

[1] 다른 셸을 사용 중이라면 부록 B를 참고하라.

예제 6-1 halshell: 명령 실행을 거부하는 셸

```
#!/bin/bash
# 프롬프트를 출력한다
echo -n '$ '
# 반복문을 돌며 사용자의 입력을 받고, Ctrl+D 키를 누르면 종료한다
while read line; do
    # 입력된 내용 $line은 무시하고 메시지를 출력한다
    echo "I'm sorry, I'm afraid I can't do that"
    # 다음 프롬프트를 출력한다
    echo -n '$ '
done
```

bash도 평범한 프로그램이므로 직접 실행시킬 수도 있다.

```
$ bash
```

위 명령을 실행해보면 마치 아무 효과도 없는 듯 다음 프롬프트가 뜬다.

```
$
```

하지만 실제로는 새로운 bash 셸 인스턴스가 실행됐고, 이 셸 인스턴스가 입력을 기다리는 중이다. 새로운 셸 인스턴스를 눈으로 확인하려면 셸 변수 PS1을 수정해 프롬프트를 변경(이를테면 %%로)해보면 된다.

```
$ PS1="%% "
%% ls                    # 프롬프트가 변경됐다
animals.txt
%% echo "This is a new shell"
This is a new shell
```

이제 exit 명령으로 새 셸 인스턴스를 종료한다. 원래 셸로 돌아가니 프롬프트가 다시 $ 기호로 바뀌었다.

```
%% exit
$
```

여기서 프롬프트가 바뀐 것은 단지 프롬프트만 바뀐 것이 아니라 셸 전체가 바뀐 것이다. 새로 생성된 bash 인스턴스가 종료되고 원래 셸 인스턴스의 프롬프트가 나타난 것이다.

수동으로 실행한 bash를 사용하는 법은 7장에서 더 자세히 설명하겠다.

6.2 부모 프로세스와 자식 프로세스

앞서 배운 내용과 같이, 셸에서 다른 셸 인스턴스를 실행하면 원래 셸은 부모가 되고 새로운 셸은 자식이 된다. 이러한 관계는 셸이 아닌 프로그램에서도 마찬가지다. 실행하는 프로그램이 부모가 되고, 실행되는 프로그램이 자식이 된다. 실행 중인 리눅스 프로그램을 프로세스(process)라고 하는데, 부모와 자식은 각각 부모 프로세스와 자식 프로세스라고 한다. 하나의 프로세스는 여러 개의 자식 프로세스를 가질 수 있으나 부모 프로세스는 딱 하나만 가질 수 있다.

각 프로세스는 자신만의 환경을 갖는다. 이 환경(2.8절 참조)에는 현재 작업 디렉터리, 검색 경로, 셸 프롬프트 외 셸 변수에 저장된 정보가 포함된다. 자식 프로세스가 생성되면, 자식 프로세스의 환경은 부모 프로세스 환경을 복사한 환경을 갖는다(이와 관련된 내용은 다음 절에서 더 자세히 설명하겠다).

명령을 실행할 때마다 자식 프로세스가 생성된다. 이는 매우 중요한 내용이므로 한 번 더 강조하겠다. ls 같은 간단한 명령을 실행하더라도, 이 명령은 별도의 환경을 갖는 새로운 자식 프로세스에서 실행된다. 다시 말해, 자식 프로세스에 어떤 변경(앞서 본 프롬프트 변경처럼)을 가하더라도 이 변경은 자식 프로세스에서만 유효하며 프로세스가 종료되면 사라진다. 마찬가지로 부모 프로세스에 가한 변경도 이미 실행 중인 자식 프로세스에는 영향을 미치지 못한다. 그 후에 실행될 자식 프로세스에는 영향을 미칠 수 있다. 자식 프로세스의 환경은 실행 시 부모 프로세스의 환경을 복사한 것이기 때문이다.

명령이 자식 프로세스에서 실행된다는 것이 왜 중요할까? 여러분이 실행한 프로그램은 파일 시스템 내 어디라도 이동할 수 있지만, 프로그램이 종료되고 나면 셸, 다시 말해 부모 프로세스의 작업 디렉터리는 그대로 있다. 직접 확인하기 위해 cdtest라는 셸 스크립트를 작성해보자. 이 스크립트에는 cd 명령이 쓰였다.

```
#!/bin/bash
cd /etc
echo "Here is my current directory:"
pwd
```

그리고 이 파일을 실행 가능하게 하자.

```
$ chmod +x cdtest
```

현재 디렉터리를 확인한 다음 스크립트를 실행한다.

```
$ pwd
/home/smith
$ ./cdtest
Here is my current directory:
/etc
```

그리고 다시 현재 디렉터리를 확인한다.

```
$ pwd
/home/smith
```

cdtest 스크립트에서 /etc 디렉터리로 이동했음에도, 현재 디렉터리가 바뀌지 않았다. cdtest가 별도의 환경을 가진 자식 프로세스에서 실행됐기 때문이다. 자식 프로세스의 환경에 일어난 변화는 부모 프로세스의 환경에 영향을 미치지 못하므로 현재 디렉터리도 그대로 남아 있는 것이다. cat이나 grep 같은 프로그램을 실행했을 때도 마찬가지다. 프로그램 종료와 함께 자식 프로세스도 종료되므로 변경된 환경이 함께 사라진다.

> **Note** ≡ **cd 명령이 셸 내장 명령인 이유**
>
> 리눅스 프로그램이 셸의 현재 디렉터리를 변경할 수 없다면, cd 명령은 어떻게 가능한 것일까? cd 명령은 엄밀히 말하면 프로그램이 아니며, 셸의 내장 명령이다. cd가 셸 외부의 프로그램이었다면 자식 프로세스가 부모 프로세스의 환경을 변경할 수 없기 때문에 현재 디렉터리를 변경할 수 없었을 것이다.

파이프라인을 실행하면 파이프라인의 각 명령마다 하나씩 자식 프로세스가 생성된다. 다음 명령은 여섯 개의 자식 프로세스를 생성한다.

```
$ cut -f1 grades | sort | uniq -c | sort -nr | head -n1 | cut -c9
```

6.3 환경변수

앞서 2.3절에서 설명했듯이, 셸의 각 인스턴스에는 일련의 변수가 있다. 이들 중 일부는 하나의 셸 인스턴스만으로 국한된다. 이러한 변수를 지역 변수(local variable)라고 한다. 또 다른 유형의 변수는 자식 프로세스로 자동으로 복사된다. 이러한 변수를 환경변수(environment variable)라고 한다. 이들이 모여 셸의 환경을 구성하기 때문이다. 다음은 주요 환경변수의 예다.

HOME
홈 디렉터리의 경로다. 로그인 시에 로그인 셸에 의해 설정되며, vim이나 emacs 같은 텍스트 편집기는 자신의 설정 파일을 찾기 위해 이 변수의 값을 읽는다(각각 $HOME/.vim, $HOME/.emacs).

PWD
셸의 현재 디렉터리다. 이 변수의 값은 셸이 자동으로 관리하며 cd 명령을 실행할 때마다 변경된다. pwd 명령은 이 변수의 값을 읽어 출력한다.

EDITOR
선호하는 텍스트 편집기의 이름 또는 경로를 담은 변수다. 이 변수의 값은 셸 설정 파일에서 결정한다. 다른 프로그램에서 이 값을 읽어 여러분이 원하는 편집기를 실행할 때 사용한다.

printenv 명령으로 셸의 환경변수를 확인할 수 있으며, 정렬되지 않은 채로 한 줄에 하나의 변수씩 출력된다. 변수의 수가 많을 수 있으므로 sort와 less 명령으로 페이지를 나눠보길 바란다.[2]

```
$ printenv | sort -i | less
...
DISPLAY=:0
EDITOR=emacs
HOME=/home/smith
LANG=en_US.UTF-8
PWD=/home/smith/Music
SHELL=/bin/bash
TERM=xterm-256color
```

---

[2] 이 책에서는 선택적으로 변수의 목록을 발췌했다. 따라서 여러분이 실행한 결과는 훨씬 길고 알아보기 힘든 변수명이 많을 것이다.

```
USER=smith
...
```

printenv는 지역 변수를 출력하지 않는다. 변수명 앞에 $ 기호를 붙이고 echo 명령을 실행하면 해당 변수의 값을 확인할 수 있다.

```
$ title="Efficient Linux"
$ echo $title
Efficient Linux
$ printenv title           # 출력되는 내용 없음
```

6.3.1 환경변수 만들기

export 명령을 사용하면 지역 변수를 환경변수로 만들 수 있다.

```
$ MY_VARIABLE=10                   # 지역 변수
$ export MY_VARIABLE               # 지역 변수를 환경변수로 내보내기
$ export ANOTHER_VARIABLE=20       # 또는 변수 설정과 내보내기를 한 번에 할 수도 있다
```

export 명령에 지정된 변수는 이후 생성되는 자식 프로세스에 복사된다. 지역 변수는 복사되지 않는다.

```
$ export E="I am an environment variable"    # 환경변수를 설정
$ L="I am just a local variable"             # 지역 변수를 설정
$ echo $E
I am an envirnment variable
$ echo $L
I am an a local variable
$ bash                                        # 자식 프로세스를 생성
$ echo $E                                     # 환경변수는 자식 프로세스에 복사됨
I am an environment variable
$ echo $L                                     # 지역 변수는 복사되지 않으므로
                                              # 빈 문자열이 출력됐다
$ exit                                        # 자식 프로세스 종료
```

다시 강조하지만, 자식 프로세스의 변수는 부모 프로세스 변수의 사본이다. 따라서 자식 프로세스의 변수 값을 바꾸더라도 부모 프로세스의 변수에는 영향을 주지 못한다.

```
$ export E="I am the original value"      # 환경변수를 설정
$ bash                                     # 자식 프로세스를 생성
$ echo $E
I am the original value                    # 부모 프로세스의 변수가 복사됐다
$ E="I was modified in a child"            # 자식 프로세스의 사본을 수정한다
$ echo $E
I was modified in a child
$ exit                                     # 자식 프로세스를 종료
$ echo $E
I am the original value                    # 부모 프로세스의 변수는 그대로다
```

새로운 셸을 실행하고 이 셸의 환경을 변경한 다음 셸을 종료하면 변경한 모든 내용이 사라진다. 이를 활용하면 셸의 기능을 안전하게 실험해볼 수 있다. 셸을 직접 실행하면 된다. 그럼 자식 프로세스가 생기고 이 프로세스를 종료한다.

6.3.2 오해하기 쉬운 것 - '전역' 변수

리눅스는 내부 동작을 잘 보여주지 않는다. 이러한 좋은 예가 환경변수의 동작이다. 마치 마법처럼 모든 셸에서 HOME이나 PATH 같은 변수가 모두 동일한 값을 갖고 있다. 어떻게 보면 '전역 변수'와도 같은 모습이다(심지어 리눅스 전문서에서도 이러한 표현을 본 적이 있다). 하지만 환경변수는 전역 변수가 아니다. 모든 셸에서 자신만의 사본을 갖고 있기 때문이다. 한 셸에서 환경변수 값을 수정해도 이 수정이 이미 실행 중인 다른 셸에는 영향을 미치지 못한다. 다만 수정 이후 실행된 셸에는 반영된다.

그렇다면, HOME이나 PATH 같은 환경변수의 값을 모든 셸 인스턴스가 공유할 수 있는 이유는 무엇일까? 이 과정을 그림 6-1에 정리했다. 요약하자면 다음과 같은 두 가지 경로를 거친다.

부모 프로세스의 환경을 복사하기
HOME 같은 변수는 로그인 셸을 통해 설정되고 내보내기가 된다. 이후 (로그아웃할 때까지) 실행되는 셸은 로그인 셸의 자식 프로세스이므로 변수와 그 값의 사본을 갖는다. 더욱이 이처럼 시스템이 정의하는 환경변수는 값이 그리 자주 변하지 않으므로 마치 전역 변수처럼 보이기 쉽다. 하지만 이들 역시나 일반 변수의 규칙을 따르는 일반 변수일 뿐이다(실행 중인 셸에서 이들 변수의 값을 바꾸더라도 또 다른 이미 실행 중인 셸이나 프로그램은 영향을 받지 않는다).

같은 설정 파일을 공유하기

앞서 설명했듯 지역 변수는 자식 프로세스로 복사되지 않지만, $HOME/.bashrc 같은 설정 파일에 기재될 수 있다. 모든 셸은 실행될 때 정해진 설정 파일을 읽어들이고 실행한다. 그 결과, 모든 셸에 이들 변수의 값이 복사된다. 별명 같은 셸 기능 역시 이 같은 방식으로 전달된다.

이 같은 동작 때문에 혹자는 export 명령을 전역 변수를 설정하는 명령이라 착각하기도 한다. 하지만 그렇지 않다. export 명령의 효과는 단순히 앞으로 실행될 셸에 변수가 전달되는 것뿐이다.

▼ 그림 6-1 셸은 인스턴스 간에 export 명령 또는 설정 파일을 통해 변수의 값을 공유한다.

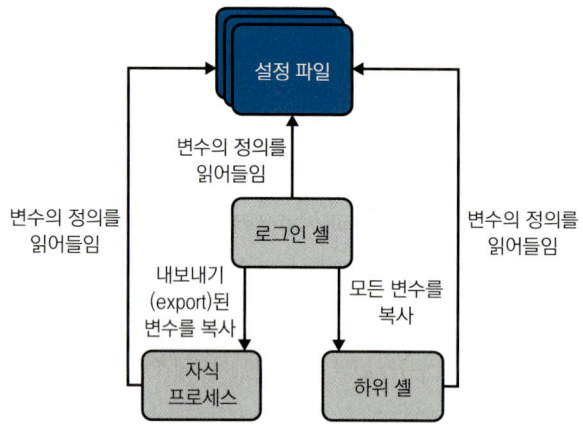

EFFICIENT LINUX

6.4 자식 셸과 하위 셸

자식은 부모의 일부가 복제된 것이다. 예를 들어 자식은 부모의 환경변수 사본을 갖지만 지역 변수나 별명은 갖고 있지 않다.

```
$ alias                # 별명의 목록을 확인
alias gd='pushd'
alias l='ls -CF'
alias pd='popd'
$ bash --norc          # 설정 파일을 무시하고 자식 셸을 실행한다
$ alias                # 별명의 목록을 확인 - 설정된 별명이 없다
```

```
$ echo $HOME              # 환경변수는 전달됐다
/home/smith
$ exit                    # 자식 셸을 종료
```

셸 스크립트에서 별명을 사용할 수 없었던 이유가 바로 여기에 있다. 셸 스크립트는 부모 셸의 별명이 전달되지 않는 자식 셸에서 실행되기 때문이다.

반면 하위 셸(subshell)은 부모 셸의 완전한 사본이다.[3] 하위 셸은 부모 셸의 모든 변수, 별명, 함수 등을 그대로 갖는다. 하위 셸로 명령을 실행하려면 명령을 괄호로 감싼다.

```
$ (ls -l)                 # 하위 셸에서 ls -l 명령을 실행
-rw-r--r-- 1 smith smith 325 Oct 13 22:19 animals.txt
$ (alias)                 # 하위 셸에 설정된 별명을 확인
alias gd='pushd'
alias l='ls -CF'
alias pd='popd'
...
$ (l)                     # 하위 셸에서 별명을 사용
animals.txt
```

사용 중인 셸이 하위 셸인지 확인하려면 BASH_SUBSHELL 변수의 값을 보면 된다. 0이면 하위 셸이 아니고, 0이 아니면 하위 셸이다.

```
$ echo $BASH_SUBSHELL     # 현재 셸의 하위 셸 여부를 확인
0                         # 하위 셸이 아니다
$ bash                    # 자식 셸을 실행
$ echo $BASH_SUBSHELL     # 하위 셸 여부를 확인
0                         # 하위 셸이 아니다
$ exit                    # 자식 셸을 종료
$ (echo $BASH_SUBSHELL)   # 명시적으로 하위 셸에서 명령을 실행
1                         # 하위 셸이다
```

7.4.2절 '열 번째 방법: 명시적 하위 셸'에서 하위 셸의 실용적인 활용 예를 다룰 것이다. 지금은 하위 셸을 만들 수 있고, 이 하위 셸에 부모 셸의 별명 정보가 전달된다는 것만 알고 있으면 된다.

---

3 트랩을 제외하면 완전한 사본이다. man bash를 보면, '트랩은 셸이 부모 셸로부터 상속받은 값으로 리셋된다'고 했다. 이 책에서는 트랩을 그 이상 다루지 않는다.

6.5 환경 설정하기

bash를 실행하면 설정 파일(configuration file)이라는 일련의 파일을 읽어들이고 실행하면서 설정을 구성한다. 이들 파일에는 변수, 별명, 함수와 그 외 셸 기능이 정의돼 있고, 다른 리눅스 명령을 사용할 수도 있다(셸을 설정하는 셸 스크립트라고 볼 수 있다). 설정 파일 중에는 시스템 관리자가 작성하고 시스템의 모든 사용자에게 반영되는 것이 있다. 이들 파일은 /etc 디렉터리에 위치한다. 다른 설정 파일은 각 사용자가 별도로 소유하고 변경할 수 있다. 이러한 설정 파일은 각 사용자의 홈 디렉터리에 위치한다. 표 6-1은 표준 bash 설정 파일을 몇 가지 유형으로 분류한 목록이다.

시작 파일
시작 파일(startup file)은 여러분이 시스템에 로그인할 때 자동으로 실행되는 설정 파일이다. 다시 말해, 이 파일에 담긴 설정은 여러분의 로그인 셸에서만 유효하다. 이 파일은 환경변수를 설정하고 익스포트할 수 있다. 그러나 별명의 정의는 자식 프로세스로 복제되지 않으므로, 별명의 정의를 이 파일에 담아두는 것은 그리 유용하지 않다.

초기화 파일
초기화 파일(initialization file)은 로그인 셸을 포함해 모든 셸 인스턴스에서 실행되는 설정 파일이다. 비로그인 셸의 예로는 수동으로 실행한 대화형 셸이나 셸 스크립트를 실행(비대화형 셸)했을 때를 들 수 있다. 변수나 별명을 정의하기에 적합하다.

클린업 파일
클린업 파일(cleanup file)은 로그인 셸을 종료할 때 실행되는 설정 파일이다. 주로 화면을 지우고 로그아웃하는 절차가 기술된다.

▼ 표 6-1 bash에서 읽어들일 수 있는 표준 설정 파일의 종류

설정 파일 종류	실행 주체	파일 위치(전체 시스템용)	파일 위치(각 사용자용)
시작 파일	로그인 셸 시작 시	/etc/profile	$HOME/.bash_profile $HOME/.bash_login $HOME/.profile
초기화 파일	대화형 셸 시작 시 셸 스크립트 실행 시	/etc/bash.bashrc 변수 BASH_ENV에 파일의 절대 경로를 설정한다. (예: BASH_ENV=/usr/local/etc/bashrc)	$HOME/.bashrc 변수 BASH_ENV에 파일의 절대 경로를 설정한다. (예: BASH_ENV=/usr/local/etc/bashrc)
클린업 파일	로그인 셸 종료 시	/etc/bash.bash_logout	$HOME/.bash_logout

홈 디렉터리에 둘 수 있는 개인용 설정 파일이 세 가지나 있다는 점을 주목하길 바란다(.bash_profile, .bash_login, .profile). 대부분의 경우 이들 중 하나를 골라 작성하면 된다. 여러분이 사용하는 배포판에도 최소한 이들 중 하나는 이미 적절하고 유용한 명령이 포함된 채로 제공될 것이다. 본(Bourne) 셸(/bin/sh)이나 콘(Korn) 셸(/bin/ksh) 같은 남들과 조금 다른 셸을 사용하기로 마음먹었다면 상황이 약간 달라진다. 이들 셸도 .profile 파일을 읽어들이므로 이 파일에 bash 전용 명령이 쓰였다면 오류가 발생한다. 그러므로 bash 전용 명령은 .bash_profile 또는 .bash_login 파일에 모아두는 것이 좋다(마찬가지로 둘 중 하나를 골라 사용하라).

가끔 사용자별 시작 파일과 사용자별 초기화 파일의 구분을 잘 이해하지 못하는 경우가 있다. 예를 들어 설명해보자. 로그인 셸이 다른 셸과 다르게 동작해야 할 필요가 있을까? 답은 대부분의 경우 '아니오'다. 개인용 시작 파일에 초기화 파일($HOME/.bashrc)보다 몇 가지 설정이 더 필요할 수도 있지만, 모든 대화형 셸(로그인 셸과 비로그인 셸을 막론하고)은 대체로 동일하게 설정해야 한다.

아니면 시작 파일과 초기화 파일이 다른 역할을 갖도록 구성할 수도 있다. 예를 들어 개인용 시작 파일에는 자식 셸에 전달될 수 있도록 환경변수를 정의하고, 초기화 파일($HOME/.bashrc)에는 자식 셸로 전달되지 않는 별명 정의를 담아두는 식이다.

로그인 셸이 드러나지 않는 그래픽 환경, 다시 말해 윈도우 데스크톱(그놈, 유니티, KDE 플라스마 등)의 사용 여부도 고려 사항이 될 수 있다. 그래픽 환경을 사용한다면, 사용하는 모든 셸이 로그인 셸의 자식 셸만을 사용하므로 로그인 셸의 동작을 따로 고려할 필요가 없어진다. 그러므로

모든 설정을 $HOME/.bashrc에 몰아 넣어도 문제가 없다.[4] 반대로 ssh 터미널 등 주로 비그래픽 환경을 통해 로그인 셸을 직접 사용하는 경우가 많다면, 로그인 셸의 설정 파일이 중요해진다.

어느 쪽이든지, 개인용 시작 파일에서 개인용 초기화 파일을 함께 읽어들이도록 하는 것이 좋다.

```
# $HOME/.bash_profile 파일에서 개인용 시작 파일을
# 읽어들이도록 한다
if [ -f "$HOME/.bashrc" ]
then
    source "$HOME/.bashrc"
fi
```

어떤 방법을 사용해도 좋지만, 동일한 설정이 두 파일에 중복 작성돼서는 안 된다. 혼동을 일으키기 쉽고 설정 파일의 유지보수를 어렵게 만들기 때문이다. 게다가 설정을 수정할 때마다 다른 쪽 파일을 함께 고쳐야 한다(장담하건대, 다른 쪽 파일 수정을 깜박할 것이다). 조금 전에 배웠던 것처럼 한쪽 파일에서 다른 쪽 파일을 읽어들이도록 하면 이런 문제가 일어나지 않는다.

6.5.1 설정 파일 다시 읽어들이기

시작 파일이나 초기화 파일을 수정했다면, 이들 파일을 다시 읽어들여 현재 사용 중인 셸에 적용할 수 있다(2.8절 '환경 설정 및 초기화 파일, 간단히 설명하기'를 참조하라).

```
$ source ~/.bash_profile      # 내장 명령 "source"를 사용하는 방법
$ . ~/.bash_profile           # 점(.)을 사용하는 방법
```

> **Note ≡ source 명령이 따로 있는 이유**
>
> 설정 파일을 실행 가능 파일로 만들어 셸 스크립트와 같이 실행하지 않고 source 명령을 사용하는 이유는 무엇일까? 스크립트는 자식 프로세스에서 실행되기 때문이다. 스크립트에 담긴 명령은 현재 셸(부모 셸)에는 영향을 미치지 못한다. 스크립트 실행을 마치고 자식 프로세스가 종료되면 아무 일도 일어나지 않은 상태가 된다.

---

[4] 데스크톱 환경 중에는 자체 셸 설정 파일을 따로 사용하는 것도 있어 혼란을 더욱 부추긴다. 예를 들면 그놈에는 $HOME/.gnomerc가 있고, 그 아래에서 동작하는 X 윈도(X window)의 설정 파일 $HOME/.xinitrc가 또 있다.

6.5.2 다른 컴퓨터로 환경 파일 가져가기

여러 대의 리눅스 컴퓨터를 사용하다 보면, 모든 컴퓨터에 내 손에 익은 설정 파일을 가져가고 싶다는 생각을 하기 마련이다. 그렇더라도, 다른 컴퓨터로 설정 파일을 복사하는 방법은 사용하지 말길 바란다. 결국 혼동을 일으키게 된다. 깃허브(http://github.com)에 무료 계정을 만들고 설정 파일을 저장하거나, 그 외 비슷한 소프트웨어 개발용 형상 관리 서비스를 사용하는 것이 좋다. 이러한 서비스를 통해 여러 리눅스 컴퓨터에서 편리하게 설정 파일을 내려받고, 설치하고, 업데이트할 수 있다. 설정 파일을 수정하다가 실수를 하더라도 간단하게 이전 상태로 되돌릴 수 있다. 형상 관리 도구의 사용법은 이 장의 주제를 벗어나므로 자세한 내용은 11.2.6절 '일상적으로 수정하는 파일에 형상 관리 적용하기'를 참조하길 바란다.

Git이나 서브버전(subversion) 등의 형상 관리 도구를 사용하는 데 익숙하지 않다면, 드롭박스나 구글 드라이브, 원드라이브 같은 클라우드 파일 서비스에 설정 파일을 저장하는 방법도 유용하다. 이 방법을 사용하면 파일을 업데이트하기는 조금 불편하지만, 어렵지 않게 다른 컴퓨터로 파일을 가져갈 수 있을 것이다.

6.6 정리

부모 프로세스와 자식 프로세스 간의 관계와 환경의 차이 또는 여러 설정 파일 간의 차이를 제대로 이해하지 못해 어려워하는 리눅스 사용자가 많다. 이번 장을 읽고 나서 독자 여러분이 이들 내용을 조금 더 잘 이해하게 됐길 바란다. 지금 배운 내용은 이어지는 7장에서 배우게 될 리눅스 명령을 더욱 유연하게 사용하는 방법에서 빛을 발하게 된다.

7장

명령을 실행하는 열한 가지 방법

7.1 리스트 형태로 명령 실행하기

7.2 치환으로 명령 실행하기

7.3 문자열로 명령 실행하기

7.4 프로세스를 제어해 명령 실행하기

7.5 정리

지금까지 여러 가지 명령과 셸에 대한 많은 내용을 배웠다. 지금부터는 명령을 실행하는 방법을 배울 차례다. 여기서 잠깐! '지금까지 배운 것도 명령을 실행하는 방법 아니었나?'라고 의문을 가질 수 있다. 맞다. 하지만 지금까지는 딱 두 가지 방법만을 사용했다. 첫 번째 방법은 단일 명령을 실행하는 방법이었다.

```
$ grep Nutshell animals.txt
```

두 번째 방법은 여러 개의 명령을 엮어 파이프라인을 구성하는 방법이었다.

```
$ cut -f1 grades | sort | uniq -c | sort -nr
```

이번 장에서는 명령을 실행하는 또 다른 열한 가지 방법과 함께 각 방법의 장단점을 소개하겠다. 방법마다 장단점이 서로 다른 만큼, 여러 가지 방법을 익힐수록 상황에 맞는 방법을 골라 효율적으로 사용할 수 있다. 여기서는 각 방법의 기본적인 사용법만을 소개한다. 더 복잡한 예는 이어지는 8장과 9장에서 자세히 소개할 것이다.

7.1 리스트 형태로 명령 실행하기

리스트는 명령행 한 줄에 입력되는 명령의 연속열이다. 앞서 배운 파이프라인도 리스트의 일종이다. 파이프라인 외에도 다음과 같은 종류의 리스트가 더 있다.

조건부 리스트
리스트의 각 명령이 이전 명령의 성공 또는 실패에 따라 실행 여부가 결정된다.

무조건 리스트
리스트의 각 명령이 순차적으로 실행된다.

7.1.1 첫 번째 방법: 조건부 리스트 사용하기

dir 디렉터리 안에 new.txt라는 파일을 만들고 싶다고 하자. 다음과 같은 명령을 순서대로 실행해 이러한 작업을 수행할 수 있다.

📁 chapter07 〉 technique_1_conditional_lists

```
$ cd dir            # 디렉터리 이동
$ touch new.txt     # 파일 생성
```

위의 예제 중 두 번째 명령이 첫 번째 명령의 성공 여부와 어떤 관계가 있는지 살펴보자. 만약 dir 디렉터리가 없다면, touch 명령의 대상이 될 경로가 사라진다. 셸에 이러한 관계를 명시적으로 알려줄 수 있다. 한 줄에 기술된 두 명령을 &&('and'라고 읽는다) 연산자로 이으면 다음과 같다.

```
$ cd dir && touch new.txt
```

위의 예제에서 두 번째 명령(touch)은 첫 번째 명령(cd)이 성공해야 실행된다. 이러한 형태를 두 명령의 조건부 리스트(conditional list)라고 한다(명령의 '성공'이 무엇인지에 대해서는 곧 이어질 박스 설명 '명령의 성공 또는 실패 여부를 나타내는 종료 코드'를 참조하길 바란다).

이렇듯 어떤 명령의 성공 여부에 따라 다음 명령을 실행할지 결정되는 상황은 일상적으로 흔히 볼 수 있다. 어떤 파일을 복사해 백업한 다음, 원본을 수정하고, 수정이 끝나면 백업을 삭제하는 상황을 예로 들어본다.

```
$ cp myfile.txt myfile.safe     # 원본을 복사해 백업
$ nano myfile.txt               # 원본을 수정
$ rm myfile.safe                # 백업을 삭제
```

이 예제에서 뒤에 오는 명령은 앞의 명령이 성공하지 않으면 의미가 없다. 그러므로 조건부 리스트를 사용하기 적합한 상황이다.

```
$ cp myfile.txt myfile.safe && nano myfile.txt && rm myfile.safe
```

또 다른 예를 들어본다. Git을 사용해봤다면, 파일 수정 후 수정한 파일을 커밋하는 다음 일련의 명령에 익숙할 것이다. git add 명령으로 수정된 파일을 스테이징하고, git commit 명령으로 수정을 커밋한 다음, git push 명령으로 조금 전의 커밋을 서버에 푸시하는 과정이다. 이들 명령 중에 하나라도 실패한다면 테스트를 실행할 수 없다. 따라서 이 상황 역시 조건부 리스트를 사용해야 한다.

```
$ git add . && git commit -m "fixed a bug" && git push
```

&& 연산자는 앞의 명령이 성공해야 뒤의 명령을 실행한다. 반면 ||('or'라고 읽는다) 연산자는 앞의 명령이 실패해야 뒤의 명령을 실행한다. 예를 들어 다음 명령은 dir 디렉터리로 이동을 시도한 다음, 해당 디렉터리가 없으면 dir 디렉터리를 생성한다.[1]

```
$ cd dir || mkdir dir
```

셸 스크립트에서 오류가 발생하면 스크립트 실행을 종료하도록 하는 || 연산자를 자주 본 적이 있을 것이다.

```
# 디렉터리로 이동할 수 없으면 오류 코드 1을 출력하고 종료하라
cd dir || exit 1
```

&&와 || 연산자를 함께 사용하면 명령의 성공 실패 여부에 따른 보다 복잡한 동작을 기술할 수 있다. 다음 명령은 dir 디렉터리로 이동을 시도한 다음, 실패하면 dir 디렉터리를 만들고 이동하며, 이것마저 실패하면 실패 메시지를 출력하라는 명령이다.

```
$ cd dir || mkdir dir && cd dir || echo "I failed"
```

조건부 리스트를 구성하는 명령은 꼭 단일 명령이 아니어도 된다. 파이프라인이나 또 다른 결합된 명령으로도 조건부 리스트를 구성할 수 있다.

명령의 성공 또는 실패 여부를 나타내는 종료 코드

리눅스 명령의 성공 또는 실패는 정확히 무엇을 의미할까? 모든 리눅스 명령은 종료할 때 종료 코드(exit code)를 통해 실행 결과를 출력한다. 관습적으로 종료 코드 0은 성공으로, 0 외의 값은 실패로 간주된다.[2] 물음표 기호(?)로 마지막에 실행한 명령의 종료 코드를 확인할 수 있다.

```
$ ls myfile.txt
myfile.txt
$ echo $?                    # 변수 ?의 값을 확인
0                            # ls 명령은 성공했다
$ cp nonexistent.txt somewhere.txt
cp: cannot stat 'nonexistent.txt': No such file or directory
$ echo $?
1                            # cp 명령은 실패했다
```

---

1 `mkdir -p dir` 명령은 dir 디렉터리가 없을 때만 디렉터리를 생성하므로 이 상황에 맞는 더 깔끔한 방법이라 할 수 있다.
2 0이 실패이고 0 외의 값이 성공을 의미하는 대부분의 프로그래밍 언어와 반대로 동작한다.

7.1.2 두 번째 방법: 무조건 리스트 사용하기

앞 명령의 성공 실패 여부와 상관없이 다음 명령을 실행해야 하는 경우도 있다. 명령 사이를 세미콜론(;)으로 연결하면 바로 이전 명령의 성공 또는 실패와 상관없이 다음 명령을 실행한다.

나 개인적으로는 퇴근 후에 수행해야 하는 다양한 작업을 처리할 때 무조건 리스트(unconditional list)를 사용한다. 다음 예제는 두 시간(7,200초) 후 중요한 파일을 백업하는 명령이다.

📁 chapter07 〉 technique_2_unconditional_lists

```
$ sleep 7200; cp -a ~/important-files /mnt/backup_drive
```

비슷한 방법으로 원시적인 알림 시스템을 만들 수 있다. 다음은 5분 후에 내게 알림 내용이 담긴 이메일을 보내는 명령이다.[3]

```
$ sleep 300; echo "remember to walk the dog" | mail -s reminder $USER
```

무조건 리스트는 편리한 점이 많다. 한 줄로도 명령을 여러 줄로 나눠 입력할 때와 (대부분의 경우) 같은 결과를 얻을 수 있다. 차이점이 있다면 종료 코드다. 다른 명령의 종료 코드는 모두 유실되고 ? 변수에는 마지막 명령의 종료 코드만이 남는다.

```
$ mv file1 file2; mv file2 file3; mv file3 file4
$ echo $?
0                         # "mv file3 file4" 명령의 종료 코드
```

7.2 치환으로 명령 실행하기

치환(substitution)이란 명령의 일부를 다른 내용으로 바꾸는 것을 말한다. 치환에는 크게 두 가지 유형이 있다.

---

[3] 알림이나 백업 작업 모두 cron을 대신 사용할 수 있다. 그러나 리눅스의 장점이 유연성인 만큼, 같은 일이라도 여러 가지 방법을 찾아보는 것이 좋다.

명령 치환

명령을 해당 명령의 출력으로 치환하는 방법이다.

프로세스 치환

명령을 (일종의) 파일로 치환하는 방법이다.

7.2.1 세 번째 방법: 명령 치환하기

하니의 파일미디 하니의 노래에 대한 정보를 담은 수천 개의 텍스트 파일이 있다고 가정해보자. 각 파일에는 노래의 제목, 가수 이름, 수록 앨범명과 가사가 담겨 있다.

```
Title: Carry On Wayward Son
Artist: Kansas
Album: Leftoverture

Carry on my wayward son
There'll be peace when you are done
...
```

이 파일을 가수별로 디렉터리를 나눠 정리하려고 한다. 직접 작업하려면 다음과 같이 grep 명령을 사용해 Kansas의 노래를 찾아내야 한다.

📁 chapter07 〉 technique_3_command_substitution 〉 music

```
$ grep -l "Artist: Kansas" *.txt
carry_on_wayward_son.txt
dust_in_the_wind.txt
belexes.txt
```

그다음에는 Kansas 디렉터리를 만들고 각 파일을 옮겨야 한다.

```
$ mkdir Kansas
$ mv carry_on_wayward_son.txt kansas
$ mv dust_in_the_wind.txt kansas
$ mv belexes.txt kansas
```

일일이 하기에는 꽤나 귀찮은 작업이다. 따라서 'Artist: Kansas'인 파일을 모두 Kansas 디렉터리로 옮겨라'와 같은 명령을 사용할 수 있으면 편리할 것이다. 리눅스 식으로 이야기하면, grep -l

명령의 결과에서 파일명만 뽑아내 mv 명령으로 보내면 된다. 명령 치환 기능을 이용하면 어렵지 않게 이 작업을 할 수 있다.

```
$ mv $(grep -l "Artist: Kansas" *.txt) kansas
```

문법은 다음과 같다.

```
$(임의의_명령)
```

그러면 명령의 해당 부분이 괄호 안의 명령이 수행된 결과로 치환된다. 앞의 예로 설명하면, grep -l 명령의 실행 결과인 파일명 목록으로 대체돼 다음 명령과 같은 결과를 얻는다.

```
$ mv carry_on_wayward_son.txt dust_in_the_wind.txt belexes.txt kansas
```

다른 명령의 실행 결과를 또 다른 명령을 만드는 데 붙여넣고 있다면, 명령 치환을 통해 시간을 절약할 수 있다. 명령 치환에는 별명을 그대로 사용할 수 있는데, 치환되는 명령은 별명의 정의까지 전달되는 하위 셸에서 실행되기 때문이다.

> ⚠️ **Warning** | **특수 문자와 명령 치환**
>
> grep -l을 이용한 조금 전의 예제는 대부분의 리눅스 파일명에 문제없이 동작하지만, 파일명에 공백이나 특수 문자가 있다면 그렇지 않다. 셸이 mv 명령으로 전달되기 전에 이들 문자를 평가하기 때문에 의도치 않은 결과를 일으킬 수 있다. 예를 들어 grep -l 명령에서 dust in the winds.txt라는 내용이 출력됐다고 하자. 그러면 셸은 파일명에 포함된 공백 문자를 구분자로 간주해서 mv 명령이 dust, int, the, wind.txt 이렇게 네 개의 파일을 이동시키려고 동작하게 된다.

또 다른 예제를 살펴보자. 수년간의 은행 거래 기록이 담긴 PDF 파일을 내려받았다. 이 파일은 파일명에 거래 날짜가 담겨 있다. 예를 들어 eStmt_2023-08-26.pdf[4] 파일은 2023년 8월 26일의 은행 거래 내역이 담긴 파일이다. 현재 디렉터리에서 가장 최근의 거래 내역을 보려면 어떻게 해야 할까? 디렉터리의 파일 목록에서 가장 최근 날짜의 거래 내역 파일(아마도 파일 목록의 맨 마지막 파일)을 찾은 다음 okular 같은 리눅스용 PDF 뷰어로 이 파일을 열면 된다. 하지만 이 과정을 일일이 직접 하려면 피곤할지도 모른다. 따라서 명령 치환을 사용해보자. 먼저 현재 디렉터리에 담긴 가장 최근 날짜 거래 내역 파일의 이름을 출력하는 명령을 작성한다.

---

[4] 뱅크 오브 아메리카 은행의 거래 내역 파일 형태를 빌려왔다.

📁 chapter07 〉 technique_3_command_substitution 〉 bank-statement

```
$ ls eStmt*pdf | tail -n1
```

그리고 출력된 내용을 PDF 뷰어 okular로 전달한다.

```
$ okular $(ls eStmt*pdf | tail -n1)
```

ls 명령은 모든 거래 내역 파일의 이름을 출력하는데, tail 명령으로 그중 마지막 것(eStmt_2023-08-26.pdf)을 골라낸다. 명령 치환으로 해당 자리에 파일명 하나가 들어가므로 마치 okular eStmt_2023-08-26.pdf 명령을 입력한 것과 같은 결과가 된다.

> **Note ≡** 명령 치환의 이전 문법은 역따옴표(`)를 사용한 것이었다. 다음 두 명령은 같은 결과를 도출한다.
> ```
> $ echo Today is $(date +%A).
> Today is Saturday.
> $ echo Today is `date +%A`.
> Today is Saturday.
> ```
> 역따옴표 문법도 아직 대부분의 셸에서 그대로 사용할 수 있다. 그러나 $( ) 문법이 중첩을 사용하기에 더 편리하다.
> ```
> $ echo $(date +%A) | tr a-z A-Z            # 중첩 없음
> SATURDAY
> $ echo Today is $(echo $(date +%A) | tr a-z A-Z)!   # 중첩
> Today is SATURDAY!
> ```

셸 스크립트에서 명령 치환은 명령의 출력 내용을 변수에 저장하기 위한 목적으로 많이 쓰인다.

```
변수명=$(임의의_명령)
```

예를 들어 Kansas가 부른 노래의 정보가 담긴 파일의 목록을 변수에 저장하려면 다음과 같이 한다.

```
$ kansasFiles=$(grep -l "Artist: Kansas" *.txt)
```

출력된 내용이 여러 줄일 수도 있으므로 개행 문자를 그대로 보존하기 위해 값을 참조할 때는 따옴표로 감싸는 습관을 들이면 좋다.

```
$ echo "$kansasFiles"
```

7.2.2 네 번째 방법: 프로세스 치환하기

명령 치환은 명령의 일부를 그 실행 결과로 치환하는 기능이었다. 프로세스 치환(process substitution)은 명령의 일부를 그 실행 결과로 치환하는 점에서는 같지만, 출력을 마치 파일에 저장된 것처럼 취급한다는 점에서 다르다. 처음에는 무엇이 다른지가 도무지 잘 이해되지 않을 것이다. 지금부터 차근차근 설명하겠다.

현재 1.jpg부터 1000.jpg까지의 이미지 파일이 담긴 디렉터리에서 작업 중이다. 그런데 그중 빠진 파일이 있어 어떤 파일이 빠졌는지 알아내려고 한다. 다음과 같은 명령으로 실습용 디렉터리를 만들어보자.

📁 chapter07 〉 technique_4_process_substitution

```
$ mkdir /tmp/jpegs && cd /tmp/jpegs
$ touch {1..1000}.jpg
$ rm 4.jpg 981.jpg
```

파일 목록을 숫자순으로 정렬한 다음 빠진 파일이 무엇인지 직접 눈으로 찾는 방법도 있다. 하지만 이 방법은 굉장히 힘들 것이다.

```
$ ls -1 | sort -n | less
1.jpg
2.jpg
3.jpg
5.jpg              # 4.jpg가 빠져 있다
...
```

1.jpg부터 1000.jpg까지의 완전한 목록을 만들고 diff 명령을 사용해 이 목록과 존재하는 파일 목록을 비교하는 방법이 자동화하기 쉽고 확실한 해결책이다. 이 해결책에도 여러 가지 방법이 있는데, 먼저 임시 파일을 사용하는 방법이 있다. 먼저 기존 파일의 목록을 임시 파일 original-list에 저장한 다음, 이 목록을 정렬한다.

```
$ ls *.jpg | sort -n > /tmp/original-list
```

그다음에는 seq를 이용해 만든 1부터 1000까지의 문자열 뒤에 .jpg를 붙여 1.jpg부터 1000.jpg까지의 완전한 목록을 만들고, 이를 또 다른 임시 파일인 full-list에 저장한다.

```
$ seq 1 1000 | sed 's/$/.jpg/' > /tmp/full-list
```

두 임시 파일을 diff 명령으로 비교해보면 4.jpg와 981.jpg가 빠진 것을 알 수 있다. 빠진 파일이 무엇인지 확인한 후 임시 파일을 삭제한다.

```
$ diff /tmp/original-list /tmp/full-list
3a4
> 4.jpg
979a981
> 981.jpg
$ rm /tmp/original-list /tmp/full-list          # 임시 파일을 삭제한다
```

결과를 얻기까지 꽤 여러 단계를 거쳤다. 임시 파일을 만들지 않고 두 목록을 그대로 비교하는 방법은 없을까? 어려운 부분은 diff 명령이 표준 입력을 통해 두 개의 목록을 받을 수 없고 파일 형태의 인수로 받아야 한다는 점이다.[5] 프로세스 치환을 사용하면 두 목록을 모두 파일 형태로 diff 명령에 전달해 이러한 문제를 해결할 수 있다(정확한 원리는 곧 이어질 박스 설명 '프로세스 치환의 동작 원리'를 참조하길 바란다). 프로세스 치환의 문법은 다음과 같다.

```
<(임의의_명령)
```

이 문법을 사용하면, 포함된 명령이 하위 셸에서 실행되고 그 결과가 마치 파일에 담긴 것처럼 전달된다. 예를 들어 다음 명령은 ls -1 | sort -n 명령의 결과가 파일에 담긴 것처럼 전달된다.

```
<(ls -1 | sort -n)
```

이 '파일'의 내용을 cat 명령으로 확인할 수 있다.

```
$ cat <(ls -1 | sort -n)
1.jpg
2.jpg
...
```

또한, cp 명령으로 복사할 수도 있다.

```
$ cp <(ls -1 | sort -n) /tmp/listing
$ cat /tmp/listing
1.jpg
2.jpg
...
```

---

5   정확히 말하면, diff 명령에서 인수 하나를 -로 지정해 한쪽의 목록을 표준 입력을 통해 받을 수 있지만 두 목록 모두를 표준 입력으로 받을 수는 없다.

그리고 물론 diff 명령으로 다른 파일과 비교할 수도 있다. 앞서 두 개의 임시 파일을 만들었던 명령에서 출발해보자.

```
ls *.jpg | sort -n
seq 1 1000 | sed 's/$/.jpg/'
```

두 명령에 프로세스 치환을 적용해 임시 파일이 아닌 '파일' 형태로 만든 다음 비교한다.

```
$ diff <(ls *.jpg | sort -n) <(seq 1 1000 | sed 's/$/.jpg/')
3a4
> 4.jpg
979a981
> 981.jpg
```

>로 시작하는 줄만 골라내어 처음 두 글자를 삭제하면, 빠진 파일의 목록만을 얻을 수 있다.

```
$ diff <(ls *.jpg | sort -n) <(seq 1 1000 | sed 's/$/.jpg/') \
    | grep '>' \
    | cut -c3-
4.jpg
981.jpg
```

내 경우, 프로세스 치환을 사용한 후 명령행의 활용도가 크게 달라졌다. 파일에서만 입력을 받던 명령이 표준 입력을 통해서도 입력을 받게 만들 수 있었기 때문이다. 이를 연습하니, 전에는 불가능할 것 같았던 명령이 쉽게 가능해졌다.

> **프로세스 치환의 동작 원리**
>
> 리눅스에서 디스크의 파일을 열면, 이 파일은 파일 디스크립터(file descriptor)라는 이름의 정수 값으로 표현된다. 프로세스 치환은 명령을 실행한 다음 이 명령의 결과에 파일 디스크립터를 연결해 마치 파일인 것처럼 만든다. 따라서 명령을 받은 프로그램의 입장에서는 이를 파일로 여기게 된다. echo 명령을 사용하면 이 파일 디스크립터를 확인할 수 있다.
>
> ```
> $ echo <(ls)
> /dev/fd/63
> ```
>
> <(ls)의 파일 디스크립터는 63이고, 시스템 디렉터리 /dev/fd에서 관리된다.
> 흥미로운 사실은 표준 입력과 표준 출력, 표준 오류 스트림의 파일 디스크립터가 0, 1, 2라는 점이다. 표준 오류 스트림으로 리다이렉션할 때의 문법이 2>인 이유가 여기에 있다.

◐ 계속

> 표현식 <(…)은 읽기용 파일 디스크립터를 만든다. 반대로 >(…)은 쓰기용 파일 디스크립터를 만들지만, 리눅스를 사용해온 25년간 아직이 문법을 사용할 일이 없었다.
>
> 프로세스 치환은 POSIX에 포함되지 않는 기능이므로 여러분의 셸에서 비활성 상태일 수도 있다. 비POSIX(non-POSIX) 기능을 활성화하려면 `set +o posix` 명령을 실행하면 된다.

7.3 문자열로 명령 실행하기

모든 명령어는 문자열이다. 그중에서도 몇몇 명령은 더욱 '문자열스럽다'. 텍스트를 조각조각 이어 붙여 문자열을 구성하고 이 문자열을 명령으로 실행하는 방법을 소개하겠다.

- bash에 문자열을 인수로 전달해 명령으로 실행하기
- bash로 문자열을 파이핑해 표준 입력 스트림을 통해 명령 실행하기
- ssh를 이용해 다른 호스트로 명령 전달하기
- xargs로 명령의 연속열을 실행하기

> ⚠️ **Warning** 지금부터 소개할 기법은 눈으로 확인하지 못한 문자열을 셸로 전달해 실행하는 기법이므로 어느 정도의 위험성이 있다. 확인하지 않은 명령을 실행해서는 안 되며, 실행 전에 완성된 문자열(또는 그 출처의 신뢰성)을 확인해야 한다. `rm -rf $HOME` 명령을 실수로 실행해 모든 파일을 날리고 싶지 않다면 말이다.

7.3.1 다섯 번째 방법: bash에 문자열을 인수로 전달해 명령으로 실행하기

앞서 6.1절 '셸은 실행 파일이다'에서 설명했듯이 bash 역시나 평범한 명령의 한 가지다. 그러므로 명령행에서 직접 실행이 가능하다. bash를 실행하면 기본적으로 명령을 직접 입력해 실행하는 대화형 셸이 열리지만, bash 명령에 문자열을 인수로 전달(-c 옵션)하면 해당 문자열을 명령으로 실행하고 종료된다.

```
$ bash -c "ls -l"
-rw-r--r-- 1 smith smith 325 Jul 3 17:44 animals.txt
```

이게 왜 유용하냐면, 새로운 bash 프로세스는 별도의 환경(작업 디렉터리, 변수 등)을 갖는 자식 프로세스이기 때문이다. 자식 프로세스에 일어난 변경은 부모 프로세스에 영향을 미치지 못하므로 다음 명령은 /tmp 디렉터리로 이동해 파일 하나를 삭제한 다음 종료된다.

```
$ pwd
/home/smith
$ touch /tmp/badfile                    # 임시 파일을 생성한다
$ bash -c "cd /tmp && rm badfile"
$ pwd
/home/smith                             # 현재 작업 디렉터리는 그대로다
```

bash -c 명령이 가장 유용한 순간은 관리자 권한으로 명령을 실행해야 할 때다. 특히 sudo와 입출력 리다이렉션을 결합했을 경우 bash -c 명령이 반드시 필요할 때가 많다.

시스템 디렉터리 /var/log에 로그 파일을 하나 생성하려고 한다. 일반 사용자는 이 디렉터리에 쓰기 작업을 할 수 없다. sudo 명령을 이용해 관리자 권한을 얻어 로그 파일을 생성하려 하지만, 알 수 없는 이유로 실패한다.

```
$ sudo echo "New log file" > /var/log/custom.log
bash: /var/log/custom.log: Permission denied
```

실패라니, 왜일까? sudo 명령으로 관리자 권한을 얻었으니 어느 시스템 디렉터리라도 파일을 생성할 수 있었을 것이다. sudo 명령에서 으레 보게 되는 패스워드조차 물어보지 않았다. 답은 간단하다. sudo 명령이 실행되지 않았기 때문이다. sudo 명령은 출력 리다이렉션이 아닌 echo 명령에 적용된 것이며, 이 echo 명령은 먼저 실행되고 실패했다. 과정을 조금 더 자세히 들여다보자.

1. Enter 키를 누른다.
2. 셸이 리다이렉션(>)을 포함한 전체 명령을 평가한다.
3. 셸이 /var/log 디렉터리에 custom.log 파일을 생성하려고 시도한다.
4. 그러나 /var/log 디렉터리에 쓰기 권한이 없으므로 'Permission Denied'라는 메시지가 출력되고 종료된다.

sudo가 아예 실행조차 되지 않은 이유가 바로 이것이다. 이 문제를 해결하려면 '전체 명령(리다이렉션을 포함해)을 관리자 권한으로 실행하라'고 셸에 지시해야 한다. bash -c 명령이 가장 유용하게 쓰이는 순간이다. 먼저 우리가 실행하려는 명령을 문자열로 작성한다.

```
'echo "New log file" > /var/log/custom.log'
```

그리고 이 문자열을 sudo bash -c 명령의 인수로 전달한다.

```
$ sudo bash -c 'echo "New log file" > /var/log/custom.log'
[sudo] paddword for smith: xxxxxx
$ cat /var/log/custom.log
New log file
```

이번에는 echo가 아닌 bash가 관리자 권한으로 실행됐다. 그리고 인수로 받은 명령을 실행한다. 리다이렉션도 잘됐다. sudo와 리다이렉션을 함께 사용할 때는 항상 이 방법을 잘 기억해두길 바란다.

7.3.2 여섯 번째 방법: bash에 문자열을 파이핑해 명령 실행하기

셸은 우리가 표준 입력 스트림에 입력하는 명령을 읽어들인다. 이를 바꿔 말하면, bash 자체도 파이프라인에 참여할 수 있다는 뜻이 된다. 예를 들어 문자열 "ls -l"을 파이프로 bash에 전달하면, bash는 이 문자열을 명령으로 해석해 실행한다.

📁 chapter07 > technique_6_pipping_to_bash > example1
```
$ echo "ls -l"
ls -l
$ echo "ls -l" | bash
-rw-r--r-- 1 smith smith 325 Jul 3 17:44 animals.txt
```

> ⚠️ Warning bash에 확인되지 않은 문자열을 파이핑해서는 안 된다. 따라서 지금 실행하는 명령이 무엇인지 잘 확인해야 한다.

이 방법은 비슷한 명령을 이어서 계속 실행해야 할 때 특히 유용하다. 명령을 문자열로 출력한 다음, 이 문자열을 bash로 파이핑해 실행할 수 있기 때문이다. 많은 파일이 있는 디렉터리에서 각 파일을 첫 글자별로 하위 디렉터리에 정리해야 한다고 하자. apple이라는 이름의 파일은 하위 디렉터리 a로, cantaloupe 파일은 하위 디렉터리 c로 보내는 식[6]이다(편의상 파일명에는 소문자만 쓰였으며 공백 문자나 특수 문자는 사용되지 않았다고 가정한다).

먼저 파일의 목록을 만든다. 하위 디렉터리명과 충돌하지 않도록 모든 파일명은 두 글자 이상이라고 가정한다(패턴 ??*와 일치).

📁 chapter07 〉 technique_6_pipping_to_bash 〉 example2

```
$ ls -1 ??*
apple
banana
cantaloupe
carrot
...
```

그리고 중괄호 문법으로 26개의 하위 디렉터리를 생성한다.

```
$ mkdir {a..z}
```

이제 우리가 필요한 mv 명령을 문자열로 작성한다. 앞에는 sed 명령에서 파일명의 첫 글자를 추출하기 위한 첫 번째 정규표현식(\1)이 온다.

```
^\(.\)
```

그리고 파일명의 첫 글자를 제외한 나머지 부분과 일치하는 두 번째 정규표현식은 다음과 같다.

```
\(.*\)$
```

이 두 정규표현식을 이으면 다음과 같다.

```
^\(.\)\(.*\)$
```

mv 명령 뒤로 전체 파일명(\1\2)과 첫 번째 글자(\1)를 기재한다.

```
mv \1\2 \1
```

완성된 생성 명령은 다음과 같다.

---

6 이러한 디렉터리 구조는 체이닝(chaining)이 적용된 해시 테이블과 유사하다.

```
$ ls -1 ??* | sed 's/^\(.\)\(.*\)$/mv \1\2 \1/'
mv apple a
mv banana b
mv cantaloupe c
mv carrot c
...
```

출력된 내용이 우리가 실행해야 할 mv 명령이다. less 명령으로 파이핑해 생성된 명령을 잘 확인한다.

```
$ ls -1 ??* | sed 's/^\(.\)\(.*\)$/mv \1\2 \1/' | less
```

정확한 명령이 생성된 것을 확인했다면 출력을 bash로 파이핑해 명령을 실제로 실행한다.

```
$ ls -1 ??* | sed 's/^\(.\)\(.*\)$/mv \1\2 \1/' | bash
```

전체 과정을 요약하면 다음과 같다.

1. 문자열을 조작해 원하는 명령을 문자열로 만든다.
2. less 명령을 통해 정확한 명령이 만들어졌는지 확인한다.
3. 생성된 문자열을 bash로 파이핑해 실행한다.

7.3.3 일곱 번째 방법: ssh를 사용해 원격에서 문자열을 명령으로 실행하기

반드시 숙지해야 할 한 가지 유의 사항이 있다. 이 방법은 원격 호스트에 안전하게 로그인하는 보안 셸인 SSH를 익숙하게 사용해야 제대로 이해할 수 있다. 호스트 간의 SSH 관계를 설정하는 것은 이 책의 주제를 벗어나므로 SSH 관련 튜토리얼을 별도로 찾아보길 바란다.

원격 호스트에 로그인하려면 보통 다음과 같은 명령을 사용한다.

```
$ ssh myhost.example.com
```

원격 호스트에도 문자열을 전달해 명령으로 실행할 수 있다. ssh 명령 뒤에 문자열을 인수로 전달하면 된다.

```
$ ssh myhost.example.com ls
remotefile1
```

```
remotefile2
remotefile3
```

이러한 방법이 직접 로그인한 다음 명령을 실행하는 것보다 더 빠르다. 명령에 리다이렉션 같은 특수 문자가 쓰였다면, 이 문자는 원격 호스트에서 평가돼야 하므로 따옴표로 감싸거나 이스케이프 처리해야 한다. 그렇지 않으면 이들 문자가 로컬 컴퓨터의 셸에서 평가된다. 아래의 두 명령 모두 ls 명령을 원격으로 실행하지만, 그 출력이 리다이렉션되는 호스트는 서로 다르다.

```
$ ssh myhost.example.com ls > outfile        # 로컬 호스트에 outfile이 생성된다
$ ssh myhost.example.com "ls > outfile"      # 원격 호스트에 outfile이 생성된다
```

로컬 호스트의 bash 셸과 마찬가지로 ssh 명령으로도 실행 결과를 파이핑할 수 있다.

```
$ echo "ls > outfile" | ssh myhost.example.com
```

ssh 명령으로 실행 결과를 파이핑할 때 원격 호스트에서 추가적인 메시지를 출력하는 경우가 있다. 이는 원격에서 명령을 실행하는 데 영향을 미치지 않으므로 무시하면 된다.

- 'Pseudo-terminal will not be allocated because stdin is not a terminal'과 같이 의사 터미널 또는 의사 tty와 관련된 메시지가 출력된다면, ssh 명령에 -T 옵션을 붙여 원격 SSH 서버에서 터미널을 배정하지 않도록 한다.

  ```
  $ echo "ls > outfile" | ssh -T myhost.example.com
  ```

- 'Welcome to Linux' 같은 로그인 환영 메시지가 출력된다면, 원격 호스트에서 명시적으로 bash를 실행해 이러한 메시지를 없앨 수 있다.

  ```
  $ echo "ls > outfile" | ssh myhost.example.com bash
  ```

7.3.4 여덟 번째 방법: xargs를 사용해 명령의 연속열 실행하기

xargs라는 명령을 아는 리눅스 사용자는 그리 많지 않다. 하지만 xargs는 비슷한 명령을 여러 개 구성하고 이들을 함께 실행시킬 수 있는 기능을 제공하는 강력한 도구다. xargs 또한 내 리눅스 활용도를 크게 향상시켜준 도구이므로 여러분에게도 도움이 되길 바란다.

xargs는 다음과 같은 두 가지 입력을 받는다.

- 표준 입력 스트림으로부터: 공백으로 구분된 문자열의 리스트다. ls 또는 find가 출력하는 파일 경로를 예로 들 수 있다. 하지만 모든 문자열의 리스트를 다룰 수 있다. 이들을 입력 문자열(input string)이라고 한다.
- 명령행으로부터: 일부 인수가 누락된 불완전한 명령이다. 이들을 명령 템플릿(command template)이라고 한다.

xargs는 명령 템플릿에 입력 문자열을 병합해 완전하고 새로운 명령을 만들어낸다. 이렇게 만든 명령을 생성된 명령어(generated command)라고 한다. 간단한 예제와 함께 살펴보자. 현재 작업 디렉터리에 다음과 같이 세 개의 파일이 있다고 가정해보자.

📁 chapter07 〉 technique_8_xargs 〉 example1

```
$ ls -1
apple
banana
cantaloupe
```

다음 명령은 파일 목록을 xargs 명령에 입력 문자열로 파이핑한 다음, wc -l의 인수로 명령 템플릿에 전달하는 예다.

```
$ ls -1 | xargs wc -l
3 apple
4 banana
1 cantaloupe
8 total
```

그 후 앞서 설명한 대로, xargs가 명령 템플릿 wc -l에 입력 문자열을 삽입해 완성한 명령(각 파일의 줄 수를 세는)을 실행했다. 세 파일의 내용을 모두 화면에 출력하려면 명령 템플릿을 cat으로 바꾸기만 하면 된다.

```
$ ls -1 | xargs cat
```

지금 살펴본 간단한 예제에는 심각한 단점 하나와 실용성 측면의 단점 하나, 이렇게 두 가지 단점이 있다. 심각한 단점은 입력 문자열에 특수 문자(공백 문자 따위)가 포함되면 전혀 엉뚱한 동작을 할 수 있다는 점이다. 이를 해결할 수 있는 방법은 곧 이어질 박스 설명 'find와 xargs를 안전하게 사용하기'를 참고하라.

실용성 측면에서의 단점은 꼭 xargs를 사용하지 않아도 된다는 점이다. 패턴 매칭만 사용해도 같은 결과를 더 간단히 얻을 수 있다.

```
$ wc -l *
3 apple
4 banana
1 cantaloupe
8 total
```

그럼 xargs는 언제 써야 할까? xargs의 위력이 빛을 발하는 순간은 입력 문자열의 형태가 더 복잡할 때다. 예를 들어 어떤 디렉터리 안에 있는 파이썬 코드 파일의 줄 수를 세야 하는데, 하위 디렉터리를 재귀적으로 처리해야 한다고 가정해보자. 파일 경로의 목록은 find 명령을 사용하면 쉽게 만들 수 있다.

📁 chapter07 〉 technique_8_xargs 〉 example2

```
$ find . -type f -name \*.py -print
vegetables/leafy/lettuce.py
fruits/raspberry.py
```

이제 xargs가 명령 템플릿 wc -l에 각 파일 경로를 적용할 수 있다. 이 방법이 아니면 디렉터리를 재귀적으로 처리하기는 어려울 것이다. 만약을 위해 -print 옵션을 -print0으로 바꿔뒀고 xargs에도 -0 옵션을 사용했다. 이 옵션을 사용한 이유에 대해서도 곧 이어질 박스 설명을 참고하길 바란다.

```
$ find . -type f -name \*.py -print0 | xargs -0 wc -l
3 ./vegetables/leafy/lettuce.py
6 ./fruits/raspberry.py
9 total
```

find와 xargs 명령을 결합해 원하는 어떤 명령이든 파일 시스템을 재귀적으로 순회하며 원하는 조건을 만족하는 파일(또는 디렉터리)만을 대상으로 실행할 수 있게 됐다(그중 일부는 find의 -exec 옵션만 사용해도 같은 결과를 얻을 수 있지만, xargs를 함께 결합하는 편이 더 간결하다).

xargs는 명령을 생성하고 실행하기 위한 다양한 옵션을 갖추고 있다. 내 기준에서 이들 옵션 중 가장 중요한(-0보다 더) 것은 -n과 -I이다. -n 옵션은 생성된 각 명령에 추가될 인수의 수를 결정하는 옵션이다. 기본값은 셸이 허락하는 한 모든 인수를 덧붙이도록 돼 있다.[7]

---

[7] 정확한 숫자는 여러분이 사용하는 리눅스 시스템의 길이 제한에 의해 결정된다. man xargs 문서를 참조하라.

chapter07 〉 technique_8_xargs 〉 example3

```
$ ls | xargs echo                    # 가능한 한 많은 입력 문자열을 명령에 적용
apple banana cantaloupe carrot        # echo apple banana cantaloupe carrot
$ ls | xargs -n1 echo                 # echo 명령 하나에 입력 문자열을 하나만 적용
apple                                 # echo apple
banana                                # echo banana
cantaloupe                            # echo cantaloupe
carrot                                # echo carrot
$ ls | xargs -n2 echo                 # echo 명령 하나에 두 개의 입력 문자열을 적용
apple banana                          # echo apple banana
cantaloupe carrot                     # echo cantaloupe carrot
$ ls | xargs -n3 echo                 # echo 명령 하나에 세 개의 입력 문자열을 적용
apple banana cantaloupe               # echo apple banana cantaloupe
carrot                                # echo carrot
```

> **find와 xargs를 안전하게 사용하기**
>
> find와 xargs를 결합해 사용할 때는 입력 문자열의 예기치 못한 특수 문자에 대비해 -0 옵션을 꼭 사용하길 바란다. find 쪽에서도 (-print 옵션 대신) -print0 옵션을 함께 사용하는 것이 좋다.
>
> ```
> $ find [옵션]… -print0 | xargs -0 [옵션]…
> ```
>
> 기본적으로 xargs는 입력 문자열이 개행 문자 등의 공백 문자로 구분된다고 간주한다. 이 때문에 입력 문자열에 실제로 공백 문자가 포함된 경우 문제가 발생한다. xargs는 이들 문자를 모두 입력 문자열의 구분자로 간주해 입력 문자열의 일부분만을 사용하며, 이로 인해 잘못된 명령을 생성한다. 예를 들어 조금 전의 예제에서 prickly pear.py라는 파일이 있었다고 하자. xargs는 이 파일의 이름을 두 개의 입력 문자열로 간주하고 다음과 같은 오류를 일으킨다.
>
> ```
> prickly: No such file or directory
> pear.py: No such file or directory
> ```
>
> 이런 문제를 피하려면 xargs -0 옵션을 사용해 다른 문자(널 문자)를 입력 문자열의 구분자로 인식하게 해야 한다. 널 문자는 텍스트에서 잘 쓰이지 않기 때문에 입력 문자열의 구분자로 이상적이다.
>
> 그렇다면 입력 문자열의 구분자를 개행 문자 대신 널 문자로 하려면 어떻게 해야 할까? 다행히 find 명령에 이러한 옵션이 있다. -print 옵션 대신 -print0 옵션을 사용하는 것이다.
>
> ls 명령에는 이렇게 널 문자를 사용하는 옵션이 없으므로 앞서 본 간단한 예제들은 똑같은 위험을 겪을 수 있다. 개행 문자를 널 문자로 변환하려면 다음과 같이 tr 명령을 사용한다.
>
> ```
> $ ls | tr '\n' '\0' | xargs -0 ...
> ```
>
> 또는 다음과 같은 별명을 정의해 xargs와 결합하기 좋은 출력을 사용한다.
>
> ```
> alias ls0="find . -maxdepth 1 -print0
> ```

-I 옵션은 생성된 명령에 입력 문자열을 삽입할 위치를 결정하는 옵션이다. 기본값은 명령 템플릿의 뒤에 입력 문자열을 붙이도록 돼 있지만, 다른 위치에 입력 문자열을 삽입할 수도 있다. -I 옵션 뒤로 원하는 문자열을 넣으면 명령 템플릿에서 이 문자열을 삽입 위치로 삼는다.

```
$ ls | xargs -I XYZ echo XYZ is my favorite food    # 문자열 XYZ를 삽입 위치로 삼는다
apple is my favorite food
banana is my favorite food
cantaloupe is my favorite food
carrot is my favorite food
```

여기서는 삽입 위치 문자열로 'XYZ'를 지정하고, 명령 템플릿에서 이 문자열을 echo 바로 뒤에 넣었다. -I 옵션을 사용하면 생성된 명령 하나당 입력 문자열을 하나만 넣을 수 있다. xargs의 man 도움말을 더 자세히 읽고 직접 지정할 수 있는 요소로 어떤 것이 있는지를 파악해두길 바란다.

> **Note ≡ 인수의 수가 많은 경우**
>
> xargs는 아주 긴 명령을 사용해야 할 때 유용하다. 현재 작업 디렉터리에 file1.txt부터 file1000000.txt까지 100만 개의 파일이 있다고 가정해보자. 다음 패턴과 일치하는 파일을 삭제해야 하는 상황이다.
>
> ```
> $ rm *.txt
> bash: /bin/rm: Argument list too long
> ```
>
> 패턴 *.txt가 평가되는 문자열의 길이는 1,400만 자가 넘는데, 이 문자열의 길이는 리눅스가 처리할 수 있는 한계를 넘어선다. 이러한 한계를 우회하려면 파일의 목록을 만들고 이 목록을 xargs에 전달해야 한다. xargs는 파일의 목록을 나눠 여러 개의 rm 명령을 만든다. 이때 전체 파일 목록에서 조건에 맞는 파일(*.txt)을 grep을 이용해 골라낸 다음, 이 파일의 목록을 xargs에 파이핑하면 된다.
>
> ```
> $ ls | grep '\.txt$' | xargs rm
> ```
>
> 이 방법은 앞서 본 방법과 달리 'Argument list too long' 오류를 일으키지 않는다. 또한, 앞의 박스 설명에서 설명했듯이 find -print0 옵션을 사용해보길 바란다.
>
> ```
> $ find . -maxdepth 1 -name \*.txt -type f -print0 \
>   | xargs -0 rm
> ```

7.4 프로세스를 제어해 명령 실행하기

지금까지 소개했던 방법은 모두 명령이 끝날 때까지 부모 셸을 점유하고 진행됐다. 부모 셸과 조금 떨어져 명령을 실행하는 방법을 몇 가지 소개하겠다.

백그라운드 명령
프롬프트로 즉시 돌아오며, 명령은 눈에 보이지 않는 곳에서 실행된다.

명시적 하위 셸
복합 명령 도중에 실행된다.

프로세스 교체
부모 셸을 대체해 명령을 실행한다.

7.4.1 아홉 번째 방법: 백그라운드 실행하기

지금까지 명령을 실행할 때는 명령 실행이 완료될 때까지 기다려야 다음 프롬프트가 출력됐다. 하지만 명령 실행이 끝날 때까지 기다리지 않는 방법이 있다. 실행이 오래 걸리는 명령이라면 특히 도움이 될 것이다. 명령을 실행하자마자 바로 다음 프롬프트가 나타나지만 우리 눈에 보이지 않는 곳에서 명령이 수행되는 특별한 실행 방식이 있다. 이러한 방법을 백그라운드(background) 실행이라고 한다. 반대로 셸을 점유한 채 실행되는 방식을 포어그라운드(foreground) 실행이라고 한다. 셸은 동시에 하나의 포어그라운드 명령과 여러 개의 백그라운드 명령을 실행할 수 있다.

명령을 백그라운드로 실행하기

백그라운드로 명령을 실행하려면 명령 뒤에 앰퍼샌드(&) 기호를 붙이면 된다. 그러면 실행한 명령이 백그라운드로 실행된다는 의미의 암호 같은 메시지와 함께 곧바로 다음 프롬프트가 출력된다.

```
$ wc -c my_extremely_huge_file.txt &      # 용량이 큰 파일의 글자 수 세기
[1] 74931                                  # 마치 암호 같은 내용이 출력된다
$
```

그리고 다시 셸에서 포어그라운드 명령(또는 또 다른 백그라운드 명령도)을 실행할 수 있다. 이때 백그라운드에서 실행 중인 명령에서 출력되는 내용이 (심지어 다른 명령을 입력 중일 때도) 화면에 나타날 수 있다. 백그라운드로 실행한 명령이 성공적으로 완료되면 다음과 같이 Done이라는 메시지가 나타난다.

```
59837483748 my_extremely_huge_file.txt
[1]+ Done                 wc -c my_extremely_huge_file.txt
```

명령이 실패했다면 Exit라는 메시지와 함께 종료 코드가 출력된다.

```
[1]+ Exit 1               wc -c my_extremely_huge_file.txt
```

> **Note** ≡ 앰퍼샌드는 리스트 연산자이기도 하다. 마치 &&나 ||처럼 사용할 수 있다.
>
> ```
> $ command1 & command2 & command3 &    # 세 명령 모두 백그라운드로 실행된다
> [1] 57351
> [2] 57352
> [3] 57353
> $ command4 & command5 & echo hi       # "echo" 외의 명령은 백그라운드로 실행된다
> [1] 57431
> [2] 57432
> hi
> ```

실행 중인 포어그라운드 명령을 백그라운드로 전환하기

포어그라운드로 실행한 명령을 실행 중에 백그라운드로 전환할 수도 있다. Ctrl+Z를 누르면 실행 중인 포어그라운드 명령이 잠시 중단(suspend)되고 프롬프트가 출력된다. 이때 bg를 입력하면 중단됐던 명령이 백그라운드 명령으로 다시 재개된다.

잡과 잡 컨트롤

백그라운드 명령은 명령이 실행되는 형태(백그라운드, 중단, 재개 등)를 관장하는 잡 컨트롤(job control)이라는 셸 기능의 일부다. 잡(job)은 셸에서 동작하는 하나의 명령 인스턴스로, 셸에서 다룰 수 있는 작업의 최소 단위다. 단순 명령, 파이프라인, 조건부 리스트 등도 역시 잡의 여러 가지 형태이며, 기본적으로 우리가 명령행을 통해 실행하는 모든 것은 잡으로 여겨진다.

잡과 리눅스 프로세스가 일대일로 대응하는 것은 아니다. 하나의 잡이 여러 개의 프로세스를 포함할 수 있다. 여섯 개의 프로그램으로 구성된 파이프라인을 예로 들면, 이 파이프라인 하나의 잡에 (최소한) 여섯 개의 프로세스가 포함되는 셈이다. 또한, 잡은 셸에 속하는 메커니즘이다. 리눅스 운영체제는 잡이 아니라 잡에 포함되는 프로세스를 관리하기 때문이다.

셸에는 항상 하나 이상의 잡이 실행 중이다. 각각의 잡은 잡 ID라는 양수로 된 식별자가 부여되는데, 어떤 명령을 백그라운드로 실행하면 이 잡 ID와 이 잡의 첫 번째 프로세스 ID가 함께 출력된다. 다음 명령을 예로 들면, 잡 ID는 1이고 프로세스 ID는 74931이다.

```
$ wc -c my_extremely_huge_file.txt &
[1] 74931
```

자주 쓰이는 잡 제어 기능

셸에는 잡을 제어하기 위한 내장 명령이 있다(표 7-1). 여러 개의 잡을 실행한 뒤 이들 잡을 원하는 대로 다루는 방법을 하나씩 살펴보겠다. 편의상, 지정한 시간(초 단위) 동안 아무것도 하지 않는 명령인 sleep을 사용한다.

▼ 표 7-1 잡을 제어하기 위한 명령

명령	기능
bg	현재 중단된 잡을 백그라운드로 전환한다.
bg %n	현재 중단된 잡 ID가 n인 잡을 백그라운드로 전환한다.
fg	현재 백그라운드 잡을 포어그라운드로 전환한다.
fg %n	백그라운드로 실행 중인 잡 ID가 n인 잡을 포어그라운드로 전환한다.
kill %n	백그라운드로 실행 중인 잡 ID가 n인 잡을 강제 종료한다.
jobs	현재 셸의 잡 목록을 확인한다.

먼저 명령을 백그라운드로 실행한다.

```
$ sleep 20 &              # 백그라운드에서 실행된다
[1] 126288
$ jobs                    # 해당 셸의 잡 목록을 출력한다
[1]+ Running        sleep 20 &
$
# … 시간이 지나면 …
[1]+ Done           sleep 20
```

> Note ≡ 잡의 실행이 끝나도 Enter 키를 누르기 전에는 Done 메시지가 출력되지 않는다.

명령을 백그라운드로 실행했다가 다음과 같이 포어그라운드로 전환할 수 있다.

```
$ sleep 20 &              # 백그라운드로 명령을 실행한다
[1] 126362
$ fg                      # 포어그라운드로 전환한다
sleep 20
# … 시간이 지나면 …
$
```

다음과 같이 포어그라운드로 실행한 명령을 잠시 중단했다가 실행 재개할 수도 있다.

```
$ sleep 20                # 포어그라운드로 명령을 실행한다
^Z                        # 실행을 일시 중단한다
[1]+  Stopped             sleep 20
$ jobs                    # 셸의 잡 목록을 확인한다
[1]+  Stopped             sleep 20
$ fg                      # 중단된 명령을 포어그라운드로 실행 재개한다
sleep 20
# … 시간이 지나면 …
[1]+  Done                sleep 20
```

포어그라운드 잡을 백그라운드로 전환하려면 다음과 같이 한다.

```
$ sleep 20                # 포어그라운드로 명령을 실행한다
^Z                        # 실행을 일시 중단한다
[1]+  Stopped             sleep 20
$ bg                      # 백그라운드로 전환한다
[1]+ sleep 20 &
$ jobs                    # 셸의 잡 목록을 확인한다
[1]+  Running             sleep 20 &
$
# ... 시간이 지나면 ...
[1]+  Done                sleep 20
```

두 개 이상의 백그라운드 잡을 다룰 수도 있다. 특정 잡을 지정할 때는 잡 ID 앞에 % 기호를 붙이면 된다(%1, %2와 같은 식).

```
$ sleep 100 &             # 세 명령을 백그라운드로 실행한다
[1] 126452
```

```
$ sleep 200 &
[2] 126456
$ sleep 300 &
[3] 126460
$ jobs                          # 셸의 잡 목록을 확인한다
[1]   Running                   sleep 100 &
[2]-  Running                   sleep 200 &
[3]+  Running                   sleep 300 &
$ fg %2                         # 잡 2를 포어그라운드로 전환한다
sleep 200
^Z                              # 잡 2의 실행을 중단한다
[2]+  Stopped                   sleep 200
$ jobs                          # 잡 2가 중단됐는지(stopped) 확인한다
[1]   Running                   sleep 100 &
[2]+  Stopped                   sleep 200
[3]-  Running                   sleep 300 &
$ kill %3                       # 잡 3을 강제종료한다
[3]-  Terminated                sleep 300
$ jobs                          # 잡 3이 사라졌는지 확인한다
[1]-  Running                   sleep 100 &
[2]+  Stopped                   sleep 200
$ bg %2                         # 잡 2를 백그라운드로 실행 재개한다
[2]+ sleep 200 &
$ jobs                          # 잡 2가 실행 중인지 확인한다
[1]-  Running                   sleep 100 &
[2]+  Running                   sleep 200 &
$
```

백그라운드 잡의 입력과 출력

백그라운드로 실행 중인 명령도 표준 출력 스트림을 통해 출력이 가능하지만, 가끔 이러한 출력이 오히려 불편하거나 혼란을 부추기는 경우가 있다. 리눅스에서 사전 파일(10만 줄)을 정렬한 다음, 정렬된 최초 두 줄을 출력하는 작업을 백그라운드로 실행해본다. 먼저 앞서 살펴본 대로 잡 ID(1)와 프로세스 ID(81089)가 출력된 다음 프롬프트가 나타난다.

```
$ sort /usr/share/dict/words | head -n2 &
[1]   81089
$
```

잡의 실행이 끝날 때까지 기다리면, 커서가 위치한 곳에서 두 줄을 출력한다. 여기서는 두 번째 프롬프트에 커서가 위치해 있었으므로 약간 어색한 모양이 됐다.

```
$ sort /usr/share/dict/words | head -n2 &
[1] 81089
$ A
A's
```

그리고 Enter 키를 누르면 Done 메시지가 출력된다.

```
[1]+  Done                sort /usr/share/dict/words | head -n2
$
```

백그라운드 잡의 화면 출력은 해당 잡이 실행 중인 동안 어느 때라도 가능하다. 이렇게 출력 내용이 엉키는 것을 방지하려면, 표준 출력 스트림을 파일로 리다이렉트해두고 나중에 여유가 생겼을 때 결과를 확인하면 된다.

```
$ sort /usr/share/dict/words | head -n2 & > /tmp/results &
[1] 81089
$
[1]+  Done                sort /usr/share/dict/words | head -n2 > /tmp/results
$ cat /tmp/results
A
A's
$
```

백그라운드 잡이 표준 입력 스트림을 통해 입력을 받을 때도 이런 이상한 현상이 발생할 수 있다. 셸이 잡의 실행을 중단하고 Stopped 메시지를 출력한 다음 백그라운드로 가는 입력을 기다린다. 표준 출력 스트림을 읽도록 cat 명령을 인수 없이 백그라운드로 실행해보자.

```
$ cat &
[1] 82455
[1]+  Stopped             cat
```

백그라운드에서는 잡이 입력을 받을 수 없으므로 잠시 포어그라운드로 전환해 입력을 전달한다.

```
$ fg
cat
Here is some input
Here is some input
...
```

입력을 모두 마치고 나면, 다음 중 한 가지를 하면 된다.

- 포어그라운드에서 명령을 끝까지 수행하기
- Ctrl + Z 키로 실행을 중단한 다음 bg 명령으로 다시 백그라운드에 되돌려 보내기
- Ctrl + D 키로 입력을 마치거나 Ctrl + C 키로 명령을 강제 종료하기

백그라운드 실행의 팁

백그라운드 실행은 오랫동안 편집 작업을 계속하는 텍스트 편집기나 자체 창이 열리는 프로그램처럼 시간이 오래 걸리는 명령에 적합하다. 예를 들면, 프로그래머는 텍스트 편집기를 저장한 후 종료하지 않고 잠시 중단시켜두는 방법으로 시간을 절약할 수 있다. 노련한 프로그래머 중에서도 텍스트 편집기를 실행해 코드를 수정하고, 편집기를 종료한 후 코드를 테스트한 다음 편집기를 다시 실행해 아까 수정했던 위치를 다시 찾아가는 과정을 반복하는 사람들이 있다. 이 과정을 한 번 수행하는 데는 약 10초 내지 15초의 시간이 낭비된다. 이 사람들이 편집기를 종료하는 대신 Ctrl + Z 키를 눌러 편집기를 중단시킨 뒤 fg 명령으로 실행을 재개하는 방법을 썼다면, 수정했던 위치를 다시 찾아가지 않아도 되니 불필요한 시간 낭비를 줄일 수 있었을 것이다.

백그라운드 실행은 조건부 리스트로 여러 개의 명령을 실행할 때도 유용하다. 리스트의 명령 중 실패한 것이 있다면 나머지 명령은 실행되지 않는다(입력을 받는 명령은 잡이 중단된 상태에서 입력을 기다리게 되므로 주의해야 한다).

```
$ command1 && command2 && command3 &
```

7.4.2 열 번째 방법: 명시적 하위 셸

앞서 6장에서 설명했듯이, 단순 명령을 실행할 때 명령은 자식 프로세스에서 실행된다. 반면 명령 치환과 프로세스 치환에서는 하위 셸이 쓰인다. 그런데 명시적으로 하위 셸을 쓰는 편이 도움이 될 때가 있다. 명시적으로 하위 셸을 시작하려면 해당 명령을 괄호로 감싸면 된다.

📁 chapter07 〉 technique_10_explicit_subshells

```
$ (cd /usr/local && ls)
bin   etc   games   lib   man   sbin   share
$ pwd
/home/smith                    # "cd /usr/local"은 하위 셸에서 실행됐다
```

명령 전체에 괄호를 씌우면, 하위 셸의 큰 장점을 느끼기 어렵다. 원래 작업 디렉터리로 돌아오는 cd 명령을 사용하지 않아도 된다는 점을 빼면 말이다. 그러나 조합된 명령의 일부에 괄호를 씌우면 하위 셸을 유용하게 쓸 수 있다. 중간에 작업 디렉터리를 변경하는 파이프라인이 이러한 좋은 예다. tar로 압축된 파일인 package.tar.gz를 내려받아 이 파일의 압축을 해제하려고 한다. 이 파일의 압축을 해제하는 tar 명령은 다음과 같다.

```
$ tar xvf package.tar.gz
Makefile
src/
src/defs.h
src/main.c
...
```

압축 해제된 파일은 현재 작업 디렉터리의 상대 경로에 저장된다.[8] 그런데 압축 해제된 파일을 다른 곳에 저장하고 싶다면 어떻게 해야 할까? cd 명령으로 다른 디렉터리로 이동한 다음에 tar 명령을 실행해야 한다(그리고 다시 cd 명령으로 원래 작업 디렉터리로 복귀한다). 하지만 하나의 명령만으로도 이 작업을 수행할 수 있다. 압축 파일의 데이터를 하위 셸로 파이핑하고 이 하위 셸에서 작업 디렉터리 이동 및 압축 해제를 수행하면 된다. tar 명령은 표준 입력을 통해 입력을 받으므로 파이핑으로도 정상적인 압축 해제가 가능하다.[9]

```
$ cat package.tar.gz | (mkdir -p /tmp/other && cd /tmp/other && tar xzvf -)
```

한 디렉터리 dir1의 파일을 압축해 압축 파일의 데이터를 전달하고 하위 셸에서 대상 디렉터리 dir2에 이 압축 파일을 다시 해제하는 것도 가능하다.

```
$ tar czf - dir1 | (cd /tmp/dir2 && tar xvf -)
```

같은 방법으로 파일을 원격 호스트에 복사할 수도 있다.

```
$ tar czf - dir1 | ssh myhost '(cd /tmp/dir2 && tar xvf -)'
```

---

[8] tar 압축 파일에 절대 경로가 아닌 상대 경로가 포함돼 있다고 가정했다. 배포되는 소프트웨어의 압축 파일이 이러한 식인 경우가 많다.
[9] 이러한 문제 자체는 tar 명령의 -C 또는 --directory 옵션을 사용해 압축 해제 대상 디렉터리를 지정하면 된다. 하위 셸의 일반적인 사용법을 보여주기 위해 이 예제를 채택했다.

> **하위 셸이 만들어지는 경우**
>
> 이번 장에서 다룬 방법 중에는 하위 셸을 수반하는 방법이 여럿 있다. 하위 셸은 부모 셸의 환경(변수 및 변수의 값)과 더불어 별명 같은 셸의 컨텍스트를 함께 물려받는다. 하위 셸이 쓰이지 않는 방법은 자식 프로세스만 실행한다. 이 둘을 구분하는 가장 간단한 방법은 BASH_SUBSHELL 변수의 값을 확인하는 것이다. 하위 셸에서는 이 변수의 값이 0이 아니다. 자세한 내용은 6.4절 '자식 셸과 하위 셸'을 참조하길 바란다.
>
> ```
> $ echo $BASH_SUBSHELL           # 일반적인 실행
> 0                               # 하위 셸이 아니다
> $ (echo $BASH_SUBSHELL)         # 명시적 하위 셸
> 1                               # 하위 셸
> $ echo $(echo $BASH_SUBSHELL)   # 명령 치환
> 1                               # 하위 셸
> $ cat <(echo $BASH_SUBSHELL)    # 프로세스 치환
> 1                               # 하위 셸
> $ bash -c 'echo $BASH_SUBSHELL' # bash -c
> 0                               # 하위 셸이 아니다
> ```

⚠️ Warning 하위 셸을 의미하는 괄호를 마치 수식에서처럼 명령을 결합하는 데 쓸 수 있을 것 같지만, 그렇지 않다. 괄호 한 쌍마다 하위 셸이 실행될 뿐이다.

7.4.3 열한 번째 방법: 프로세스 교체하기

명령을 실행하면 셸은 이 명령을 별도의 프로세스에서 실행하고, 명령이 종료된 후 프로세스를 제거한다(자세한 내용은 6.2절 '부모 프로세스와 자식 프로세스'를 참고하라). 셸 내장 명령인 exec를 사용하면 이러한 구도를 바꿀 수 있다. exec 명령은 실행 중인 셸(또는 셸의 프로세스)을 원하는 새로운 명령(다른 프로세스)으로 바꿔주는 역할을 한다. 이 새로운 명령이 종료되면, 원래 셸이 사라졌으므로 다음 프롬프트가 나오지 않는다.

이를 확인하기 위해 새로운 셸을 실행하고, 프롬프트를 변경해보자.

📁 chapter07 > technique_11_process_replacement

```
$ bash                  # 자식 셸을 실행
$ PS1="Doomed> "        # 프롬프트를 변경
Doomed> echo hello      # 명령을 실행
hello
```

이제 exec 명령을 사용하면 새로 실행한 셸이 사라진다.

```
Doomed> exec ls                          # ls 명령이 자식 셸을 대체한 뒤, 실행되고, 종료된다
animals.txt
$                                        # 원래 부모 셸의 프롬프트
```

 Warning | **exec 명령의 위험성**

exec 명령을 셸에서 직접 사용하면 해당 셸이 종료된다. 터미널 창에서 실행되던 셸이었다면 창이 닫힐 것이고, 로그인 셸이었다면 시스템에서 로그아웃될 것이다.

그러면 exec 명령을 사용해야 하는 이유는 무엇일까? 프로세스를 늘리지 않으므로 시스템 자원을 절약할 수 있다는 것이 하나의 이유가 될 수 있다. 셸 스크립트에서 최적화를 위해 스크립트의 마지막 명령을 이런 식으로 실행하는 경우를 종종 볼 수 있으며, 여러 번(수십만 번 내지 수백만 번 이상) 실행해야 하는 스크립트라면 상당한 효과를 볼 수 있다.

exec 명령에는 또 다른 기능이 있다. 현재 셸의 표준 입력, 표준 출력, 표준 오류 스트림을 재지정할 수 있는 기능이다. 이 기능 역시 셸 스크립트에서 가장 유용하다. 정보를 파일로 출력하는 간단한 예제를 통해 살펴보자.

```
#!/bin/bash
echo "My name is $USER"                                       >> /tmp/outfile
echo "My current directory is $PWD"                           >> /tmp/outfile
echo "Guess how many lines are in the file /etc/hosts?"       >> /tmp/outfile
wc -l /etc/hosts                                              >> /tmp/outfile
echo "Goodbye for now"                                        >> /tmp/outfile
```

명령마다 출력을 /tmp/outfile로 리다이렉트하는 대신, exec 명령에서 표준 출력 스트림을 /tmp/outfile로 리다이렉트해두면 전체 스크립트에서 같은 효과를 볼 수 있다. 다음 명령은 표준 출력 스트림으로 출력하는 명령이다.

```
#!/bin/bash
# 이 스크립트의 표준 출력 스트림을 리다이렉트한다
exec > /tmp/outfile2
# 이 이후 명령의 출력은 /tmp/outfile2로 출력된다
echo "My name is $USER"
echo "My current directory is $PWD"
echo "Guess how many lines are in the file /etc/hosts?"
wc -l /etc/hosts
echo "Goodbye for now"
```

실제 스크립트를 실행한 다음 /tmp/outfile2의 내용을 확인하자.

```
$ cat /tmp/outfile2
My name is Smith
My current directory is /home/smith
Guess how many lines are in the file /etc/hosts?
122 /etc/hosts
Goodbye for now
```

exec를 사용할 일은 그리 많지 않겠지만, 필요할 때가 있을 것이다.

7.5 정리

이번 장에서 배운 열한 가지 방법을 포함해 이제 명령을 실행하는 열세 가지 방법을 모두 익혔다. 표 7-2는 대표적인 문제와 그에 따른 실행 방법을 정리한 것이다.

▼ 표 7-2 용도에 따른 주요 명령 작성 형태

용도	방법
표준 출력 스트림을 다른 프로그램의 표준 입력 스트림과 연결하기	파이프라인
출력된 내용을 명령에 삽입하기	명령 치환
표준 출력 대신 디스크를 통해 입력받는 프로그램에 출력 전달하기	프로세스 치환
문자열을 명령으로 실행하기	bash -c, 또는 bash로 파이핑하기
여러 개의 명령을 표준 출력 스트림으로 출력하고 실행하기	bash로 파이핑하기
비슷한 형태의 명령을 여러 개 실행하기	xargs, 또는 문자열로 명령을 구성한 뒤 bash로 파이핑하기
다른 명령의 성공 여부에 따라 명령 실행하기	조건부 리스트
동시에 여러 명령 실행하기	백그라운드 실행
다른 명령의 성공 여부에 따라 동시에 여러 명령 실행하기	조건부 리스트를 백그라운드 실행
원격 호스트에서 명령 실행하기	ssh host [명령]

◐ 계속

용도	방법
파이프라인 중간에 디렉터리 변경하기	명시적 하위 셸
시간 간격을 두고 명령 실행하기	무조건 리스트 사이에 sleep 명령 삽입하기
보호된 파일에 또는 파일로부터 리다이렉트하기	`sudo bash -c "[명령] > [파일]"`

이어지는 두 장에서는 지금까지 소개한 방법을 조합해 여러 가지 실전 문제를 해결하는 방법을 소개할 것이다.

8장
한 줄로 끝내는 명령 작성하기

8.1 한 줄로 끝내는 명령을 작성하기 위해 필요한 것

8.2 연속열에 파일명 삽입하기

8.3 파일의 쌍 확인하기

8.4 홈 디렉터리 구조로부터 CDPATH 생성하기

8.5 테스트용 파일 만들기

8.6 빈 파일 생성하기

8.7 정리

앞에서 봤던 다음과 같은 복잡한 명령을 기억하는가?

```
$ paste <(echo {1..10}.jpg | sed 's/ /\n/g') \
        <(echo {0..9}.jpg | sed 's/ /\n/g') \
  | sed 's/^/mv /' \
  | bash
```

지금부터 마법처럼 한 줄로 모든 일을 해결하는 명령을 작성하는 방법을 알아보자. 먼저 위의 명령을 분해해 각각의 요소가 어떻게 동작하는지를 하나씩 풀어 설명하겠다. 가장 안쪽의 echo 명령은 중괄호 확장을 사용해 일련의 jpg 파일의 이름을 생성한다.

📁 chapter08 〉 introduction

```
$ echo {1..10}.jpg
1.jpg  2.jpg  3.jpg ... 10.jpg
$ echo {0..9}.jpg
0.jpg  1.jpg  2.jpg ... 9.jpg
```

이 파일명을 sed로 파이핑해 공백 문자를 개행 문자로 치환한다.

```
$ echo {1..10}.jpg | sed 's/ /\n/g'
1.jpg
2.jpg
3.jpg
...
10.jpg
$ echo {0..9}.jpg | sed 's/ /\n/g'
0.jpg
1.jpg
2.jpg
...
9.jpg
```

이후 paste 명령으로 두 개의 파일명 목록을 맞붙인다. 이때 프로세스 치환을 이용해 paste 명령이 두 개의 목록을 마치 파일처럼 다룰 수 있도록 했다.

```
$ paste <(echo {1..10}.jpg | sed 's/ /\n/g') \
        <(echo {0..9}.jpg | sed 's/ /\n/g')
1.jpg   0.jpg
2.jpg   1.jpg
...
10.jpg  9.jpg
```

그다음, 출력된 각 줄의 앞에 mv를 붙여 mv 명령의 문자열을 만든다.

```
$ paste <(echo {1..10}.jpg | sed 's/ /\n/g') \
        <(echo {0..9}.jpg | sed 's/ /\n/g') \
  | sed 's/^/mv /'
mv 1.jpg        0.jpg
mv 2.jpg        1.jpg
...
mv 10.jpg       9.jpg
```

이제 이 명령의 목적이 밝혀졌다. 1.jpg부터 10.jpg까지의 그림 파일 이름을 0.jpg부터 9.jpg까지의 이름으로 바꾸는 것이다. 생성된 문자열 명령을 bash로 파이핑해 실제로 실행한다.

```
$ paste <(echo {1..10}.jpg | sed 's/ /\n/g') \
        <(echo {0..9}.jpg | sed 's/ /\n/g') \
  | sed 's/^/mv /' \
  | bash
```

한 줄로 끝내는 명령은 마치 퍼즐과도 같다. 여러 파일의 이름을 변경하는 것처럼 해결해야 할 어떤 문제가 있을 때, 여러 가지 명령을 동원해 문제를 해결하는 명령을 차근차근 작성해나가는 것이다. 이런 명령을 작성하는 것은 창의력과 리눅스 실력을 기르는 데 도움이 된다.

이번 장에서는 이 명령처럼 한 줄로 문제를 해결하는 명령을 한 단계씩 차근차근 작성해볼 것이다. 이 과정은 크게 다음과 같은 단계를 거치게 된다.

1. 문제의 일부를 해결하는 명령을 작성한다.
2. 명령의 결과를 확인한다.
3. 앞서 입력한 명령을 불러와 조금씩 수정한다.
4. 원하는 결과를 얻을 때까지 단계 2와 3을 반복한다.

이번 장의 내용이 어렵게 느껴질 수도 있다. 예제를 처음 마주할 때마다 당황스러운 느낌이 들겠지만, 한 단계씩 뜯어보며 여러분의 컴퓨터에서 명령을 직접 실행해보면 이해하기 쉬워질 것이다.

> **Note** ≡ 이번 장의 예제는 명령이 너무 길어지는 경우가 많아 역슬래시(/) 기호를 이용해 여러 줄로 나눠놓았다. 그렇다고 해도 여전히 이들 명령은 '한 줄로 끝내는 명령'이다.

8.1 한 줄로 끝내는 명령을 작성하기 위해 필요한 것

한 줄로 끝내는 명령을 작성하기 위해 필요한 것은 다음과 같다.

- 유연한 사고
- 시작점 정하기
- 작성된 명령을 테스트하기

8.1.1 유연한 사고

한 줄로 끝내는 명령을 작성하는 데 가장 중요한 것은 유연한 사고(flexibility)다. 지금까지 유용한 리눅스 명령과 이들 명령을 실행하는 다양한 방법, 명령 히스토리, 명령줄 편집 등의 주요 기능을 익혔다. 이들 도구는 여러 가지 방법으로 조합할 수 있으며, 문제를 해결하는 방법도 여러 가지가 있을 수 있다.

심지어는 아주 간단한 문제조차 여러 가지 해결 방법을 가질 수 있다. 현재 디렉터리에 있는 jpg 파일의 목록을 확인하는 방법을 생각해보자. 99.9%의 리눅스 사용자는 다음과 같은 명령을 사용할 것이다.

```
$ ls *.jpg
```

하지만 이 명령은 여러 가지 해결 방법 중 한 가지에 지나지 않는다. 예를 들어 현재 디렉터리에 있는 모든 파일의 목록을 뽑아낸 후, grep을 사용해 .jpg가 들어가는 파일만을 뽑아내는 방법이 있을 수 있다.

```
$ ls | grep '\.jpg$'
```

이 방법을 선택해야 하는 이유가 있을까? 7.3.4절의 노트 '인수의 수가 많은 경우'의 예제를 떠올려보자. 이 예제에서는 디렉터리 내 파일 수가 너무 많았기 때문에 패턴 일치 방법을 사용하면 인수 길이의 제한으로 파일명을 다 열거할 수 없었다. 파일명을 확장자로 grep하는 방법은 이러한 제한을 받지 않으면서도 비슷한 다른 문제를 모두 해결할 수 있는 일반적인 방법이다. 여기서 중요한 사실은 손에 든 도구를 잘 이해하고 유연한 사고를 통해 현재의 필요에 가장 적합한 것을 집어들어야 한다는 점이다. 이것이 바로 한 줄로 끝내는 명령을 작성하기 위한 요령이다.

다음은 모두 현재 디렉터리에서 확장자가 jpg인 파일의 목록을 확인하는 명령들이다. 각 명령이 어떤 원리로 동작하는지 차근차근 살펴보길 바란다.

```
$ echo $(ls *.jpg)
$ bash -c 'ls *.jpg'
$ cat <(ls *.jpg)
$ find . -maxdepth 1 -type f -name \*.jpg -print
$ ls > tmp && grep '\.jpg$' tmp && rm -f tmp
$ paste <(echo ls) <(echo \*.jpg) | bash
$ bash -c 'exec $(paste <(echo ls) <(echo \*.jpg))'
$ echo 'monkey *.jpg' | sed 's/monkey/ls/' | bash
$ python -c 'import os; os.system("ls *.jpg")'
```

모든 명령이 동일한 출력을 내놓는가? 아니면 조금이라도 다르게 동작하는 명령이 있는가? 여러분만의 또 다른 명령을 떠올릴 수 있는가?

8.1.2 시작점 정하기

아무리 복잡한 명령이라고 해도 처음 작성할 때는 간단한 명령에서 출발한다. 명령의 출력은 파일의 내용, 파일 내용의 일부, 디렉터리 목록, 일련의 숫자 또는 문자, 사용자의 목록, 날짜 혹은 시간, 그 외 데이터 등이 될 수 있다. 가장 먼저 해야 할 일은 명령에 사용할 초기 데이터를 생성하는 일이다.

예를 들어 영어 알파벳의 17번째 문자를 찾는 문제라면, 중괄호 확장을 이용해 만든 알파벳 전체 26개 문자가 초기 데이터가 될 수 있을 것이다.

📁 chapter08 〉think_about_where_to_start

```
$ echo {A..Z}
A B C D E F G H I J K L M N O P Q R S T U V W X Y Z
```

초기 데이터를 만들었다면 이 데이터를 목표에 맞게 가공할 수 있는 방법을 찾아야 한다. 초기 데이터를 행 또는 열 단위로 분할해야 하는가? 출력을 다른 정보와 결합해야 하는가? 출력을 다른 형태로 변환해야 하는가? 1장부터 5장까지에 걸쳐 소개했던 프로그램(grep, sed, cut 등)을 떠올려보며, 이들 프로그램을 7장에서 익힌 방법대로 사용해보자.

예를 들어 awk를 사용해 17번째 필드를 출력하는 방법이나 sed로 공백 문자를 제거하고 cut으로 17번째 문자를 바로 찾아오는 방법이 있다.

```
$ echo {A..Z} | awk '{print $(17)}'
Q
$ echo {A..Z} | sed 's/ //g' | cut -c17
Q
```

또 다른 예제로 각 달의 영어 이름을 출력하고 싶다면, 초기 데이터로 1부터 12까지의 숫자를 생성한다(마찬가지로 중괄호 확장을 사용한다).

```
$ echo {1..12}
1 2 3 4 5 6 7 8 9 10 11 12
```

그다음, 앞에 날짜 형태를 덧붙여 각 달 첫날의 날짜를 만들고 이를 date -d 명령에 전달해 각 달의 이름을 출력한다.

```
$ echo 2023-{01..12}-01 | xargs -n1 date +%B -d
January
February
March
...
December
```

현재 디렉터리의 파일 중 가장 긴 이름의 길이를 알고 싶다면, 초기 데이터는 현재 디렉터리의 파일 목록이 될 것이다.

```
$ ls
animals.txt  cartoon-mascots.txt  ...  zebra-stripes.txt
```

그러고 나서, 이 초기 데이터로부터 awk 명령을 사용해 각 파일명에 wc -c로 글자 수를 세도록 한다.

```
$ ls | awk '{print "echo -n", $0, "| wc -c"}'
echo -n "animals.txt" | wc -c
echo -n "cartoon-mascots.txt | wc -c"
...
echo -n "zebra-stripes.txt | wc -c"
```

(-n 옵션은 echo 명령에서 각 파일명의 길이를 1씩 늘어나게 만드는 개행 문자를 출력하지 않도록 한다.) 마지막으로 완성된 문자열 명령을 bash로 파이핑해 실행하고, 그 결과를 다시 정렬한 다음 그중 맨 첫 줄을 출력한다.

```
$ ls | awk '{print "echo -n", $0, "| wc -c"}' | bash | sort -nr | head -n1
27
```

이번 예제는 파이프라인을 문자열로 구성한 다음 또 다른 파이프라인에 이를 전달하는 형태라 조금 까다로웠다. 하지만 초기 데이터를 원하는 목적을 위해 가공한다는 기본적인 원칙은 동일하다.

8.1.3 작성된 명령을 테스트하기

한 줄에 끝내는 명령을 작성하려면 여러 번의 시행착오가 필요하다. 이러한 시행착오를 효율적으로 수행하려면 다음과 같은 도구가 필요하다.

명령 히스토리와 명령행 편집

시행착오를 거치는 동안 매번 비슷한 명령을 다시 입력하지 않아도 된다. 따라서 3장에서 소개한 방법을 사용해 이전에 사용한 명령을 불러오고 수정하고 재사용하라.

echo 명령으로 표현식 확인하기

표현식의 평가 결과가 미심쩍다면 echo 명령을 사용해 표현식의 평가 결과를 직접 확인하라.

ls 또는 echo 명령으로 복구 불가능한 명령을 미리 확인하기

rm, mv, cp 명령처럼 다른 파일을 덮어 쓰거나 삭제할 수 있는 명령은 echo 명령을 앞에 붙여서 해당 명령에 영향을 받을 파일이 무엇인지 사전에 확인하라(rm 대신 echo rm을 실행하면 된다). 또 다른 방법으로 rm 대신 ls를 사용해 어떤 파일이 삭제되는지 미리 확인할 수도 있다.

tee 명령으로 중간 결과 확인하기

길이가 긴 파이프라인의 중간 단계의 출력(표준 출력)을 확인하고 싶다면 tee 명령으로 해당 단계의 출력을 파일로 저장해 확인하라. 다음 명령은 command3의 결과를 outfile 파일에 저장하되, command4로 그대로 파이프라인이 진행된다.

```
$ command1 | command2 | command3 | tee outfile | command4 | command5
$ less outfile
```

8.2 연속열에 파일명 삽입하기

이번 예제는 이 장의 시작 부분에서 본 예제(jpg 파일명 변경하기)와 비슷하지만 요구 사항이 조금 더 많다. 이 예제는 내가 이 책을 집필하면서 실제로 겪었던 상황이기도 하다. 첫 번째 예제와 마찬가지로 7장에서 배운 두 가지 기법(프로세스 치환, bash로 파이핑)을 조합해 사용할 것이며, 조합한 결과는 비슷한 문제에서 재사용할 수 있다.

이 책을 집필할 때는 리눅스 컴퓨터에서 아스키닥(AsciiDoc)(https://asciidoc.org)이라는 조판용 언어를 사용했다. 이때 각 장은 별도의 파일로 작성했으며, 원래는 10개의 장이 계획돼 있었다.

📁 chapter08 〉 inserting_filename_sequence
```
$ ls
ch01.asciidoc   ch02.asciidoc   ch03.asciidoc   ch04.asciidoc   ch05.asciidoc
ch06.asciidoc   ch07.asciidoc   ch08.asciidoc   ch09.asciidoc   ch10.asciidoc
```

하지만 집필 도중에 2장과 3장 사이에 새로운 장을 추가하기로 마음먹었다. 이로 인해 파일명을 변경할 필요가 생겼다. 따라서 3장부터 10장까지는 4장부터 11장이 돼야 하고, 3장의 원고 파일(ch03.asciidoc)을 추가해야 한다. 11장부터 거슬러 올라가며 일일이 직접 파일명을 변경할 수도 있다.[1]

```
$ mv ch10.asciidoc ch11.asciidoc
$ mv ch09.asciidoc ch10.asciidoc
$ mv ch08.asciidoc ch09.asciidoc
...
$ mv ch03.asciidoc ch04.asciidoc
```

하지만 이 방법은 굉장히 귀찮다(파일 개수가 11개가 아니라 1,000개인 경우를 생각해보라!). 이런 이유로 실행할 mv 명령을 따로 생성해 bash에 파이핑하기로 마음먹었다고 가정해보자. 앞서 배웠던 mv 명령을 잘 보고 어떻게 만들어나가야 할지 생각해보자.

---

[1] ch03.asciidoc 파일부터 이름을 변경하는 방법은 위험하다. 혹시 이유를 알고 있는가? 잘 모르겠다면 touch ch{01..10}.asciidoc 명령으로 직접 파일을 생성해 확인해보길 바란다.

먼저 원래 파일명 ch03.asciidoc ~ ch10.asciidoc이 있다. 이 파일명은 중괄호 확장을 이용해 ch{10..03}.asciidoc으로 어렵지 않게 만들 수 있다. 그러나 유연성을 조금 더 보태기 위해 seq -w 명령을 사용하기로 한다.

```
$ seq -w 10 -1 3
10
09
08
...
03
```

이제 이 숫자의 연속열을 파일명으로 바꿔 sed 명령으로 파이핑하자.

```
$ seq -w 10 -1 3 | sed 's/\(.*\)/ch\1.asciidoc/'
ch10.asciidoc
ch09.asciidoc
...
ch03.asciidoc
```

이제 원래 파일명의 목록을 갖게 됐다. 같은 방법으로 변경할 새로운 이름의 목록을 만든다.

```
$ seq -w 11 -1 4 | sed 's/\(.*\)/ch\1.asciidoc/'
ch11.asciidoc
ch10.asciidoc
...
ch04.asciidoc
```

mv 명령을 만들려면 두 목록의 파일명을 붙여야 한다. 이번 장의 첫 번째 예제에서는 paste를 사용해 같은 문제를 해결했다. 그리고 프로세스 치환을 이용해 두 개의 목록을 하나의 파일처럼 다루게 했다. 여기서도 같은 방법을 사용한다.

```
$ paste <(seq -w 10 -1 3 | sed 's/\(.*\)/ch\1.asciidoc/') \
        <(seq -w 11 -1 4 | sed 's/\(.*\)/ch\1.asciidoc/')
ch10.asciidoc   ch11.asciidoc
ch09.asciidoc   ch10.asciidoc
...
ch03.asciidoc   ch04.asciidoc
```

> **Note** 위의 과정을 보면 엄청 긴 명령을 계속 입력하는 것 같지만, 사실은 명령 히스토리와 이맥스 스타일의 명령행 편집 기능을 쓰고 있어 실제 직접 입력하는 양은 그리 많지 않다. seq나 sed 명령의 줄을 paste 명령에 붙여넣는 방법은 다음과 같다.
>
> 1. 위 화살표 키를 눌러 명령 히스토리에서 이전 명령을 불러온다.
> 2. `Ctrl`+`A` 또는 `Ctrl`+`K` 키를 눌러 전체 줄을 선택한다.
> 3. paste를 입력하고 공백을 하나 추가한다.
> 4. `Ctrl`+`Y`를 두 번 눌러 seq와 sed 명령을 두 벌 복사한다.
> 5. 커서 이동 및 편집으로 두 번째 사본을 수정한다.
> 6. 계속 진행한다.

sed를 이용해 명령의 각 줄 앞에 mv를 붙여준다. 이것으로 우리가 원하는 mv 명령이 완성된다.

```
$ paste <(seq -w 10 -1 3 | sed 's/\(.*\)/ch\1.asciidoc/') \
        <(seq -w 11 -1 4 | sed 's/\(.*\)/ch\1.asciidoc/') \
    | sed 's/^/mv  /'
mv   ch10.asciidoc        ch11.asciidoc
mv   ch09.asciidoc        ch10.asciidoc
...
mv   ch03.asciidoc        ch04.asciidoc
```

마지막으로, 완성한 mv 명령을 bash로 파이핑해 실행한다.

```
$ paste <(seq -w 10 -1 3 | sed 's/\(.*\)/ch\1.asciidoc/') \
        <(seq -w 11 -1 4 | sed 's/\(.*\)/ch\1.asciidoc/') \
    | sed 's/^/mv  /' \
    | bash
```

집필 작업에도 이와 똑같은 명령을 사용했다. mv 명령을 실행하고 나면 원고 파일이 1장, 2장, 4~11장 파일이 된다. 이제 3장 원고 파일을 추가할 수 있다.

```
$ ls ch*.asciidoc
ch01.asciidoc  ch04.asciidoc  ch06.asciidoc  ch08.asciidoc  ch10.asciidoc
ch02.asciidoc  ch05.asciidoc  ch07.asciidoc  ch09.asciidoc  ch11.asciidoc
```

이와 같은 패턴은 비슷한 명령의 연속열이 필요한 상황이라면 그대로 활용할 수 있다.

1. 표준 출력 스트림으로 명령의 인수를 생성한다.
2. paste 명령으로 인수의 목록을 이어 붙여준다.

3. sed 명령으로 행의 맨 첫머리 문자(^)를 치환해서 각 행의 명령 앞에 원하는 명령과 공백 문자를 붙여준다.
4. 완성된 명령을 bash로 파이핑한다.

8.3 파일의 쌍 확인하기

이번 예제는 위키피디아(Wikipedia)와 세계의 수많은 다른 위키를 운영하는 데 사용되는 소프트웨어인 미디어위키(Mediawiki)를 사용하면서 실제로 작성했던 명령이다. 미디어위키에는 사용자들이 문서에 포함시킬 이미지를 업로드하는 기능이 있다. 대부분의 사용자들은 웹 폼을 통해 대화창으로 파일을 선택해 업로드하고, 파일에 추가할 설명을 기재하는 방식으로 수동으로 업로드 절차를 진행한다. 반면 위키 관리자는 조금 더 자동화된 방식을 쓸 수 있다. 전체 디렉터리를 읽고 디렉터리에 담긴 이미지 파일을 일괄 업로드하는 방식이다. 각 이미지 파일(예를 들어 bald_eagle.jpg)은 해당 이미지에 대한 설명이 들어 있는 텍스트 파일(예를 들어 bald_eagle.txt)과 짝이 맞아야 한다.

이런 식으로 수백 개의 이미지 파일과 텍스트 파일이 있는 디렉터리가 있다고 가정해보자. 우리는 이 디렉터리에 있는 모든 이미지 파일이 자신과 짝을 이루는 텍스트 파일을 갖고 있는지 확인하려고 한다. 다음과 같이 규모는 작아졌지만 비슷한 디렉터리가 있다.

📁 chapter08 〉 checking_matched_pairs 〉 original

```
$ ls
bald_eagle.jpg   blue_jay.jpg    cardinal.txt   robin.jpg   wren.jpg
bald_eagle.txt   cardinal.jpg    oriole.txt     robin.txt   wren.txt
```

제 짝이 없는 파일이 있는지 확인하는 두 가지 방법을 찾아보자. 첫 번째 방법은 이미지 파일과 텍스트 파일을 위한 두 개의 파일 목록을 만들고 cut 명령으로 확장자를 제거하는 것이다.

```
$ ls *.jpg | cut -d. -f1
bald_eagle
blue_jay
cardinal
robin
```

```
   wren
$ ls *.txt | cut -d. -f1
bald_eagle
blue_jay
cardinal
robin
wren
```

그다음에는 두 목록을 프로세스 치환을 사용해 diff 명령으로 비교한다.

```
$ diff <(ls *.jpg | cut -d. -f1) <(ls *.txt | cut -d. -f1)
2d1
< blue_jay
3a3
> oriole
```

첫 번째 목록에서는 oriole(oriole.jpg)이 빠졌고 두 번째 목록에서는 blue_jay(blue_jay.txt)가 빠졌다는 것을 알았다. 여기서 멈출 수도 있지만, 조금 더 일목요연한 결과를 만들어보자. grep 명령으로 <또는 >로 시작하는 줄을 뺀 나머지를 제거한다.

```
$ diff <(ls *.jpg | cut -d. -f1) <(ls *.txt | cut -d. -f1) \
  | grep '^[<>]'
< blue_jay
> oriole
```

여기에 다시 awk 명령으로 파일명($2)에 확장자를 돌려놓는다. 확장자는 앞의 기호(< 또는 >)를 따라 결정한다.

```
$ diff <(ls *.jpg | cut -d. -f1) <(ls *.txt | cut -d. -f1) \
  | grep '^[<>]' \
  | awk '/^</{print $2 ".jpg"} /^>/{print $2 ".txt"}'
blue_jay.jpg
oriole.txt
```

이제 짝이 맞지 않는 파일의 목록을 구할 수 있게 됐다. 그런데 이 방법에는 한 가지 문제가 있다. 현재 디렉터리에 yellow.canary.jpg라는 파일이 있다고 하자. 이 파일의 이름에는 점(.)이 두 번 들어간다. 따라서 다음과 같은 오동작을 일으킬 것이다.

```
blue_jay.jpg
oriole.txt
yellow.jpg                    # 이 파일명은 잘못됐다
```

이 오동작은 cut 명령이 확장자를 제거할 때 무조건 첫 번째 점 뒤의 문자를 제거하기 때문이다. 이로 인해 yellow.canary.jpg의 이름에서 확장자를 제거하면, 잘못 제거돼서 의도했던 yellow.canary가 아니라 yellow가 된다. 이 문제를 해결하기 위해서는 cut 대신 sed를 사용해 마지막 점 뒤의 문자를 제거하도록 하면 된다.

📁 chapter08 〉 checking_matched_pairs 〉 with_yellow_canary

```
$ diff <(ls *.jpg | sed 's/\.[^.]*$//') \
       <(ls *.txt | sed 's/\.[^.]*$//') \
  | grep '^[<>]' \
  | awk '/^</{print $2 ".jpg"} /^>/{print $2 ".txt"}'
blue_jay.txt
oriole.jpg
yellow.canary.txt
```

첫 번째 방법을 완성했다. 두 번째 방법은 이와 다른 방법을 사용한다. 두 개의 파일 목록을 diff 명령으로 비교하는 대신, 하나의 목록을 만들어 짝이 맞는 파일의 이름을 제거하는 방법이다. 이를 위해 먼저 sed 명령으로 파일명에서 확장자를 제거한다(여기까지는 앞과 같은 방법이다). 그다음에는 uniq -c 명령으로 각 문자열의 출현 횟수를 센다.

```
$ ls *.{jpg,txt} \
  | sed 's/\.[^.]*$//' \
  | uniq -c
      2 bald_eagle
      1 blue_jay
      2 cardinal
      1 oriole
      2 robin
      2 wren
      1 yellow_canary
```

각 줄의 앞에 2가 오면 짝이 맞는 파일이고 1이 오면 짝이 맞지 않는 파일이다. awk를 사용해 다시 1로 시작하는 줄을 골라낸다. 그리고 각 줄에서 두 번째 필드(파일명)만 출력한다.

```
$ ls *.{jpg,txt} \
  | sed 's/\.[^.]*$//' \
  | uniq -c \
  | awk '/^ *1 /{print $2}'
blue_jay
oriole
yellow_canary
```

마지막으로, 제거했던 확장자를 다시 되돌려놓는다. 복잡한 문자열 처리를 할 필요 없이 ls 명령에서 실제 존재하는 파일의 확장자를 가져오면 된다. awk 명령이 각 파일명의 끝에 애스터리스크(*) 기호를 붙여준다.

```
$ ls *.{jpg,txt} \
  | sed 's/\.[^.]*$//' \
  | uniq -c \
  | awk '/^ *1 /{print $2 "*"}'
blue_jay*
oriole*
yellow_canary*
```

그리고 이 결과를 명령 치환 기능으로 ls에 전달한다. 셸이 패턴 일치를 수행하고, ls 명령에서 짝이 맞지 않는 파일의 이름이 출력된다. 이렇게 하면 끝이다!

```
$ ls -1 $(ls *.{jpg,txt} \
  | sed 's/\.[^.]*$//' \
  | uniq -c \
  | awk '/^ *1 /{print $2 "*"}')
blue_jay.jpg
oriole.txt
yellow_canary.jpg
```

8.4 홈 디렉터리 구조로부터 CDPATH 생성하기

4.1.5절 '빠른 이동을 위한 홈 디렉터리 구성하기'에서는 복잡한 CDPATH 설정을 직접 작성했다. 먼저 $HOME부터 시작해 $HOME의 하위 디렉터리로 이어지고, 마지막에는 상대 경로 ..(부모 디렉터리)을 추가했다.

```
CDPATH=$HOME:$HOME/Work:$HOME/Family:$HOME/Finances:$HOME/Linux:$HOME/Music:..
```

이러한 설정을 바로 bash 설정 파일에 삽입할 수 있는 형태로 한 번에 생성하는 명령을 작성해보자. 먼저 $HOME 디렉터리의 하위 디렉터리 목록을 초기 데이터로 삼는다. 이때 현재 셸의 작업 디렉터리가 바뀌지 않도록 하위 셸에서 진행한다.

```
$ (cd && ls -d */)
Family/  Finances/  Linux/  Music/  Work/
```

그리고 sed 명령으로 각 하위 디렉터리명 앞에 $HOME을 붙여준다.

```
$ (cd && ls -d */) | sed 's/^/$HOME\//g'
$HOME/Family/
$HOME/Finances/
$HOME/Linux/
$HOME/Music/
$HOME/Work/
```

앞의 명령에서 sed 부분은 패턴의 구분자로 슬래시(/)가 쓰이기 때문에 가독성이 좋지 않다. 치환 문자열에 $HOME/\와 같이 이스케이프를 한 이유도 이 때문이다. 5.4.3절의 노트 '치환과 슬래시'에서 설명했듯이 sed는 원하는 문자를 구분자로 삼을 수 있다. 여기서는 슬래시 대신 @ 기호를 패턴의 구분자로 사용할 것이다.

```
$ (cd && ls -d */) | sed 's@^@$HOME/@g'
$HOME/Family/
$HOME/Finances/
$HOME/Linux/
$HOME/Music/
$HOME/Work/
```

그다음, 마지막의 슬래시 문자를 다시 sed 명령으로 제거한다.

```
$ (cd && ls -d */) | sed -e 's@^@$HOME/@' -e 's@/$@@'
$HOME/Family
$HOME/Finances
$HOME/Linux
$HOME/Music
$HOME/Work
```

결과를 echo 명령으로 한 줄에 출력한다. 명령 치환은 원래 하위 셸을 생성하므로 cd와 ls를 감싸던 명시적 하위 셸은 더 이상 필요하지 않다. 괄호를 제거한다.

```
$ echo $(cd && ls -d */ | sed -e 's@^@$HOME/@' -e 's@/$@@')
$HOME/Family $HOME/Finances $HOME/Linux $HOME/Music $HOME/Work
```

그리고 맨 앞에 $HOME을, 맨 마지막에 ..을 추가한다.

```
$ echo '$HOME' \
     $(cd && ls -d */ | sed -e 's@^@$HOME/@' -e 's@/$@@') \
     ..
$HOME $HOME/Family $HOME/Finances $HOME/Linux $HOME/Music $HOME/Work ..
```

그리고 파이핑을 이용해 공백 문자를 콜론(:)으로 치환한다.

```
$ echo '$HOME' \
     $(cd && ls -d */ | sed -e 's@^@$HOME/@' -e 's@/$@@') \
     .. \
     | tr ' ' ':'
$HOME:$HOME/Family:$HOME/Finances:$HOME/Linux:$HOME/Music:$HOME/Work:..
```

여기까지의 결과 앞에 환경변수명인 CDPATH를 붙여준다. 이것으로 bash 설정 파일에 추가할 환경변수의 정의가 완성됐다. 이 명령을 스크립트에 저장해두면 $HOME의 하위 디렉터리를 새로 만들 때마다 CDPATH의 정의에 새로 만든 하위 디렉터리를 반영할 수 있다.

```
$ echo 'CDPATH=$HOME' \
     $(cd && ls -d */ | sed -e 's@^@$HOME/@' -e 's@/$@@') \
     .. \
     | tr ' ' ':'
CDPATH=$HOME:$HOME/Family:$HOME/Finances:$HOME/Linux:$HOME/Music:$HOME/Work:..
```

8.5 테스트용 파일 만들기

소프트웨어 산업에서 가장 흔한 업무는 테스팅일 것이다. 테스팅이란 다양한 데이터를 프로그램에 입력하고 프로그램이 의도한 대로 동작하는지 검증하는 업무를 말한다. 다음 예제는 소프트웨어 테스트에 쓰일 무작위 텍스트가 담긴 1,000개의 파일을 생성한다. 1,000개라고 했지만, 임의의 숫자도 가능하므로 원하는 만큼의 파일을 생성할 수 있다.

여기서는 큰 용량의 텍스트 파일에서 무작위로 단어를 선택해 임의의 길이의 텍스트가 담긴 파일을 생성하는 방법을 쓸 것이다. 여기에 가장 적합한 데이터는 시스템 디렉터리에 있는 /usr/share/dict/words 파일로, 한 줄에 하나씩 총 102,305개의 단어를 담고 있다.

```
$ wc -l /usr/share/dict/words
102305 /usr/share/dict/words
```

이 작업을 수행하는 한 줄 명령을 만들려면 다음 네 개의 퍼즐을 풀어야 한다.

1. 사전 파일의 내용을 무작위로 섞기
2. 사전 파일에서 무작위 숫자의 줄을 선택하기
3. 결과를 담을 출력 파일을 생성하기
4. 1,000번(원하는 파일의 개수만큼) 위 과정을 반복하기

사전 파일의 내용을 무작위로 섞기 위해 직관적인 이름을 갖고 있는 shuf 명령을 사용하겠다. shuf /share/dict/words 명령의 출력은 10만 줄이 넘어가므로 head 명령으로 그중에서 앞의 일부만을 추려 사용하자.

```
$ shuf /usr/share/dict/words | head -n3
evermore
shirttail
tertiary
$ shuf /usr/share/dict/words | head -n3
interactively
opt
perjurer
```

이것으로 첫 번째 퍼즐은 풀었다. 이번에는 무작위로 섞인 사전 파일에서 임의의 수의 줄을 골라낼 차례다. shuf 명령의 -n 옵션은 주어진 숫자만큼의 줄을 출력하는 기능을 한다. 하지만 우리는 이 값이 매번 변하길 원한다. 다행히도 bash에는 RANDOM이라는 변수가 있어 0부터 32,767까지의 정수 중 하나를 담고 있다. 또한, 이 변수의 값을 한 번 읽으면 변수의 값이 바뀐다.

```
$ echo $RANDOM $RANDOM $RANDOM
7855 11134 262
```

그러므로 shuf -n $RANDOM을 사용하면 무작위 개수만큼의 줄을 출력할 수 있다. 이번에도 출력 내용이 매우 길 것이므로, wc -l 명령에 파이핑해서 매번 추출한 분량의 줄 수가 달라지는지만 확인하자.

```
$ shuf -n $RANDOM /usr/share/dict/words | wc -l
9922
$ shuf -n $RANDOM /usr/share/dict/words | wc -l
32465
```

두 번째 퍼즐도 무사히 해결했다. 이번에는 1,000개의 출력 파일을 서로 다른 이름으로 만들 차례다. 이를 위해 숫자와 문자로 구성된 무작위 문자열을 생성하는 pwgen 명령을 사용한다.

```
$ pwgen
eng9nooG ier6YeVu AhZ7naeG Ap3quail poo2Ooj9 OYiuri9m iQuash0E voo3Eph1
IeQu7mi6 eipaC2ti exah8iNg oeGhahm8 airooJ8N eiZ7neez Dah8Vooj dixiV1fu
Xiejoti6 ieshei2K iX4isohk Ohm5gaol Ri9ah4eX Aiv1ahg3 Shaew3ko zohB4geu
...
```

pwgen의 -N1 옵션은 문자열을 하나만 생성하라는 뜻이다. 또한, 추가로 생성할 문자열의 길이를 지정할 수 있다.

```
$ pwgen -N1 10
ieb2ESheiw
```

문자열을 텍스트 파일의 이름으로 쓸 수 있도록 확장자를 추가한다.

```
$ echo $(pwgen -N1 10).txt
ohTie8aifo.txt
```

세 번째 퍼즐도 해결했다! 지금까지의 결과를 엮어 무작위 텍스트 파일 하나를 생성할 수 있다. shuf 명령의 -o 옵션으로 출력 파일을 지정한다.

```
$ mkdir -p /tmp/randomfiles && cd /tmp/randomfiles
$ shuf -n $RANDOM -o $(pwgen -N1 10).txt /usr/share/dict/words
```

결과를 확인해보자.

```
$ ls                        # 생성된 파일의 목록 확인
Ahxiedie2f.txt
$ wc -l Ahxiedie2f.txt      # 생성된 파일의 줄 수는?
13544 Ahxiedie2f.txt
$ head -n3 Ahxiedie2f.txt   # 생성된 파일의 앞부분 내용을 확인
saviors
guerillas
forecaster
```

괜찮은 것 같다. 퍼즐의 마지막 문제는 이 shuf 명령을 1,000번 반복하는 것뿐이다. 이제 반복문을 사용한다.

```
for i in {1..1000}; do
    shuf -n $RANDOM -o $(pwgen -N1 10).txt /usr/share/dict/words
done
```

그런데 이 상태로는 한 줄 명령이라고 하기 어렵다. 이것 대신 명령을 문자열로 생성한 다음 bash로 파이핑하는 방법을 써보자. 시험 삼아 원하는 명령을 echo로 출력해본다. 이때 $RANDOM 변수의 값이 평가되거나 pwgen 명령이 실행되지 않도록 작은따옴표로 감싸야 한다.

```
$ echo 'shuf -n $RANDOM -o $(pwgen -N1 10).txt /usr/share/dict/words'
shuf -n $RANDOM -o $(pwgen -N1 10).txt /usr/share/dict/words
```

이 명령은 어렵지 않게 bash로 파이핑할 수 있다.

```
$ echo 'shuf -n $RANDOM -o $(pwgen -N1 10).txt /usr/share/dict/words' | bash
$ ls
eiFohpies1.tx
```

yes 명령과 head 명령으로 이 명령을 1,000번 출력해 bash로 파이핑한다. 이렇게 하면 네 번째 퍼즐도 해결할 수 있다.

```
$ yes 'shuf -n $RANDOM -o $(pwgen -N1 10).txt /usr/share/dict/words' \
    | head -n 1000 \
    | bash
$ ls
Aen1lee0ir.txt  IeKaveixa6.txt  ahDee9lah2.txt  paeR1Poh3d.txt
Ahxiedie2f.txt  Kas8ooJahK.txt  aoc0Yoohoh.txt  sohl7Nohho.txt
CudieNgee4.txt  Oe5ophae8e.txt  haiV9mahNg.txt  uchiek3Eew.txt
...
```

무작위 텍스트 파일이 아니라 무작위 이미지 파일을 원한다면, 이 명령의 구조(yes, head와 bash)는 그대로 두고 shuf 명령만을 무작위 이미지를 생성하는 명령으로 교체하면 된다. 다음 코드는 스택 오버플로에서 마크 세첼(Mark Setchell)이 작성한 한 줄 명령(https://oreil.ly/ruDwG) 솔루션을 적용해본 것이다. 이 한 줄 명령에서는 ImageMagick 패키지에 포함된 convert 명령을 사용해 100×100 픽셀 크기를 갖는 여러 색의 정사각형으로 구성된 무작위 이미지를 생성한다.

```
$ yes 'convert -size 8x8 xc: +noise Random -scale 100x100 $(pwgen -N1 10).png' \
  | head -n 1000 \
  | bash
$ ls
Bahdo4Yaop.png  Um8ju8gie5.png  aing1QuaiX.png  ohi4ziNuwo.png
Eem5leijae.png  Va7ohchiep.png  eiMoog1kou.png  ohnohwu4Ei.png
Eozaing1ie.png  Zaev4Quien.png  hiecima2Ye.png  quaepaiY9t.png
...
$ display Bahdo4Yaop.png          # 첫 번째 이미지 파일 보기
```

8.6 빈 파일 생성하기

때로는 이름이 다른 여러 개의 파일만 있다면, 아예 이들 파일이 비어 있는 파일이어도 상관없는 경우가 있다. 예를 들어 file0001.txt부터 file1000.txt까지 1,000개의 파일을 만드는 방법은 다음과 같이 간단하다.

```
$ mkdir /tmp/empties          # 빈 파일이 위치할 디렉터리를 생성한다
$ cd /tmp/empties
$ touch file{01..1000}.txt    # 빈 파일을 생성한다
```

조금 더 의미 있는 파일명을 원한다면, 시스템 사전 파일에서 무작위로 뽑은 단어로 파일명을 지을 수도 있다. 편의상 grep 명령으로 소문자만으로 구성된 문자열(공백 문자, 아포스트로피 (apostrophe) 등 셸에서 다른 의미를 갖는 문자는 포함하지 않는)만을 골라낸다.

```
$ grep '^[a-z]*$' /usr/share/dict/words
a
aardvark
aardvarks
...
```

그리고 이들 이름을 shuf 명령으로 섞은 다음 앞에서부터 1,000개를 다시 골라낸다.

```
$ grep '^[a-z]*$' /usr/share/dict/words | shuf | head -n1000
triplicating
quadruplicates
```

```
podiatrists
...
```

마지막으로, 이 결과를 xargs로 파이핑해 touch 명령으로 이들 이름을 가진 파일을 생성한다.

```
$ grep '^[a-z]*$' /usr/share/dict/words | shuf | head -n1000 | xargs touch
$ ls
abases      distinctly    magnolia       sadden
abets       distrusts     maintaining    sales
aboard      divided       malformation   salmon
...
```

8.7 정리

이번 장에서 소개한 예제가 여러분이 한 줄 명령을 작성하는 방법을 익히는 데 도움이 됐길 바란다. 그중에서 재사용 가능한 패턴은 다른 상황에서도 두고두고 도움이 될 것이다.

팁을 한 가지 더 주자면, 한 줄 명령만이 중요한 것은 아니다. 한 줄 명령은 명령행을 효율적으로 다루기 위한 한 가지 방법에 지나지 않는다. 가끔은 셸 스크립트를 작성하는 쪽이 더 도움이 되는 경우도 있고, 펄(Perl)이나 파이썬 같은 프로그래밍 언어를 사용하는 쪽이 더 나은 경우도 있다. 그럼에도 한 줄 명령은 빠르고 우아한 해결책으로 중요한 문제를 해결하는 실력을 갖추는 데 반드시 꼭 필요한 기술이다.

9장

텍스트 파일 활용하기

9.1 첫 번째 예제: 파일 찾기

9.2 두 번째 예제: 도메인 만료 일자 확인하기

9.3 세 번째 예제: 지역 코드 데이터베이스 구축하기

9.4 네 번째 예제: 패스워드 관리 도구 만들기

9.5 정리

일반 텍스트는 여러 리눅스 시스템에서 가장 흔히 쓰이는 데이터 포맷이다. 파이프라인을 통해 명령과 명령 사이를 오가는 데이터의 대부분은 텍스트다. 프로그래머가 작성하는 소스 코드, /etc 디렉터리에 담긴 시스템 설정 파일, HTML 파일과 마크다운(Markdown) 파일도 텍스트 파일이다. 이메일 역시 텍스트 파일이다. 심지어 이메일에 포함되는 첨부 파일조차 내부적으로는 텍스트로 변환돼 전송된다. 우리가 일상적으로 작성하는 쇼핑 리스트나 개인적인 메모 또한 텍스트라고 볼 수 있다.

끊임없이 스트리밍되는 음성 및 영상, 소셜 미디어 포스팅, 구글 독스나 오피스 365, PDF 파일처럼 브라우저 내에서 작성되거나 열람할 수 있는 문서 등으로 점철된 오늘날의 인터넷을 생각해보면, 일반 텍스트가 오히려 눈에 띌 지경이다.

그럼에도 불구하고 모든 텍스트 파일은 세심하게 작성된 리눅스 명령을 이용해 유용한 정보를 캐낼 수 있는 정보의 원천이 될 수 있다. 특히 구조화된 텍스트 파일이라면 그 가치는 더욱 높다. 예를 들어 /etc/passwd 파일의 각 줄은 리눅스 사용자 계정 하나를 나타내며 한 줄에 사용자명, 숫자로 된 식별자, 홈 디렉터리 등과 같은 일곱 가지 정보를 담고 있다. 이들 필드는 콜론으로 구분되며 이러한 구조 덕분에 `cut -d:` 명령 또는 `awk -F:` 명령으로 어렵지 않게 파싱할 수 있다. 다음 명령은 모든 사용자명을 알파벳순으로 출력한 것이다.

📁 chapter09

```
$ cut -d: -f1 /etc/passwd | sort
avahi
backup
daemon
...
```

이 중에서 일반 사용자 계정과 시스템 계정을 구분해 일반 사용자 계정의 사용자에게 환영 이메일을 보내려고 한다. 이러한 작업을 수행하는 한 줄 명령을 단계별로 작성해보자. 먼저 awk 명령으로 계정 식별자(필드 #3)의 값이 1,000보다 큰 일반 사용자의 사용자명(필드 #1)을 출력한다.

```
$ awk -F: '$3>=1000 {print $1}' /etc/passwd
jones
smith
```

그다음, xargs 명령으로 사용자명이 포함된 인사 메시지를 생성한다.

```
$ awk -F: '$3>=1000 {print $1}' /etc/passwd \
  | xargs -I@ echo "Hi there, @!"
Hi there, jones!
Hi there, smith!
```

그리고 이 인사 메시지를 파이핑해서 메일로 전송하는 mail 명령의 문자열을 작성한다. 이 명령은 -s 옵션으로 지정한 메시지를 이메일로 지정된 사용자에게 전달한다.

```
$ awk -F: '$3>=1000 {print $1}' /etc/passwd \
  | xargs -I@ echo 'echo "Hi there, @!" | mail -s greetings @'
echo "Hi there, jones!" | mail -s greetings jones
echo "Hi there, smith!" | mail -s greetings smith
```

마지막으로, 생성된 명령을 bash로 파이핑해서 실행한다.

```
$ awk -F: '$3>=1000 {print $1}' /etc/passwd \
  | xargs -I@ echo 'echo "Hi there, @!" | mail -s greetings @' \
  | bash
echo "Hi there, jones!" | mail -s greetings jones
echo "Hi there, smith!" | mail -s greetings smith
```

이 책의 다른 예제와 마찬가지로, 조금 전의 예제 역시 이미 있는 텍스트 파일의 내용으로부터 시작해 이 정보를 여러 명령으로 가공하는 과정이었다. 이번에는 접근법을 바꿔 리눅스 명령과 함께 사용하기 좋은 새로운 텍스트 파일을 설계해보려고 한다.[1] 이 방법은 리눅스 시스템에서 효율적인 작업을 할 수 있는 필승 전략이다. 다음 네 단계를 따르면 된다.

1. 데이터와 관련돼 있으며 해결이 필요한 실제 문제를 확인한다.
2. 데이터를 다루기 쉬운 포맷으로 텍스트 파일에 저장한다.
3. 파일을 처리해 문제를 해결하는 리눅스 명령을 작성한다.
4. (선택 사항) 작성한 명령을 스크립트, 별명, 함수 등으로 정의해 사용하기 편하게 한다.

이번 장에서는 구조화된 텍스트 파일을 만들고 이 파일을 처리하는 명령을 작성해 당면한 문제를 해결하는 방법을 소개한다.

---

1 이미 작성된 쿼리와 함께 동작할 수 있는 데이터베이스 스키마를 설계하는 것과 비슷하다고 할 수 있다.

9.1 첫 번째 예제: 파일 찾기

여러분의 홈 디렉터리에 수천 개나 되는 파일과 하위 디렉터리가 있어서 어떤 파일을 어디에 뒀는지 잊는 경우가 잦다고 가정해보자. find 명령은 파일의 이름(이를테면 animals.txt)으로 파일을 찾아주는 기능을 한다.

```
$ find $HOME -name animals.txt -print
/home/smith/Work/Writing/Books/Lists/animals.txt
```

하지만 find 명령은 여러분의 홈 디렉터리 전체를 뒤져야 하기 때문에 속도가 느리다. 또 여러분이 파일의 위치를 잊는 경우가 자주 있으므로 이 속도로는 매번 사용하기가 곤란하다. 이제 1단계로 해결해야 할 문제와 그와 관련된 데이터를 발견했으며, 이름을 기준으로 홈 디렉터리 안에서 파일을 빠르게 찾을 방법이 필요하다.

2단계는 데이터를 텍스트 파일에 다루기 편리한 포맷으로 저장하는 것이다. find 명령을 한 번 실행해 홈 디렉터리 내 모든 파일과 디렉터리의 목록을 만든다. 한 줄에 파일 하나의 정보가 담기는 포맷으로, 숨김 파일로 저장한다.

```
$ find $HOME -print > $HOME/.ALLFILES
$ head -n3 $HOME/.ALLFILES
/home/smith
/home/smith/Work
/home/smith/Work/resume.pdf
...
```

이제 우리가 원하는 데이터를 만들었다. 줄 단위로 작성된 홈 디렉터리 내 모든 파일의 색인이다. 3단계는 파일 검색을 빠르게 수행할 수 있는 리눅스 명령을 작성하는 것이다. 여기서는 grep을 사용하기로 한다. 전체 디렉터리 구조를 훑는 것보다 텍스트 파일 하나를 훑는 편이 처리 속도 면에서 훨씬 빠르다.

```
$ grep animals.txt $HOME/.ALLFILES
/home/smith/Work/Writing/Books/Lists/animals.txt
```

마지막 4단계는 작성한 명령을 사용하기 편하게 하는 것이다. grep 명령이 담긴 스크립트를 ff('find file'을 의미한다)라고 이름 짓는다(예제 9-1).

예제 9-1 ff 스크립트의 내용

```
#!/bin/bash
# $@은 스크립트에 전달된 모든 인수를 의미한다
grep "$@" $HOME/.ALLFILES
```

이 스크립트 파일을 실행 가능 파일로 만들고, 홈 디렉터리 내 bin 디렉터리처럼 탐색 경로에 포함되는 디렉터리에 둔다.

```
$ chmod +x ff
$ echo $PATH                              # 탐색 경로 확인
/home/smith/bin:/usr/local/bin:/usr/bin:/bin
$ mv ff ~/bin
```

이제 ff 스크립트를 사용해 빠르게 파일을 찾을 수 있다.

```
$ ff animal
/home/smith/Work/Writing/Books/Lists/animals.txt
$ ff -i animal | less                     # 대소문자를 구분하지 않는 grep
/home/smith/Work/Writing/Books/Lists/animals.txt
/home/smith/Vacations/Zoos/Animals/pandas.txt
/home/smith/Vacations/Zoos/Animals/tigers.txt
...
$ ff -i animal | wc -l                    # 일치하는 파일의 개수를 확인한다
16
```

find 명령을 자주 실행해 색인을 업데이트해야 한다(cron 명령을 이용해 주기적으로 실행하게 해두면 더욱 좋다. 자세한 내용은 11.2.2절 'cron, crontab, at 익히기'에서 설명하겠다). 자, 두 가지 리눅스 명령만을 사용해 빠르고 유연한 파일 검색 유틸리티를 간단히 만들어냈다. 리눅스 운영체제에는 locate 같은 명령이나 그놈, KDE 플라스마 같은 데스크톱 환경 등에서 제공하는 파일 검색 유틸리티가 있다. 하지만 직접 필요한 도구를 만들어 쓰는 것이 얼마나 간단한지 보여주고 싶었다. 성공의 핵심 비결은 간단한 구조의 텍스트 파일을 만드는 것이었다.

9.2 두 번째 예제: 도메인 만료 일자 확인하기

이번 예제는 도메인 등록 갱신을 위한 만료 일자 확인이다. 첫 번째 단계로는 먼저 문제와 데이터가 무엇인지 확인한다. 두 번째 단계로는 도메인 이름이 담긴 파일을 만든다. domains.txt 같은 이름이 좋겠다. 다음과 같은 형식으로 한 줄에 도메인 하나의 정보를 담는다.

```
example.com
oreilly.com
efficientlinux.com
...
```

세 번째 단계는 이 텍스트 파일을 활용해 각 도메인의 만료 일자를 확인하는 리눅스 명령을 작성하는 것이다. 도메인 이름을 인수로 도메인의 등록 정보를 확인하는 명령인 whois 명령을 사용해보자.

📁 chapter09 > check_domain_expiration

```
$ whois example.com | less
Domain Name: EXAMPLE.COM
Registry Domain ID: 2336799_DOMAIN_COM-VRSN
Registrar WHOIS Server: whois.iana.org
Updated Date: 2021-08-14T07:01:44Z
Creation Date: 1995-08-14T04:00:00Z
Registry Expiry Date: 2022-08-13T04:00:00Z
...
```

도메인 등록 만료 일자는 'Registry Expiry Date'라는 문자열 뒤에서 찾아볼 수 있다. 이 부분을 grep 명령과 awk 명령으로 추출해보자.

```
$ whois example.com | grep 'Registry Expiry Date:'
Registry Expiry Date: 2024-08-13T04:00:00Z
$ whois example.com | grep 'Registry Expiry Date:' | awk '{print $4}'
2024-08-13T04:
```

추출한 텍스트를 date --date 명령으로 이해하기 쉬운 날짜 형식으로 변환해보자.

```
$ date --date 2022-08-13T04:00:00Z
Tue Aug 13 00:00:00 EDT 2024
$ date --date 2022-08-13T04:00:00Z +'%Y-%m-%d'        # 연도-월-일 형식으로 변환한다
2024-08-13
```

whois 명령에서 뽑은 문자열 텍스트를 명령 치환을 이용해 date 명령으로 전달한다.

```
$ echo $(whois example.com | grep 'Registry Expiry Date:' | awk '{print $4}')
2024-08-13T04:00:00Z
$ date \
   --date $(whois example.com \
          | grep 'Registry Expiry Date:' \
          | awk '{print $4}') \
   +'%Y-%m-%d'
2024-08-13
```

이제 도메인 등록 기관으로부터 만료 일자를 질의해 만료 일자, 탭, 도메인 네임의 구조로 출력하는 명령을 작성했다. 이 명령을 check-expiry 파일에 스크립트로 저장해보자(예제 9-2).

```
$ ./check-expiry example.com
2024-08-13   example.com
```

예제 9-2 check-expiry 스크립트의 내용

```
#!/bin/bash
expdate=$(date \
          --date $(whois "$1" \
                 | grep 'Registry Expiry Date:' \
                 | awk '{print $4}') \
          +'%Y-%m-%d')
echo "$expdate   $1"          # 두 값을 탭으로 구분한다
```

이제 domains.txt 파일에 저장된 모든 도메인의 만료 일자를 확인하자. 새로운 스크립트 check-expiry-all을 작성해보자(예제 9-3).

예제 9-3 check-expiry-all 스크립트의 내용

```
#!/bin/bash
cat domains.txt | while read domain; do
    ./check-expiry "$domain"
    sleep 5                          # 도메인 등록 기관의 서버에 무리를 주지 않도록 주의
done
```

이 스크립트를 백그라운드로 실행한 후에(관리하는 도메인이 많으면 실행에 오랜 시간이 걸릴 수 있다) 출력(표준 출력 및 표준 오류 스트림)을 파일로 리다이렉트한다.

```
$ ./check-expiry-all &> expiry.txt &
```

스크립트 실행이 끝나면 expiry.txt 파일에 우리가 원하는 정보가 담겨 있다.

```
$ cat expiry.txt
2024-08-13      example.com
2024-05-26      oreilly.com
2024-09-17      efficientlinux.com
...
```

야호! 하지만 여기서 멈추기는 아직 이르다. expiry.txt 파일 역시 후속 처리가 가능할 만큼 구조화가 잘된(탭으로 구분된 두 개의 필드) 파일이다. 예를 들어 가장 가까운 시일 내에 갱신이 필요한 도메인이 무엇인지 확인하고 싶다면 다음과 같이 할 수 있다.

```
$ sort -n expiry.txt | head -n1
2024-05-26      oreilly.com
```

이 외에도 awk 명령을 사용해 만료일이 오늘이거나 이미 지난 도메인을 찾을 수도 있다. 만료 일자(첫 번째 필드)가 오늘 날짜보다 작거나 같은지 확인하면 된다(date +%Y-%m-%d와 비교).

```
$ awk "\$!<=\"$(date +%Y-%m-%d)\"" expiry.txt
```

위의 awk 명령에서 몇 가지 짚고 갈 것이 있다.

- 셸 대신 awk가 직접 파싱할 수 있도록 달러 기호를 이스케이프하고 날짜 문자열을 큰따옴표(겹따옴표)로 감쌌다.
- 날짜 비교를 문자열 대소 비교 연산자(<=)로 수행하는 꼼수를 썼다. 이 연산자는 수학 연산자가 아니라 문자열의 대소 비교를 하는 연산자다. 하지만 YYYY-MM-DD 포맷의 날짜 문자열은 문자열로서의 알파벳 순서와 대응하는 날짜의 시간적 순서가 일치하므로 이 방법을 쓸 수 있었다.

시간을 조금 더 들인다면, awk를 이용해 도메인의 만료 날짜를 계산한 후 정해진 기간 전에 여러분에게 미리 알려주는 기능을 만들 수도 있다. 따라서 자유롭게 여러 가지를 시도하길 바란다. 여기서 가장 중요한 점은 텍스트 파일과 몇 가지 명령을 조합해 유용한 유틸리티를 손쉽게 만들어낼 수 있다는 점이다.

9.3 세 번째 예제: 지역 코드 데이터베이스 구축하기

이번 예제는 다양한 가공이 가능한 세 개의 필드를 갖는 텍스트 파일을 다룬다. 이 파일의 이름은 areacodes.txt로, 미국 내 전화번호의 지역별 번호 정보를 담고 있다. 이 책의 예제 코드 중 chapter09/build_area_code_database 디렉터리에 있는 파일을 사용하거나 위키피디아를 참조(https://oreil.ly/yz2M1)해 직접 파일을 작성해도 무방하다.[2]

```
201   NJ    Hackensack, Jersey City
202   De    Washington
203   CT    New Haven, Stamford
...
989   MI    Saginaw
```

> **Note** 길이를 예측 가능한 필드를 앞에 배치하면, 각 열이 시각적으로 정렬돼 보인다. 도시 이름을 맨 앞으로 뒀다면 파일이 어떻게 보였을지 상상해보자.
>
> ```
> Hackensack, Jeysey City    201    NJ
> Washington                 202    DC
> ...
> ```

파일을 한 번 만들어두면 여러 가지 작업을 할 수 있다. grep 명령과 -w 옵션(전체 단어가 일치할 때만 일치로 간주)을 이용해 각 주의 지역 코드를 열람할 수 있다.

📁 chapter09 〉 build_area_code_database

```
$ grep -w NJ areacodes.txt
201   NJ    Hackensack, Jersey City
551   NJ    Hackensack, Jersey City
609   NJ    Atlantic City, Trenton, southeast and central west
...
```

아니면 직접 지역 코드를 검색할 수도 있다.

---

2 북미 전화번호 할당 계획 관리국(North American Numbering Plan Administrator)에서 제공하는 CSV 포맷의 공식 파일에는 도시 이름이 빠져 있다.

```
$ grep -w 202 areacodes.txt
202    DC    Washington
```

파일에서 특정한 문자열을 검색하는 것도 물론 가능하다.

```
$ grep Washing areacodes.txt
202    DC    Washington
227    MD    Silver Spring, Washington suburbs, Frederick
240    MD    Silver Spring, Washington suburbs, Frederick
...
```

또 wc 명령으로 지역 코드의 수를 세어볼 수도 있다.

```
$ wc -l areacodes.txt
375 areacodes.txt
```

가장 많은 지역 코드가 부여된 주가 어디인지 찾아볼 수도 있다.

```
$ cut -f2 areacodes.txt | sort | uniq -c | sort -nr | head -n1
     38 CA
```

파일을 CSV 포맷으로 변환해 스프레드시트 애플리케이션에서 불러들여보자. 세 번째 필드의 값에 포함된 콤마가 구분자로 해석되지 않도록 이 필드의 값을 큰따옴표로 감싼다.

```
$ awk -F'\t' '{printf "%s,%s,\"%s\"\n", $1, $2, $3}' areacodes.txt \
> areacodes.csv
$ head -n3 areacodes.csv
201,NJ,"Hackensack, Jersey City"
203,DC,"Washington"
203,CT,"New Haven, Stamford"
```

특정한 주의 지역 코드를 모두 모아 한 줄로 출력할 수도 있다.

```
$ awk '$2~/^NJ$/{ac=ac FS $1} END {print "NJ:" ac}' areacodes.txt
NJ: 201 551 609 732 848 856 862 908 973
```

아예 각 주별로 지역 코드를 정리해 출력하는 것도 가능하다. 이때는 5.4.3절의 '개선된 중복 파일 찾기'에서 다뤘던 for 반복문과 배열을 활용한다.

```
$ awk '{arr[$2]=arr[$2] " " $1} \
       END {for (i in arr) print i ":" arr[i]}' areacodes.txt \
  | sort
```

```
AB: 403 780
AK: 907
AL: 205 251 256 334 (659)
...
WY: 307
```

지금까지 살펴본 명령을 별명, 함수, 스크립트 중 편한 형태로 정의해 사용할 수 있다. 예제 9-4는 areacode 스크립트의 간단한 예다.

예제 9-4 areacode 스크립트의 내용

```
#!/bin/bash
if [ -n "$1" ]; then
  grep -iw "$1" areacodes.txt
fi
```

이 스크립트는 인수와 완전히 일치하는 단어(지역 코드, 주 이름의 약어, 도시 이름)를 areacodes.txt 파일에서 찾아준다.

```
$ areacode 617
617   MA   Boston
```

9.4 네 번째 예제: 패스워드 관리 도구 만들기

마지막 심화 예제로 사용자명과 패스워드, 메모를 암호화해 구조화된 형태로 저장하고 이를 명령행에서 편리하게 불러올 수 있도록 해주는 패스워드 관리 도구를 만들어본다. 이 관리 도구를 사용하면 복잡한 패스워드를 여러 개 기억해야 하는 불편을 해소할 수 있을 것이다.

> ⚠️ **Warning** 패스워드 관리는 컴퓨터 보안의 복잡한 주제다. 여기서 만들어볼 관리 도구는 학습을 목적으로 하는 아주 간단한 도구이므로 정말 중요한 패스워드를 관리하는 목적으로 사용하기에 적합하지 않다.

패스워드를 저장하는 파일(이름을 vault라고 하자)은 탭 문자로 구분되는 다음 세 개 필드를 갖는다.

- 사용자명
- 패스워드
- 메모(임의의 텍스트)

vault라는 이름의 파일을 만들고 데이터를 추가한다. 이 파일은 아직 암호화되지 않았으므로 지금은 가짜 패스워드를 저장한다.

chapter09 > build_password_manager
```
$ touch vault                # 빈 파일을 생성한다
$ chmod 600 vault            # 파일의 권한을 조정한다
$ emacs vault                # 파일을 편집한다
$ cat vault
sally   fake1   google.com account
ssmith  fake2   dropbox.com account for work
s999    fake3   Bank of America account, bankofamerica.com
smith2  fake4   My blog at wordpress.org
birdy   fake5   dropbox.com account for home
```

이 파일을 미리 정해둔 위치에 보관한다.

```
$ mkdir ~/etc
$ mv vault ~/etc
```

이 도구는 grep이나 awk 같은 패턴 검색 프로그램을 사용해 주어진 문자열과 일치하는 파일의 줄을 출력하도록 동작한다. 아래 예에서 보듯이, 간단한 기능이지만 줄 안의 어디에라도 일치하는 텍스트가 있으면 검색이 가능하므로 매우 강력하다.

```
$ cd ~/etc
$ grep sally vault                              # 사용자명이 일치함
sally fake1 google.com account
$ grep work vault                               # 메모와 일치함
ssmith fake2 dropbox.com account for work
$ grep drop vault                               # 여러 줄에서 일치가 발견됨
ssmith fake2 dropbox.com account for work
birdy  fake5 dropbox.com account for home
```

이 기능을 사용할 수 있는 스크립트를 작성해보자. 그리고 vault 파일에 암호화가 적용될 때까지 조금씩 개선해보자. 이 스크립트를 패스워드 관리자(password manager)라는 뜻으로 pman이라고 부르겠다. 스크립트의 첫 번째 버전은 예제 9-5와 같다.

예제 9-5 pman 스크립트의 첫 번째 버전: 시작은 간단하게

```
#!/bin/bash
# 일치하는 줄 전체를 그냥 출력한다
grep "$1" $HOME/etc/vault
```

스크립트 파일을 검색 경로에 포함되는 디렉터리에 둔다.

```
$ chmod 700 pman
$ mv pman ~/bin
```

그다음에는 스크립트를 실제로 사용해보자.

```
$ pman goog
sally   fake1   google.com account
$ pman account
sally   fake1   google.com account
ssmith  fake2   dropbox.com account for work
s999    fake3   Bank of America account, bankofamerica.com
birdy   fake5   dropbox.com account for home
$ pman facebook                         # (출력되는 내용 없음)
```

예제 9-6은 스크립트의 초기 버전에 오류 검사를 추가하고 기억하기 쉬운 이름의 변수를 추가한 버전이다.

예제 9-6 pman 스크립트의 두 번째 버전: 오류 검사를 추가했다.

```
#!/bin/bash
# 스크립트의 이름을 변수로 저장한다
# $0은 스크립트 파일의 경로이고, basename은 스크립트의 파일명이다
PROGRAM=$(basename $0)
# 패스워드 파일의 경로
DATABASE=$HOME/etc/vault

# 스크립트에 최소 한 개의 인수가 전달됐는지 확인한다
# 표현식 >&2는 echo 명령의 출력을 표준 오류 스트림으로 리다이렉트하라는 뜻이다
if [ $# -ne 1 ]; then
    >&2 echo "$PROGRAM: look up passwords by string"
```

```
        >&2 echo "Usage: $PROGRAM string"
        exit 1
    fi
    # 첫 번째 인수의 값을 알기 쉬운 이름의 변수에 저장한다
    searchstring="$1"

    # 패스워드 파일을 검색한 후 일치하는 내용이 없으면 오류 메시지를 출력한다
    grep "$searchstring" "$DATABASE"
    if [ $? -ne 0 ]; then
        >&2 echo "$PROGRAM: no matches for '$searchstring'"
        exit 1
    fi
```

스크립트를 다시 실행해보자.

```
$ pman
pman: look up passwords by string
Usage: pman string
$ pman smith
ssmith  fake2  dropbox.com account for work
smith2  fake4  My blog at wordpress.org
$ pman xyzzy
pman: no matches for 'xyzzy'
```

이 스크립트의 단점은 패스워드가 늘어나면 사용이 불편해진다는 점이다. vault 파일에 수백 개의 패스워드가 저장돼 있고, grep으로 검색한 결과가 63건이 나왔다고 생각해보자. 그중에서 지금 필요한 패스워드를 직접 눈으로 찾지 않으면 안 된다. vault 파일의 세 번째 필드로 문자열 형태의 유일 키를 추가하고 스크립트를 다시 개선해보자. 세 번째 필드가 추가된 vault 파일의 내용은 다음과 같을 것이다.

```
sally   fake1  google    google.com account
ssmith  fake2  dropbox   dropbox.com account for work
s999    fake3  bank      Bank of America account, bankofamerica.com
smith2  fake4  blog      My blog at wordpress.org
birdy   fake5  dropbox2  dropbox.com account for home
```

예제 9-7은 grep 대신 awk를 쓰도록 수정한 스크립트다. 이 외에도 명령 치환을 이용해 출력된 내용을 확보하고 실제 출력된 내용이 있는지 확인한다(여기서는 '길이가 0인 문자열'을 확인하는 -z 옵션이 쓰였다). vault 파일에서 문자열에 해당하는 유일 키가 없으면 전과 같이 문자열이 일치하는 줄을 모두 출력하도록 동작한다.

예제 9-7 pman 스크립트의 세 번째 버전: 세 번째 컬럼에 해당하는 유일 키를 우선 검색한다.

```bash
#!/bin/bash
PROGRAM=$(basename $0)
DATABASE=$HOME/etc/vault

if [ $# -ne 1 ]; then
    >&2 echo "$PROGRAM: look up passwords"
    >&2 echo "Usage: $PROGRAM string"
    exit 1
fi
searchstring="$1"

# 검색어와 완전 일치하는 유일 키를 찾는다
match=$(awk '$3~/^'$searchstring'$/' "$DATABASE")

# 완전 일치하는 유일 키가 없으면 부분 일치를 모두 찾는다
if [ -z "$match" ]; then
    match=$(awk "/$searchstring/" "$DATABASE")
fi

# 부분 일치마저 없으면 오류 메시지를 출력하고 종료한다
if [ -z "$match" ]; then
    >&2 echo "$PROGRAM: no matches for '$searchstring'"
    exit 1
fi

# 일치하는 결과를 출력한다
echo "$match"
```

스크립트를 사용해보자.

```
$ pman dropbox
ssmith  fake2  dropbox  dropbox.com account for work
$ pman drop
ssmith  fake2  dropbox  dropbox.com account for work
birdy   fake5  dropbox2          dropbox.com account for home
```

vault 파일은 평문 텍스트 파일이므로 보안상의 위험이 있다. 표준 리눅스 암호화 프로그램인 GnuPG(gpg 명령으로 사용한다)를 사용해 이 파일을 안전하게 암호화해보자. GnuPG가 아직 준비되지 않았다면 다음과 같이 여러분의 이메일 주소 정보를 GnuPG에 설정한다.[3]

```
$ gpg --quick-generate-key <이메일_주소> default default never
```

키 생성 중 키에 사용될 패스워드를 두 번 입력해야 한다. 되도록 강력한 패스워드를 입력하길 바란다. gpg 명령의 실행이 끝나면 공개 키 암호화 기술로 패스워드 파일을 암호화할 수 있다. 암호화된 파일의 이름은 vault.gpg가 된다.

```
$ cd ~/etc
$ gpg -e -r <이메일_주소> vault
$ ls vault*
vault   vault.gpg
```

암호화가 잘됐는지 vault.gpg 파일의 내용을 표준 출력 스트림으로 출력해보자.[4]

```
$ gpg -d -q vault.gpg
Passphrase: xxxxxxxx
sally   fake1   google   google.com account
ssmith  fake2   dropbox  dropbox.com account for work
...
```

그다음, 이 암호화된 vault.gpg 파일을 사용하도록 스크립트를 다시 수정한다. 이 과정은 vault.gpg 파일을 복호화한 뒤 그 내용을 표준 출력을 통해 awk 명령으로 파이핑함으로써 이뤄진다(예제 9-8).

예제 9-8 pman 스크립트 네 번째 버전: 암호화된 vault 파일을 사용한다.

```
#!/bin/bash
PROGRAM=$(basename $0)
# 암호화된 파일을 사용한다
DATABASE=$HOME/etc/vault.gpg

if [ $# -ne 1 ]; then
    >&2 echo "$PROGRAM: look up passwords"
```

---

[3] 이 명령은 공개 키와 비밀 키의 쌍을 생성하는데, 기본 옵션과 만료일을 적용하지 않았다. 더 자세한 내용을 알고 싶다면, man gpg 명령으로 gpg 명령의 어떤 옵션이 있는지 확인하거나 GnuPG의 온라인 튜토리얼을 찾아보길 바란다.

[4] 이때 만약 gpg 명령이 패스워드를 묻지 않았다면, 일시적으로 패스워드가 저장된 상태일 수 있다.

```
        >&2 echo "Usage: $PROGRAM string"
        exit 1
    fi
    searchstring="$1"

    # 복호화된 텍스트를 변수에 저장한다
    decrypted=$(gpg -d -q "$DATABASE")
    # 검색어와 완전 일치하는 유일 키를 찾는다
    match=$(echo "$decrypted" | awk '$3~/^'$searchstring'$/')

    # 완전 일치하는 유일 키가 없으면 부분 일치를 모두 찾는다
    if [ -z "$match" ]; then
        match=$(echo "$decrypted" | awk "/$searchstring/")
    fi

    # 부분 일치마저 없으면 오류 메시지를 출력하고 종료한다
    if [ -z "$match" ]; then
        >&2 echo "$PROGRAM: no matches for '$searchstring'"
        exit 1
    fi

    # 일치하는 결과를 출력한다
    echo "$match"
```

이제 암호화된 파일에서 패스워드를 검색한다.

```
$ pman dropbox
Passphrase: xxxxxxxx
ssmith   fake2   dropbox dropbox.com account for work
$ pman drop
Passphrase: xxxxxxxx
ssmith   fake2   dropbox dropbox.com account for work
birdy    fake5   dropbox2          dropbox.com account for home
```

이제 스크립트는 완성됐지만, 아직 할 일이 더 남아 있다.

- vault.gpg 파일이 안정적으로 복호화된다면, 원래의 vault 파일을 삭제한다.
- 그리고 가짜 패스워드를 진짜 패스워드로 대체한다. 암호화된 텍스트 파일을 편집하는 방법은 아래의 박스 설명 '암호화된 텍스트 파일 직접 편집하기'를 참고하길 바란다.

- 패스워드 파일에 주석(# 기호로 시작되는 줄)을 허용한다. 그럼 각 패스워드마다 메모를 달 수 있다. 패스워드 파일에 주석을 허용하려면 복호화된 패스워드 파일의 내용에 grep -v 명령을 사용해 # 기호로 시작하는 줄을 걸러내도록 스크립트를 수정하면 된다.

   ```
   decrypted=$(gpg -d -q "$DATABASE" | grep -v '^#')
   ```

패스워드를 표준 출력 스트림을 통해 출력하는 것은 보안상 바람직하지 않다. 10.3.2절 '패스워드 관리 도구 개선하기'에서는 패스워드를 출력하는 대신 클립보드에 복사하도록 이 스크립트를 수정할 것이다.

암호화된 텍스트 파일 직접 편집하기

암호화된 파일을 수정할 때, 복호화해 수정한 다음 다시 암호화하는 방법은 직접적이지만 그만큼 귀찮고 보안상으로도 위험한 하책이다.

```
$ cd ~/etc
$ gpg vault.gpg                         # 복호화
Passphrase: xxxxxxxx
$ emacs vault                           # 익숙한 텍스트 편집기로 편집한다
$ gpg -e -r your_email_address vault    # 다시 암호화한다
$ rm vault
```

암호화된 파일의 편집을 위해 emacs와 vim 모두 GnuPG 암호화 파일 편집 모드를 갖추고 있다. bash 설정 파일에 아래와 같은 줄을 추가한 다음, 설정 파일을 다시 읽어들이자.

```
export GPG_TTY=$(tty)
```

emacs에서는 EasyPG 패키지를 설정해야 한다. emacs의 설정 파일 $HOME/.emacs에 다음 줄을 추가한 후 편집기를 재시작한다. GnuPG_ID라고 쓰인 곳에는 키를 생성할 때 입력한 이메일 주소(예: smith@example.com)를 기입해야 한다.

```
(load-library "pinentry")
(setq epa-pinentry-mode 'loopback)
(setq epa-file-encrypt-to "GnuPG_ID")
(pinentry-start)
```

그러고 나서 암호화된 파일을 불러들이면, 패스워드를 묻고 버퍼에 복호화된 내용을 읽어온다. 편집 후에 저장할 때도 emacs가 알아서 버퍼의 내용을 암호화한다.

vim에서는 vim-gnupg 플러그인(https://oreil.ly/mnwYc)을 설치하고 설정 파일($HOME/.vimrc)에 다음 내용을 추가한다.

○ 계속

```
let g:GPGPreferArmor=1
let g:GPGDefaultRecipients=["GnuPG_ID"]
```

vault 파일을 편리하게 편집하기 위해서는 4.1.3절 '별명 또는 환경변수를 이용해 자주 사용하는 디렉터리로 빠르게 이동하기'에서 사용한 방법을 활용할 수 있다.

```
alias pwedit="$EDITOR $HOME/etc/vault.gpg"
```

9.5 정리

파일 찾기, 도메인 만료 일자 확인하기, 지역 코드 데이터베이스 구축하기, 패스워드 관리 도구 만들기 등 다양한 사례를 살펴봤다. 그러나 이들 사례는 구조화된 텍스트 파일이 활용된 예 중 극히 일부에 지나지 않는다. 이 외에도 구조화된 텍스트 파일을 활용할 수 있는 다음과 같은 예가 있다.

- 개인 소장한 음악 파일(id3tool 등의 리눅스 명령을 사용해 mp3 파일의 ID3 정보를 추출할 수 있다.)
- 휴대폰의 연락처(연락처 정보를 CSV 포맷 등으로 내보내기하고 클라우드 스토리지에 올린 다음, 리눅스 컴퓨터에서 이 파일을 내려받아 처리할 수 있다.)
- 학교 성적(awk 명령을 이용해 학점을 정리할 수 있다.)
- 지금까지 읽은 영화, 책 등의 부가 정보 정리하기(평점, 작가, 출연 배우 등의 정보와 함께 정리할 수 있다.)

개인적인 의미가 있거나 업무와 관련된 정보를 효율적으로 다루기 위한 도구를 만들어나갈 수 있으며, 이 모든 것은 여러분의 상상력에 달려 있다.

제 3 부

그 외 주제

10장 **효율은 키보드에서 나온다**
11장 **시간을 절약하는 팁**

마지막 두 장에서는 특별한 주제를 다룬다. 몇 개의 주제는 자세히 다루고, 몇 개의 주제는 여러분의 흥미를 유발하는 수준까지만 가볍게 다룬다.

10장

효율은 키보드에서 나온다

10.1 창 다루기
10.2 명령행으로 웹 검색하기
10.3 명령행에서 클립보드 다루기
10.4 정리

여느 때와 다름없는 어느 날, 여러분은 평범한 리눅스 컴퓨터에서 여러 애플리케이션 창을 연 채 작업에 몰두하고 있다. 웹 브라우저, 텍스트 편집기, 소프트웨어 개발 환경, 음악 플레이어, 영상 편집기, 가상 머신까지 그 애플리케이션 종류는 다양하다. 그중 그림판 같은 몇 가지 애플리케이션은 GUI 중심의 애플리케이션으로, 마우스나 트랙볼 같은 포인팅 디바이스에 적합하게 만들어졌다. 반면 터미널 창에서 돌아가는 셸은 키보드에 더 적합하다. 일반적인 리눅스 사용자는 한 시간에도 여러 번(많으면 수백 번까지) 키보드와 마우스를 오가게 된다. 키보드와 마우스를 자주 오가게 되면 작업 속도가 느려진다. 이 전환 횟수를 줄일 수 있다면 작업의 효율성을 높일 수 있을 것이다.

이번 장은 포인팅 디바이스의 사용을 줄이고 키보드를 주로 사용하는 방법을 다룬다. 열 개의 손가락으로 입력하는 100타의 키 입력이 한두 번의 마우스 클릭보다 더 빠를 때가 있다. 키보드 단축키를 말하는 것이 아니다. 키보드 단축키라면 굳이 이 책을 보지 않아도 알 수 있다(물론 여기서도 몇 가지 단축키를 다루기는 한다). 이번 장의 주제는 '마우스 없이는 안 될 것 같았던' 창 다루기, 웹 검색, 복사 및 붙여넣기 같은 일상적인 작업을 키보드만으로 빠르게 해결하는 방법이다.

10.1 창 다루기

여기서는 창을 효율적으로 다루는 팁을 소개한다. 특히 셸이 동작하는 터미널 창과 웹 브라우저 창을 위주로 설명하겠다.

10.1.1 터미널 창과 웹 브라우저 창 바로 띄우기

그놈(GNOME)이나 KDE 플라스마, 유니티, 시나몬 등의 리눅스 데스크톱 환경에는 단축키나 사용자 정의 단축키를 직접 정의할 수 있는 기능이 있으며, 특수한 키의 조합으로 특정한 명령이나 동작을 바로 실행할 수 있다. 그중에서도 다음과 같은 동작에는 꼭 단축키를 설정해두는 것이 좋다.

- 새로운 터미널 창(터미널 프로그램) 띄우기
- 새로운 웹 브라우저 창 띄우기

위와 같은 기능의 단축키를 정의해두면, 무슨 일을 하고 있든 상관없이[1] 원하는 때에 곧바로 터미널 창이나 웹 브라우저 창을 띄울 수 있다. 이러한 단축키를 정의하려면 다음과 같은 정보가 필요하다.

선호하는 터미널 프로그램을 실행하는 명령
gnome-terminal, konsole, xterm 등이 있다.

선호하는 웹 브라우저를 실행하는 명령
firefox, google-chrome, opera 등이 있다.

사용자 정의 단축키를 정의하는 방법
각 데스크톱 환경의 종류 또는 버전에 따라 달라질 수 있다. 따라서 사용하는 데스크톱 환경의 정보를 검색해보는 편이 좋다. 사용 중인 데스크톱 환경의 이름과 함께 '단축키 정의하기' 등의 검색어를 입력해보라.

내가 사용 중인 데스크톱에는 konsole 명령에 Ctrl+Win+T, google-chrome 명령에 Ctrl+Win+C 단축키가 지정돼 있다.

> Note ≡ 데스크톱 환경에서 단축키로 실행한 셸은 로그인 셸의 자식 셸이다. 또 이 셸의 현재 작업 디렉터리는 (별도로 다른 설정을 하지 않는 한) 여러분의 홈 디렉터리다.
>
> 이와 달리, 사용 중인 터미널에서 gnome-terminal 또는 xterm 명령을 실행하거나 터미널에서 새 창을 띄워 실행된 셸은 명령을 실행한 셸의 자식 셸이다. 그러므로 이렇게 실행한 셸의 현재 작업 디렉터리는 자신을 실행한 부모 셸의 현재 작업 디렉터리와 같다.

10.1.2 원샷 윈도

여러분이 다른 작업에 몰두하는 와중에 딱 하나의 명령을 실행하기 위해 셸을 띄워야 한다고 생각해보자. 여느 리눅스 사용자라면 마우스를 잡고 메뉴를 클릭해 새로운 터미널 창을 띄울 것이다. 하지만 이 방법은 시간 낭비가 심하다. 앞서 정의한 단축키를 눌러 새 터미널 창을 띄우고 명령을 실행한 다음, 곧바로 터미널을 종료하는 것이 훨씬 낫다.

---

[1] 모든 키 입력을 가로채는 가상 머신의 창 등은 예외다.

터미널과 웹 브라우저를 실행하는 단축키를 정의했다면, 여러 번 익숙해질 때까지 단축키를 사용해 창을 열었다 닫았다 해보길 바란다. 내가 추천하는 방법이다. 개인적으로는 이 터미널 창과 웹 브라우저 창처럼 주기적으로 열었다가 쓰고 나면 곧바로 닫는 창을 원샷 윈도(one-shot window)라고 부른다. 후다닥 창을 열고 잠시 쓴 다음, 창을 닫으면 된다.

소프트웨어 개발 같은 시간이 오래 걸리는 작업을 하다 보면 셸 창을 오랫동안 그대로 두기도 한다. 이와 달리 원샷 윈도는 바로바로 떠올린 작업을 처리하는 데 편리하다. 매번 새로 창을 띄우는 편이 기존의 창을 찾으러 마우스를 만지는 것보다 빠를 때가 많다. 매번 "아까 열어뒀던 터미널 창이 어디 있더라?"라고 생각할 필요가 없다. 새 창을 띄우고 다 쓰고 나면 그냥 창을 닫는 편이 낫다.

웹 브라우저도 마찬가지다. 리눅스를 사용한 길고 긴 작업을 마친 끝에 고개를 들어 살펴보니 탭이 83개나 되는 브라우저 창이 눈앞에 펼쳐지곤 한다. 여러분도 비슷한 경험이 많다면, 원샷 윈도를 너무 적게 쓰고 있다는 뜻이다. 창을 바로 열고 필요한 페이지를 본 다음, 바로 닫는다. 먼저 본 페이지를 다시 봐야 한다면? 브라우저 히스토리를 쓰면 된다.

10.1.3 웹 브라우저 단축키

웹 브라우저 이야기가 나온 김에 웹 브라우저 단축키를 확인해보자(표 10-1). 웹 검색이 필요할 때 여러분의 손이 이미 키보드 위에 놓여 있다면, Ctrl+L 키를 눌러 주소창으로 이동하거나 Ctrl+T 키로 새 탭을 여는 편이 마우스를 사용하는 것보다 더 빠르다.

▼ 표 10-1 파이어폭스, 구글 크롬, 오페라의 주요 단축키

동작	단축키
새 창	Ctrl+N
새 시크릿 창	Ctrl+Shift+P (파이어폭스), Ctrl+Shift+N (크롬, 오페라)
새 탭	Ctrl+T
탭 닫기	Ctrl+W
이전 탭, 다음 탭	Ctrl+Tab (다음 탭), Ctrl+Shift+Tab (이전 탭)
주소창으로 이동	Ctrl+L (또는 Alt+D, F6)
현재 페이지에서 찾기	Ctrl+F
브라우저 히스토리	Ctrl+H

10.1.4 창과 바탕화면 전환하기

애플리케이션 창으로 가득한 바탕화면에서 원하는 창을 찾으려면 어떻게 해야 할까? 물론 창을 하나하나 클릭하면서 찾아나가다 보면 언젠가는 원하는 창을 찾아낼 것이다. 하지만 `Alt`+`Tab` 키를 사용하면 훨씬 더 빠르다. `Alt` 키를 계속 누른 상태로 `Tab` 키를 한 번씩 누를 때마다 창이 하나씩 순환한다. 원하는 창이 선택되면, 키를 놓고 선택된 창을 그대로 사용하면 된다. 반대 순서로 순환하게 하려면 `Alt`+`Shift`+`Tab` 키를 사용하면 된다.

한 가지 애플리케이션의 창(이를테면 파이어폭스)만 골라 순환하려면 `Alt`+`` ` ``(역따옴표라고 하며, `Tab` 키 위에 있다) 키를 쓸 수 있다. 순환 순서를 반대로 하려면 여기에 `Shift` 키를 더하면 된다(`Alt`+`Shift`+`` ` ``).

이제 창을 전환하는 방법은 배웠으니 바탕화면을 전환할 차례다. 리눅스에서 바탕화면 하나만으로 복잡한 작업을 하다 보면 창이 어그러지기 쉽다. 여러 개의 바탕화면은 흔히 가상 데스크톱 또는 워크스페이스(workspace)라고 불리는데, 모두 같은 뜻이다. 네 개 또는 여섯 개까지 바탕화면을 만들 수 있으며, 이들 바탕화면은 제각기 창을 배치할 수 있다. 그리고 바탕화면 간에 전환도 가능하다.

KDE 플라스마 데스크톱 환경을 사용하는 내 우분투 워크스테이션 컴퓨터에는 여섯 개의 가상 데스크톱이 있으며, 이들은 제각기 다른 용도를 갖고 있다. 첫 번째 가상 데스크톱은 이메일 및 웹 검색을 하는 주 워크스페이스다. 두 번째 가상 데스크톱에서는 가족과 관련된 작업을 한다. 세 번째 데스크톱에서는 VMWare 가상 머신을 실행한다. 네 번째 가상 데스크톱에서는 집필 작업을 한다. 나머지 다섯 번째와 여섯 번째 가상 데스크톱에서는 그때그때 필요한 작업을 한다. 이렇게 분류해둔다면, 원하는 애플리케이션 창을 빠르고 간편하게 찾아갈 수 있다.

그놈이나 KDE 플라스마, 시나몬, 유니티 등의 리눅스 데스크톱 환경 역시 각각의 가상 데스크톱을 제공하며, 이들을 '전환'하는 기능도 지원한다. 가능하다면, 각 데스크톱으로 바로 전환할 수 있는 단축키를 설정해두는 것이 좋다. 내 컴퓨터에서는 `Win`+`F1` ~ `Win`+`F6`의 단축키가 여섯 개의 가상 데스크톱으로 전환하는 키로 각각 설정돼 있다.

이 외에도 바탕화면과 창을 다루는 다양한 스타일이 있다. 바탕화면 하나에 한 가지 애플리케이션(셸만 쓰는 바탕화면, 웹 브라우저만 쓰는 바탕화면, 문서 작업만 하는 바탕화면 등)만 쓰는 사람이 있는가 하면, 바탕화면 하나에 창 하나만을 전체 화면으로 두고 쓰는 사람도 있다(흔히 노트북을 사용해 작은 화면으로 작업하는 사람들이 이렇게 사용한다). 자신에게 맞는 빠르고 효율적인 스타일을 찾아보길 바란다.

10.2 명령행으로 웹 검색하기

포인트 앤 클릭(point-and-click) 방식의 웹 브라우저는 거의 웹 그 자체라고 할 수 있다. 하지만 명령행 인터페이스로도 웹 사이트를 열람할 수 있다.

10.2.1 명령행에서 웹 브라우저 실행하기

웹 브라우저를 실행하는 방법으로는 아이콘을 클릭하는 방식이 익숙할 것이다. 하지만 명령행에서도 웹 브라우저를 문제없이 실행할 수 있다. 웹 브라우저를 실행하지 않고 있다면, 백그라운드로 웹 브라우저를 실행할 경우 다음 프롬프트가 바로 출력된다.

📁 chapter10 〉 launching_browser_windows
```
$ firefox &
$ google-chrome &
$ opera &
```

원하는 웹 브라우저가 이미 실행 중이라면, 앰퍼샌드는 생략해도 좋다. 기존 웹 브라우저 인스턴스에 새 창 또는 새 탭이 뜨기 때문이다. 이때도 명령이 즉시 종료되며 다음 프롬프트가 출력된다.

> **Note** 웹 브라우저를 백그라운드로 실행하면 웹 브라우저의 자기 진단 메시지가 셸을 통해 어지럽게 출력될 수 있다. 이러한 현상을 방지하려면, 웹 브라우저 최초 실행 시에 다음과 같이 모든 출력을 /dev/null로 리다이렉트하면 된다.
>
> ```
> $ firefox &> /dev/null &
> ```

명령행을 통해 웹 브라우저 창을 열고 지정한 URL을 열람하기 위해서는 다음과 같이 URL을 지정해 실행하면 된다.

```
$ firefox https://oreilly.com
$ google-chrome https://oreilly.com
$ opera https://oreilly.com
```

웹 브라우저를 명령행에서 실행했을 때의 기본 동작은 새 탭이 뜨고 이 탭에 포커스가 이동하는 것이다. 항상 새 창이 뜨도록 하려면 다음과 같이 새 창 옵션을 지정하면 된다.

```
$ firefox --new-window https://oreilly.com
$ google-chrome --new-window https://oreilly.com
$ opera --new-window https://oreilly.com
```

시크릿 창을 띄우려면 다음과 같은 옵션을 지정한다.

```
$ firefox --private-window https://oreilly.com
$ google-chrome --incognito https://oreilly.com
$ opera --private https://oreilly.com
```

위의 명령을 보면 입력하기에 너무 길어 보이지만, 자주 가는 웹 사이트에 별명을 정의해두면 편리하다.

```
# 셸 설정 파일에 다음 내용을 추가하고 설정을 다시 읽어들인다
alias oreilly="firefox --new-window https://oreilly.com"
```

같은 방법으로 URL을 포함한 파일에서 grep이나 cut 등의 리눅스 명령으로 URL을 골라낸 다음, 이를 명령 치환을 통해 브라우저에 전달하면 명령행을 통해 해당 URL을 열람할 수 있다. 다음은 탭으로 구분된 두 개의 필드를 가진 파일의 예제다.

```
$ cat urls.txt
duckduckgo.com      # 내가 사용하는 검색 엔진
nytimes.com         # 주로 방문하는 뉴스 사이트
spotify.com         # 내가 사용하는 음악 서비스
$ grep music urls.txt | cut -f1
spotify.com
$ google-chrome https://$(grep music urls.txt | cut -f1)     # 스포티파이에 방문
```

또한, 아직 배송 중인 택배의 송장 번호로 배송 상태를 확인할 수도 있다.

```
$ cat packages.txt
1Z0EW7360669374701        UPS      Shoes
568733462924              FedEx    Kitchen blender
9305510823011761842873    USPS     Care package from Mom
```

예제 10-1의 스크립트는 배송 업체의 홈페이지(UPS, 페덱스, USPS)에서 송장 번호를 검색하는 스크립트다.

예제 10-1 배송 업체의 홈페이지를 검색하는 track-it 스크립트

```bash
#!/bin/bash
PROGRAM=$(basename $0)
DATAFILE=packages.txt
# 브라우저 실행 명령을 다음 중에서 선택한다
# firefox, opera, google-chrome
BROWSER="opera"
errors=0

cat "$DATAFILE" | while read line; do
    track=$(echo "$line" | awk '{print $1}')
    service=$(echo "$line" | awk '{print $2}')
    case "$service" in
      UPS)
        $BROWSER "https://www.ups.com/track?tracknum=$track" &
        ;;
      FedEx)
        $BROWSER "https://www.fedex.com/fedextrack/?trknbr=$track" &
        ;;
      USPS)
        $BROWSER "https://tools.usps.com/go/TrackConfirmAction?tLabels=$track" &
        ;;
      *)
        >&2 echo "$PROGRAM: Unknown service '$service'"
        errors=1
        ;;
    esac
done
exit $errors
```

10.2.2 wget과 curl을 사용해 HTML 내려받기

리눅스 프로그램 중에 웹 사이트를 열람할 수 있는 프로그램이 웹 브라우저만 있는 것은 아니다. curl이나 wget 같은 프로그램도 웹 페이지 또는 다른 웹 콘텐츠를 웹 브라우저 없이 명령 한 번으로 내려받을 수 있다. curl은 내려받은 내용을 표준 출력 스트림으로 출력하고, wget은 파일로 저장(이 과정에서 많은 양의 진단 메시지가 출력된다)하는 것이 기본 동작이다.

```
$ curl https://efficientlinux.com/welcome.html
Welcome to Efficient Linux.com!
$ wget https://efficientlinux.com/welcome.html
```

```
--2023-09-07 14:06:06--  https://efficientlinux.com/
Resolving efficientlinux.com (efficientlinux.com)...
Connecting to efficientlinux.com (efficientlinux.com)...
...
2023-09-07 14:06:07 (12.8 MB/s) - 'welcome.html' saved [32/32]
$ cat welcome.html
Welcome to Efficient Linux.com!
```

> **Note** 웹 사이트 중에는 wget이나 curl로 콘텐츠를 내려받을 수 없는 곳도 있다. 이런 경우에는 브라우저인 것처럼 가장해야 하는데, 두 프로그램 모두 이러한 기능을 갖고 있다. User-Agent 설정을 바꾸도록 하는 옵션이다. 웹 서버는 이 문자열을 보고 웹 브라우저의 종류를 판단한다. 이때 폭넓게 통하는 User-Agent 값이 'Mozilla'이다.
>
> ```
> $ wget -U Mozilla url
> $ curl -A Mozilla url
> ```

wget과 curl 모두 다양한 옵션과 기능을 갖추고 있으므로 man 도움말을 확인하는 것이 좋다. 지금은 이들 명령으로 한 줄 명령을 만드는 예를 살펴보자. 웹 사이트 efficientlinux.com에는 image 디렉터리가 있어 1.jpg부터 20.jpg까지의 이미지 파일이 있다. 이들 파일을 모두 내려받으려고 한다. 이 파일의 URL은 각각 다음과 같다.

```
https://efficientlinux.com/images/1.jpg
https://efficientlinux.com/images/2.jpg
https://efficientlinux.com/images/3.jpg
...
```

우선, 비효율적이지만 웹 브라우저를 통해 각 URL을 하나씩 방문해 파일을 내려받는 방법이 있다(이렇게 해본 사람이 있다면 손을 들어보자!). 다행히도 wget을 사용하는 더 나은 방법이 있다. seq와 awk 명령으로 URL을 생성한다.

```
$ seq 1 20 | awk '{print "https://efficientlinux.com/images/" $1 ".jpg"}'
https://efficientlinux.com/images/1.jpg
https://efficientlinux.com/images/2.jpg
https://efficientlinux.com/images/3.jpg
...
```

그다음, URL 문자열 앞에 wget을 붙여주고 그 결과를 bash에 파이핑해서 실행한다.

```
$ seq 1 20 \
  | awk '{print "wget https://efficientlinux.com/images/" $1 ".jpg"}' \
  | bash
```

비슷한 방법으로 xargs와 wget을 사용한 명령도 가능하다.

```
$ seq 1 20 | xargs -I@ wget https://efficientlinux.com/images/@.jpg
```

wget 명령에 특수 문자가 포함돼야 한다면, xargs를 사용한 쪽이 더 안정적이다. 'bash에 파이핑' 하는 부분에서 (우리의 의도와 달리) 이 특수 문자가 셸에서 먼저 평가될 수 있는 반면 xargs를 사용하면 그런 일이 발생하지 않는다.

내가 작성한 명령은 이미지 파일명이 거의 유사하다는 점을 이용해 더 간결하게 작성했다. 실제 문제라면 웹 페이지에 있는 이미지를 다 내려받아야 할 일이 있을 것이다. 이때는 curl로 웹 페이지를 내려받은 다음, 여기서 이미지 파일의 URL을 골라내 한 줄에 하나씩 들어가도록 모은 후에 지금 만든 이 명령을 사용하면 된다.

```
curl | URL | … 이미지 파일 URL 골라내기 … | xargs -n1 wget
```

10.2.3 HTML-XML 유틸리티를 이용한 HTML 처리

HTML과 CSS에 대한 지식이 있다면 웹 페이지의 HTML 소스를 명령행에서 파싱할 수 있다. 따라서 직접 수동으로 웹 브라우저에서 페이지의 일부를 복사하는 것보다 명령행을 이용하는 편이 더 효율적일 수 있다. 이럴 때 편리한 도구가 HTML-XML 유틸리티다. 이 프로그램은 여러 리눅스 배포판에 기본으로 탑재되며 W3C에서 배포되기도 한다. 이를 처리하는 큰 흐름은 다음과 같다.

1. curl(또는 wget)을 이용해 HTML 소스를 내려받는다.
2. hxnormalize 명령으로 HTML의 구조를 확인하고 바로잡는다.
3. 추출하려는 값에 접근할 수 있는 CSS 셀렉터를 작성한다.
4. hxselect 명령으로 원하는 값을 추출하고, 추출된 값을 다른 명령으로 파이핑한다.

9.3절에서 다뤘던 지역 코드 데이터베이스 예제의 areacodes.txt 파일을 웹 페이지로부터 추출하는 예제를 가정하고, 이 방법으로 문제를 해결해보자. 지역 코드를 추출하는 HTML은 편의상 그림 10-1과 같은 HTML 표라고 가정한다.

▼ 그림 10-1 지역 코드가 담긴 HTML 페이지의 표(https://efficientlinux.com/areacodes.html)

Area code	State	Location
201	NJ	Hackensack, Jersey City
202	DC	Washington
203	CT	New Haven, Stamford
204	MB	entire province
205	AL	Birmingham, Tuscaloosa
206	WA	Seattle
207	ME	entire state
208	ID	entire state
209	CA	Modesto, Stockton
210	TX	San Antonio
212	NY	New York City, Manhattan

먼저 curl로 HTML 소스를 내려받는다. 이때 -s 옵션을 사용해 화면에 출력되는 메시지를 차단한다. 표준 출력 스트림으로 출력되는 HTML 소스를 hxnormalize -x 명령으로 파이핑해 정리한다. 그 결과를 다시 less 명령으로 파이핑해 HTML 소스를 한 번에 한 페이지씩 화면에 출력한다.

```
$ curl -s https://efficientlinux.com/areacodes.html \
  | hxnormalize -x \
  | less
<!DOCTYPE HTML PUBLIC "-//W3C//DTD HTML 4.01//EN"
"http://www.w3.org/TR/html4/strict.dtd">
<html>
...
  <body>
    <h1>Area code test</h1>
    ...
```

예제 10-2의 HTML 코드에서 <table> 태그의 id 속성 값은 "#ac"이고, 세 컬럼은 각각 CSS 클래스 ac, state, cities가 부여돼 있다.

예제 10-2 그림 10-1에 실린 표의 HTML 소스 일부

```
<table id="ac">
  <thead>
    <tr>
      <th>Area code</th>
      <th>State</th>
      <th>Location</th>
```

```
      </tr>
    </thead>
    <tbody>
      <tr>
        <td class="ac">201</td>
        <td class="state">NJ</td>
        <td class="cities">Hackensack, Jersey City</td>
      </tr>
      ...
    </tbody>
  </table>
```

hxselect 명령으로 테이블의 셀(cell)에서 지역 코드 데이터를 추출한다. 이때 -c 옵션을 사용해 td 태그 자체는 제거한다. 결과를 한 줄로 합쳐 출력하되, 각 필드의 구분자는 원하는 문자를 선택한다(-s 옵션으로 구분자를 지정하면 된다).[2] 나는 가독성을 위해 @ 문자를 구분자로 선택했다.[3]

```
$ curl -s https://efficientlinux.com/areacodes.html \
  | hxnormalize -x \
  | hxselect -c -s@ '#ac .ac, #ac .state, #ac .cities'
201@NJ@Hackensack, Jersey City@202@DC@Washington@203@CT@New Haven, Stamford@...
```

마지막으로, sed로 파이핑해 탭으로 구분된 세 개의 필드로 분할한다. 각 필드의 값에 해당하는 다음 정규표현식을 작성한다.

1. 지역 코드는 숫자로만 구성된다. [0-9]*

2. 구분자 @

3. 주 이름의 약어. 대문자 두 글자로 구성된다. [A-Z][A-Z]

4. 구분자 @

5. 도시명. @ 기호가 포함되지 않는 임의의 텍스트. [^@]*

6. 구분자 @

---

[2] 이 예제에는 세 개의 CSS 셀렉터가 쓰였는데, hxselect의 구 버전 중에는 CSS 셀렉터를 두 개밖에 다루지 못하는 버전도 있다. 여러분이 사용하는 버전이 이에 해당한다면, W3C에서 배포하는 최신 버전을 내려받아(https://oreil.ly/81yM2) configure && make 명령으로 빌드한 후 사용하길 바란다.

[3] 역주 우분투에서는 현재 리눅스 버전 7.7이 설치되고 있는데, 버전 8.6을 빌드하고 실행하면 아래의 코드가 제대로 실행된다.

각 부분의 표현식을 합해 전체 표현식을 구성한다.

[0-9]*@[A-Z][A-Z]@[^@]*@

세 부분(지역 코드, 주 이름, 도시명)에 해당하는 부분 표현식을 괄호 \(와 \)로 감싼다. 이것으로 sed에 전달할 정규표현식이 완성됐다.

\([0-9]*\)@\([A-Z][A-Z]\)@\([^@]*\)@

sed의 치환 패턴은 이 세 개의 부분 표현식을 참조하되 탭 문자를 사이에 추가하고 마지막에 개행 문자를 추가한다.

\1\t\2\t\3\n

정규표현식과 치환 패턴을 조합하면 다음과 같은 sed 스크립트가 된다.

s/\([0-9]*\)@\([A-Z][A-Z]\)@\([^@]*\)@/\1\t\2\t\3\n/g

HTML 소스에서 areacodes.txt를 생성하는 명령이 완성됐다.

```
$ curl -s https://efficientlinux.com/areacodes.html \
  | hxnormalize -x \
  | hxselect -c -s'@' '#ac .ac, #ac .state, #ac .cities' \
  | sed 's/\([0-9]*\)@\([A-Z][A-Z]\)@\([^@]*\)@/\1\t\2\t\3\n/g'
201     NJ      Hackensack, Jersey City
202     DC      Washington
203     CT      New Haven, Stamford
...
```

길이가 긴 정규표현식을 다루는 요령

sed 스크립트가 길어지면 가독성이 떨어져 마치 암호를 푸는 것처럼 느껴진다.

s/\([0-9]*\)@\([A-Z][A-Z]\)@\([^@]*\)@/\1\t\2\t\3\n/g

이럴 때는 여러 부분으로 쪼개면 이해하기 쉽다. 부분 표현식을 각기 다른 변수에 나눠 담고, 이들 변수를 합쳐 구성하는 방법을 쓴다.

```
# 세 개의 부분 표현식
# 셸에서 평가되지 않도록 작은따옴표를 사용한다
areacode='\([0-9]*\)'
```

○ 계속

```
state='\([A-Z][A-Z]\)'
cities='\([^@]*\)'

# 세 개의 부분 표현식을 합치고, 구분자로는 @ 기호를 사용한다
# 셸에서 평가되도록 큰따옴표를 사용한다
regexp="$areacode@$state@$cities@"

# 치환 패턴
# 셸에서 평가되지 않도록 작은따옴표를 사용한다
replacement='\1\t\2\t\3\n'

# sed 스크립트의 가독성이 훨씬 개선됐다
# s/$regexp/$replacement/g
# 전체 명령을 실행한다
curl -s https://efficientlinux.com/areacodes.html \
  | hxnormalize -x \
  | hxselect -c -s'@' '#ac .ac, #ac .state, #ac .cities' \
  | sed "s/$regexp/$replacement/g"
```

10.2.4 텍스트 기반 웹 브라우저에서 렌더링된 웹 콘텐츠 내려받기

명령행에서 사용하는 웹 데이터라도 가끔은 HTML 소스 대신 렌더링된 상태의 콘텐츠가 필요할 수 있다. 또한, 이렇게 렌더링된 콘텐츠는 오히려 파싱이 더 간단할 수도 있다. 렌더링된 상태의 콘텐츠를 받아오려면 lynx 또는 links 같은 텍스트 기반 웹 브라우저를 사용하면 된다. 텍스트 기반 웹 브라우저는 웹 페이지에서 이미지나 화려한 효과가 제거된 텍스트만을 출력해준다. 그림 10-2는 lynx 웹 브라우저를 통해 본 지역 코드 웹 페이지의 모습이다.

▼ 그림 10-2 lynx 웹 브라우저로 본 지역 코드 웹 페이지의 모습

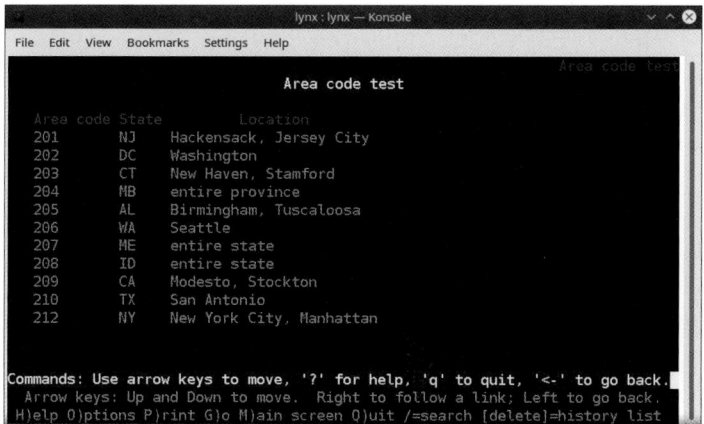

lynx와 links 모두 -dump 옵션을 사용하면 렌더링된 페이지를 파일로 내려받을 수 있다. 브라우저는 원하는 것을 사용하면 된다.

```
$ lynx -dump https://efficientlinux.com/areacodes.html > tempfile
$ cat tempfile
                     Area code test

Area code State       Location
201         NJ        Hackensack, Jersey City
202         DC        Washington
203         CT        New Haven, Stamford
...
```

> Note ≡ lynx와 links는 수상쩍거나 위험해 보이는 링크의 내용을 확인하기에도 좋다. 이러한 텍스트 기반 웹 브라우저는 자바스크립트나 이미지를 렌더링하지 않으므로 공격받을 여지가 일반 웹 브라우저에 비해 훨씬 적다(물론 완벽하게 안전하다는 뜻은 아니므로, 본인의 판단에 따르길 바란다).

10.3 명령행에서 클립보드 다루기

편집(Edit) 메뉴를 갖추고 있는 현대적 애플리케이션이라면 잘라내기, 복사하기, 붙여넣기 기능으로 시스템 클립보드를 통해 외부와 콘텐츠를 주고받을 수 있다. 이러한 기능의 단축키는 여러분에게도 익숙할 것이다. 그런데 명령행에서도 클립보드를 직접 다룰 수 있다는 사실을 알고 있는가?

약간의 배경지식을 먼저 설명하겠다. 리눅스 운영체제의 복사하기와 붙여넣기 기능은 X셀렉션(X selection)이라는 일반적 메커니즘의 일부다. '셀렉션'은 복사된 콘텐츠가 위치하는 클립보드 같은 것이고, 'X'는 리눅스의 창 관리자 소프트웨어 이름이다.

그놈, 유니티, 시나몬, KDE 플라스마 등 이 X에 기반하고 있는 대부분의 리눅스 데스크톱 환경은 두 가지 셀렉션 시스템을 지원한다.[4] 첫 번째는 클립보드(clipboard)인데, 클립보드는 우리가 알고 있는 다른 운영체제의 클립보드와 동일하게 동작한다. 애플리케이션에서 콘텐츠를 잘라내거나 복사한 다음, 이 콘텐츠를 다른 곳에 붙여넣을 수 있다. 두 번째는 우리에게 덜 익숙한 것으로, 프라이머리 셀렉션(primary selection)이라고 한다. 프라이머리 셀렉션을 사용할 때, 애플리케이션에서 콘텐츠를 선택하면 사용자가 따로 복사하지 않아도 그 내용이 곧장 복사된다. 터미널 창을 마우스로 드래그했을 때가 좋은 예다. 드래그를 하자마자 그 내용이 바로 프라이머리 셀렉션에 기록된다.

> **Note** ≡ SSH 등을 통해 원격 리눅스 호스트에 접속했다면 복사하기/붙여넣기 기능은 리눅스 호스트의 X셀렉션이 아닌 로컬 컴퓨터에서 처리된다.

표 10-2는 그놈 터미널(gnome-terminal)과 KDE의 Konsole(konsole)에서 X셀렉션에 접근할 수 있는 마우스 및 키보드 동작의 목록이다. 이와 다른 터미널 프로그램을 쓰고 있다면, 편집 메뉴에서 복사하기 및 붙여넣기 기능의 단축키를 확인하길 바란다.

---

[4] 사실 X셀렉션 시스템은 이 외에도 세컨더리 셀렉션(secondary selection)이라는 것까지 포함해 총 세 가지가 있다. 그러나 세컨더리 셀렉션을 채택한 데스크톱 환경은 거의 없다.

▼ 표 10-2 일반적인 터미널에서 X셀렉션을 사용하는 방법

기능	클립보드	프라이머리 셀렉션
복사하기(마우스)	우클릭 메뉴를 연 후 복사하기를 클릭	클릭 후 드래그 또는 더블 클릭(현재 단어 선택) 또는 트리플 클릭(현재 줄 선택)
붙여넣기(마우스)	우클릭 메뉴를 연 후 붙여넣기를 클릭	마우스 가운데 버튼(휠) 클릭
복사하기(키보드)	Ctrl + Shift + C	불가
붙여넣기(키보드), gnome-terminal	Ctrl + Shift + V 또는 Ctrl + Shift + Insert	Shift + Insert
붙여넣기(키보드), konsole	Ctrl + Shift + V 또는 Shift + Insert	Ctrl + Shift + Insert

10.3.1 셀렉션을 표준 입력과 표준 출력 스트림에 연결하기

리눅스 명령 xclip은 X셀렉션과 표준 입력 및 표준 출력 스트림을 연결하는 기능을 제공한다. 이 명령을 사용해 파이프라인이나 다른 명령에 복사 또는 붙여넣기 기능을 쓸 수 있다. 예를 들어 지금까지는 애플리케이션에 텍스트를 붙여넣는 데 다음과 같은 과정이 필요했다.

1. 리눅스 명령을 실행하고 그 결과를 파일로 리다이렉트하기
2. 파일 내용을 확인하기
3. 마우스를 사용해 파일 내용을 드래그하고 클립보드에 복사하기
4. 다른 애플리케이션에 복사한 내용을 붙여넣기

그러나 xclip 명령을 사용하면 그 과정이 대폭 단축된다.

1. 리눅스 명령의 출력을 xclip으로 파이핑하기
2. 다른 애플리케이션에 붙여넣기

반대로, 애플리케이션의 텍스트를 리눅스 명령으로 처리하려면 다음과 같이 파일에 붙여넣은 다음에야 가능했다.

1. 애플리케이션에서 마우스로 텍스트를 선택한 후 복사하기
2. 텍스트 파일에 붙여넣기
3. 텍스트 파일을 리눅스 명령으로 처리하기

이것도 xclip을 사용하면 간단해진다.

1. 애플리케이션에서 마우스로 텍스트를 선택한 후 복사하기
2. xclip -o 명령의 출력을 다른 리눅스 명령으로 파이핑하기

> ⚠️ **Warning** 이 책을 리눅스 컴퓨터에서 전자책으로 보고 있다면, 이번 절에 나온 몇 가지 xclip 예제를 시험해보고 싶을 것이다. 그럴 경우, 명령을 책에서 직접 복사한 후 셸에 붙여넣어서는 안 된다. 직접 손으로 입력해 넣길 바란다. 명령을 복사할 때 앞의 명령에서 xclip 명령으로 복사된 내용이 덮어 씌워지기 때문이다. 그로 인해 의도치 않은 일이 일어날 수 있으니 유의하길 바란다.

xclip의 기본 동작은 표준 입력 스트림에서 내용을 읽어 프라이머리 셀렉션에 기록하는 것이다. 파일로부터도 내용을 읽어들일 수 있다.

📁 chapter10 ⟩ connecting_selections_stdin_stdout

```
$ xclip < myfile.txt
```

또는 파이핑도 가능하다.

```
$ echo "Efficient Linux at the Command Line" | xclip
```

텍스트를 다시 표준 출력 스트림으로 출력하거나, 다른 명령(여기서는 wc)으로 파이핑할 수 있다.

```
$ xclip -o                          # 표준 출력 스트림으로 붙여넣기
Efficient Linux at the Command Line
$ xclip -o > anotherfile.txt        # 파일로 붙여넣기
$ xclip -o | wc -w                  # 단어 수 세기
6
```

여러 명령을 조합했더라도 표준 출력 스트림으로 출력하는 명령이라면 xclip으로 파이핑할 수 있다. 이 예제는 1.2.6절에서 등장했던 예제다.

```
$ cut -f1 grades | sort | uniq -c | sort -nr | head -n1 | cut -c9 | xclip
```

echo -n 명령에서 빈 문자열을 보내 프라이머리 셀렉션의 내용을 비운다.

```
$ echo -n | xclip
```

이때 -n 옵션이 중요하다. 그렇지 않으면, 개행 문자가 전달돼 프라이머리 셀렉션에 개행 문자가 내용으로 남게 된다.

프라이머리 셀렉션 대신 클립보드로 텍스트를 복사하고 싶다면 xclip 명령에 -selection clipboard를 지정한다.

```
$ echo https://oreilly.com | xclip -selection clipboard    # 복사하기
$ xclip -selection clipboard -o                            # 붙여넣기
https://oreilly.com
```

xclip의 옵션은 다른 것과 혼동되지 않는 한 줄여 쓸 수도 있다.

```
$ xclip -sel c -o          # xclip -selection clipboard -o와 같다
https://oreilly.com
```

파이어폭스 브라우저 창을 띄워 조금 전의 URL을 찾아가게 하려면, 다음 명령을 쓰면 된다.

```
$ firefox $(xclip -selection clipboard -o)
```

xclip 외에도 X셀렉션의 내용을 읽거나 쓸 수 있는 xsel 명령이 있다. xsel에는 몇 가지 기능이 더 있는데, 셀렉션의 내용을 비우거나(xsel -c) 뒤에 이어 추가하는(xsel -a) 기능이다. xsel 역시 man 도움말을 참고하면서 자유롭게 활용해보길 바란다.

10.3.2 패스워드 관리 도구 개선하기

xclip에서 새로 배운 기능을 앞서 9장에서 만들었던 패스워드 관리 도구 pman에 통합해보자. pman 스크립트가 vault.gpg 파일에서 일치하는 줄을 찾으면 해당 줄의 사용자명은 클립보드에, 패스워드는 프라이머리 셀렉션에 복사하도록 할 생각이다. 그러면 웹 사이트에서 사용자명은 Ctrl+V, 패스워드는 마우스 가운데 버튼을 눌러 편리하게 로그인할 수 있을 것이다.

> ⚠️ **Warning** 실습을 하기 전에 클립보드 관리자처럼 X셀렉션의 내용을 추적하는 애플리케이션을 먼저 종료해야 한다. 그렇지 않으면, 민감한 정보인 사용자명과 패스워드가 이들 애플리케이션에 드러나게 된다. 이는 보안 위협이 될 수 있다.

새롭게 수정된 pman 스크립트를 예제 10-3에 실었다. 다음과 같이 동작이 변경됐다.

- load_password라는 새로운 함수가 도입됐다. 이 함수는 사용자명과 패스워드의 쌍을 X셀렉션으로 읽어들이는 역할을 한다.
- 키(필드 3)의 완전 일치/다른 필드의 불완전 일치와 상관없이 검색 결과가 1건인 경우 load_password 함수를 실행한다.
- 검색 결과가 2건 이상인 경우, 검색 결과의 키와 메모(필드 3, 4)를 출력해 원하는 계정을 정확히 고를 수 있도록 한다.

예제 10-3 셀렉션의 형태로 사용자명과 패스워드를 읽어들이도록 수정된 pman 스크립트

```
#!/bin/bash
PROGRAM=$(basename $0)
DATABASE=$HOME/etc/vault.gpg

load_password () {
    # 사용자명(필드 1)은 클립보드로 읽어들임
    echo "$1" | cut -f1 | tr -d '\n' | xclip -selection clipboard
    # 패스워드(필드 2)는 프라이머리 셀렉션으로 읽어들임
    echo "$1" | cut -f2 | tr -d '\n' | xclip -selection primary
    # 사용자에게 결과를 알림
    echo "$PROGRAM: Found" $(echo "$1" | cut -f3- --output-delimiter ': ')
    echo "$PROGRAM: username and password loaded into X selections"
}

if [ $# -ne 1 ]; then
    >&2 echo "$PROGRAM: look up passwords"
    >&2 echo "Usage: $PROGRAM string"
    exit 1
fi
searchstring="$1"

# 복호화된 텍스트를 변수로 저장
decrypted=$(gpg -d -q "$DATABASE")
if [ $? -ne 0 ]; then
    >&2 echo "$PROGRAM: could not decrypt $DATABASE"
    exit 1
fi

# 키가 완전히 일치하는 건을 검색
match=$(echo "$decrypted" | awk '$3~/^'$searchstring'$/')
if [ -n "$match" ]; then
```

```
        load_password "$match"
        exit $?
fi

# 다른 필드에서 일부라도 일치하는 건을 검색
match=$(echo "$decrypted" | awk "/$searchstring/")
if [ -z "$match" ]; then
    >&2 echo "$PROGRAM: no matches"
    exit 1
fi

# 검색 건수를 확인
count=$(echo "$match" | wc -l)

case "$count" in
    0)
        >&2 echo "$PROGRAM: no matches"
        exit 1
        ;;
    1)
        load_password "$match"
        exit $?
        ;;
    *)
        >&2 echo "$PROGRAM: multiple matches for the following keys:"
        echo "$match" | cut -f3
        >&2 echo "$PROGRAM: rerun this script with one of the keys"
        exit
        ;;
esac
```

스크립트를 실행해보자.

📁 chapter10 〉 improving_password_manager

$ **pman dropbox**
Passphrase: **xxxxxxxx**
pman: Found dropbox: dropbox.com account for work
pman: username and password loaded into X selections
$ **pman account**
Passphrase: **xxxxxxxx**
pman: multiple matches for the following keys:
google

```
dropbox
bank
dropbox2
pman: rerun this script with one of the keys
```

패스워드는 새로운 내용으로 덮어 씌워질 때까지 프라이머리 셀렉션에 그대로 남는다. 잠시 후 (이를테면 30초쯤 후)에 프라이머리 셀렉션의 내용을 삭제하려면, load_password 함수 뒤에 다음 줄을 덧붙여준다. 이 줄의 내용은 하위 셸을 백그라운드로 실행해 30초를 기다렸다가 프라이머리 셀렉션의 내용을 삭제(빈 문자열을 전달해서)하는 것이다. 유지 시간은 원하는 대로 수정하면 된다.

```
(sleep 30 && echo -n | xclip -selection primary) &
```

10.1.1절 '터미널 창과 웹 브라우저 창 바로 띄우기'에서 터미널 창을 띄우는 단축키를 정의해뒀다면, 이제 패스워드를 바로 검색할 수 있다. 단축키로 터미널을 띄운 다음, pman 스크립트를 실행하고 터미널을 다시 닫으면 된다.

10.4 정리

여러분의 손이 키보드에 머무르는 시간을 늘리는 데 이번 장의 내용이 도움이 됐길 바란다. 처음에는 오히려 번거롭게 느껴지겠지만, 익숙해지면 훨씬 빠르고 편하게 느껴진다. 머지않아 바탕화면의 창, 웹 문서, X셀렉션을 키보드만으로 능수능란하게 다루는 여러분의 모습을 친구들이 부러워하게 될 것이다.

11장

시간을 절약하는 팁

11.1 빠른 자가 승리한다
11.2 장기적인 학습이 필요한 것들
11.3 정리

나는 이 책을 집필하면서 매우 즐거운 시간을 보냈다. 여러분도 책을 읽으면서 같은 기분이었길 바란다. 이번 장에서는 다른 장의 내용과 들어맞지 않아 다루지 못했던 여러 가지 소소한 내용을 살펴본다. 소소하지만 내게는 많은 도움이 되는 팁이었으니 여러분에게도 유용했으면 좋겠다.

11.1 빠른 자가 승리한다

이번에 소개할 팁은 몇 분 안에 익힐 수 있는 간단한 것들이다.

11.1.1 less 명령에서 편집기로 바로 이동하기

less 명령으로 텍스트 파일을 읽다가 갑자기 파일을 편집해야 할 때가 있다. 이때 less를 종료하지 말고, ⓥ 키를 누르면 선호하는 텍스트 편집기가 실행된다. 조금 전 less 명령에서 텍스트를 읽던 자리에 바로 커서가 있을 것이다. 편집을 마치고 다시 less로 돌아오면, 원래 위치에서 계속 텍스트를 읽어나갈 수 있다.

이 팁이 유용하려면 EDITOR 또는 VISUAL 환경변수에 값을 지정해야 한다. 이들 환경변수는 다른 명령(less, lynx, git, crontab 외 여러 명령)에서 사용될 편집기가 무엇인지 지정하는 역할을 한다. 예를 들어 선호하는 편집기를 emacs로 설정하려면, 다음 내용을 셸 설정 파일에 추가한 다음 설정을 반영하면 된다.

```
VISUAL=emacs
EDITOR=emacs
```

이 환경변수를 설정하지 않았다면 시스템에 지정된 편집기(대부분은 vim)가 실행된다. vim이 실행된 상태에서 빠져나오는 방법을 모르더라도 당황할 필요는 없다. vim을 종료하려면 ESC 키를 누르고 :q!(콜론, q, 느낌표)를 입력한 후 Enter 키를 누르면 된다. emacs를 종료하려면 Ctrl + C 다음에 Ctrl + X 를 누르면 된다.

11.1.2 지정된 문자열이 포함된 파일을 편집하기

현재 작업 디렉터리에 있는 파일 중 특정한 문자열(혹은 정규표현식과 일치하는)이 포함된 파일을 모두 수정해야 할 때가 있다. grep -l 명령으로 이러한 파일의 목록을 만든 다음, 명령 치환 기능을 통해 편집기에 이 파일의 목록을 전달하면 된다. 선호하는 편집기가 vim이라고 가정하면, 다음 명령을 사용하면 된다.

📁 chapter11
```
$ vim $(grep -l <문자열> *)
```

하위 디렉터리까지 포함해 문자열이 포함된 파일을 모두 편집하고 싶다면 grep 명령에 -r 옵션('recursive'를 의미한다)을 추가하고 대상을 현재 디렉터리(.)로 지정하면 된다.

```
$ vim $(grep -lr <문자열> .)
```

디렉터리 트리 구조가 크다면, grep -r 대신 find와 xargs를 조합하는 편이 더 빠르다.

```
$ vim $(find . -type f -print0 | xargs -0 grep -l <문자열>)
```

7.2.1절 '세 번째 방법: 명령 치환하기'에서 같은 방법을 이미 소개했지만, 그만큼 유용하기 때문에 한 번 더 다뤘다. 공백이나 특수 문자가 포함된 파일명에는 주의가 필요하다. 7.2.1절의 박스 설명 '특수 문자와 명령 치환'에서 설명했듯이 이들 문자가 셸에서 평가되면서 의도치 않은 결과를 가져올 수 있기 때문이다.

11.1.3 잦은 오타를 자동 처리하기

어떤 명령을 입력할 때 같은 오타를 계속 낸다면, 오타 자체를 별명으로 정의해 명령이 제대로 실행되도록 하면 된다.

```
alias firfox=firefox
alias les=less
alias meacs=emacs
```

이때 별명을 원래 명령과 같은 이름으로 정의해 원래 명령을 섀도잉하지 않도록 주의해야 한다. 별명을 정의하기 전에 which나 type 명령으로 해당 이름으로 실제 실행되는 명령이 무엇인지 먼저 확인(2.7절 '실행할 프로그램 찾기' 참조)하거나 man 명령으로 같은 이름의 기존 명령이 있는지 검증해야 한다.

```
$ type firfox
bash: type: firfox: not found
$ man firfox
No manual entry for firfox
```

11.1.4 빠르게 빈 파일을 생성하기

리눅스에서 빈 파일을 만드는 방법은 여러 가지가 있다. touch 명령은 파일의 수정 일시를 업데이트하고, 같은 이름의 파일이 없다면 새로 파일을 생성한다.

```
$ touch newfile1
```

touch 명령은 테스트에 사용할 많은 수의 빈 파일을 만들 때도 유용하다.

```
$ mkdir tmp                    # 디렉터리를 생성
$ cd tmp
$ touch file{0000..9999}.txt   # 10,000개의 파일을 생성
$ cd ..
$ rm -rf tmp                   # 디렉터리 및 파일을 삭제
```

echo 명령으로 파일에 리다이렉트를 사용해도 빈 파일을 만들 수 있다. 단, -n 옵션을 사용해야 한다.

```
$ echo -n > newfile2
```

-n 옵션을 사용하지 않으면 개행 문자가 들어가므로 빈 파일이 아니게 된다.

11.1.5 한 줄씩 파일 처리하기

파일을 한 줄씩 처리하려면 cat 명령과 while read 반복문을 사용하면 된다.

```
$ cat myfile | while read line; do
... 처리 내용 ...
done
```

예를 들어 어떤 파일(이를테면 /etc/hosts)의 각 줄 길이를 세어야 한다면, 각 줄의 내용을 `wc -c` 명령에 파이핑하면 될 것이다.

```
$ cat /etc/hosts | while read line; do
    echo "$line" | wc -c
  done
65
31
1
...
```

이 방법의 조금 더 실용적인 예는 예제 9-3을 참고하길 바란다.

11.1.6 재귀 실행을 지원하는 명령 확인하기

5.1.4절 'find 명령'에서는 전체 디렉터리 트리를 타고 내려가며 명령을 실행하는 find -exec 명령을 소개했다.

```
$ find . -exec 실행할_명령 \;
```

이 외에도 재귀 실행을 지원하는 명령이 있다. 이런 명령을 미리 알고 있으면 find 명령을 사용할 필요 없이 자체 재귀 실행을 쓰면 되므로 시간이 절약된다.

`ls -R`
디렉터리의 목록을 재귀적으로 열람할 수 있다.

`cp -r` 또는 `cp -a`
디렉터리와 그 안의 파일을 재귀적으로 복사한다.

`rm -r`
디렉터리와 그 안의 파일을 재귀적으로 삭제한다.

`grep -r`
디렉터리 트리 전체의 파일에서 정규표현식으로 검색을 수행한다.

`chmod -R`
파일의 권한을 재귀적으로 조정한다.

chown -R

파일의 소유권을 재귀적으로 조정한다.

chgrp -R

파일의 그룹 소유권을 재귀적으로 조정한다.

11.1.7 man 도움말 읽기

자주 사용하는 명령어(cut이나 grep 등)를 골라 해당 명령의 man 도움말을 처음부터 끝까지 읽어 볼 것을 권한다. 그러면, 아직 사용해보지 못한 새로운 유용한 옵션을 한두 가지 정도는 발견할 수 있다. 틈날 때마다 도움말을 읽으면 리눅스 명령을 사용하는 데 더 능숙해질 것이다.

11.2 장기적인 학습이 필요한 것들

지금부터 소개할 내용은 꽤 많은 노력이 필요한 것들이다. 하지만 수고를 들인 만큼, 먼 훗날에 절약한 시간으로 보상받게 될 것이다. 여기서는 각 주제의 맛보기 정도만 소개한다. 따라서 자세한 내용은 스스로 찾아 학습해야 한다.

11.2.1 bash의 man 도움말 읽기

man bash 명령으로 bash의 공식 도움말 전체(그렇다, 46,000여 단어 모두 말이다)를 읽어보라.

```
$ man bash | wc -w
46318
```

며칠이 걸릴 수도 있겠지만, 천천히 전체 내용을 읽어나가는 것을 권장한다. 그럼 일상적인 리눅스 사용에서부터 차이를 느끼게 될 것이다.

11.2.2 cron, crontab, at 익히기

9.1절 '첫 번째 예제: 파일 찾기'에서는 차후 정기적으로 명령을 자동 실행하기 위한 방법을 간략히 설명했다. 이렇듯 정기적으로 특정 명령이 자동으로 실행되도록 하고 싶을 경우 crontab을 익혀두면 편리하다. 예를 들어 정기적으로 외장 드라이브에 파일을 백업하거나, 한 달에 한 번 있는 행사를 알려주는 이메일을 보내도록 할 수 있다.

crontab 명령을 실행하기 전에 먼저 11.1.1절 'less 명령에서 편집기로 바로 이동하기'를 참조해 선호하는 편집기를 지정해두길 바란다. 그리고 crontab -e 명령을 입력하면 정기적으로 실행할 명령을 편집할 수 있다. crontab이 앞서 지정한 편집기를 실행해 빈 파일에서 명령을 지정하도록 해주는데, 이 파일을 crontab 파일이라고 한다.

crontab 파일에 기술된 명령(흔히 크론잡(cronjob)이라고 한다)은 한 줄에 여섯 개의 필드로 구성된다. 앞의 다섯 개 필드는 해당 명령이 실행될 스케줄을 분, 시, 일, 월, 요일 순서로 지정하는 필드다. 이 필드를 사용해 한 시간에 한 번, 매일 한 번, 일주일에 한 번, 한 달에 한 번, 1년에 한 번, 한 달 중 특정일 또는 시간 같은 복잡한 스케줄을 정의할 수 있다. 다음 예를 살펴보자.

```
* * * * *           # 1분에 한 번씩 실행한다
30 7 * * *          # 매일 07시 30분에 실행한다
30 7 5 * *          # 매월 5일 07시 30분에 실행한다
30 7 5 1 *          # 매년 1월 5일 07시 30분에 실행한다
30 7 * * 1          # 매주 월요일 07시 30분에 실행한다
```

여섯 개 필드를 모두 기술하고 파일을 저장한 후 편집기를 종료하면, 기술한 스케줄에 따라 명령이 자동으로 실행된다(이 실행은 cron이라는 프로그램이 맡는다). 스케줄 필드는 암호 같아서 한눈에 알아보기는 힘들지만 crontab의 man 도움말(man 5 crontab)에 잘 정리돼 있으며, 이를 다루는 온라인 튜토리얼도 여러 개가 있다(cron tutorial 등의 검색어로 검색해보자).

at 명령도 배워두기를 권한다. 이 명령은 정해진 시간에 지정한 명령을 한 번 실행하는 것으로, cron과 달리 반복 실행이 되지 않는다. 자세한 내용은 man at 명령을 사용해 도움말을 참고하라. 다음은 내일 오후 10시에 '양치질을 하라'는 알림 이메일을 보내는 명령의 예다.

```
$ at 22:00 tomorrow
warning: commands will be executed using /bin/sh
at> echo brush your teeth | mail $USER
at> ^D                          # Ctrl+D 키로 입력을 완료한다
job 1 at Fri Sep 8 22:00:00 2023
```

예약 중인 at 작업의 목록은 atq 명령으로 확인할 수 있다.

```
$ atq
699         Sun Nov 14 22:00:00 20211 a smith
```

해당 작업에서 실행할 명령을 확인하려면, at -c 명령에 인수로 작업 번호를 지정한 후 출력되는 내용의 끝부분을 보면 된다.

```
$ at -c 699 | tail
echo brush your teeth | mail $USER
```

아직 실행되지 않은 at 작업을 삭제하려면 atrm 명령 뒤로 작업 번호를 입력하면 된다.

```
$ atrm 699
```

11.2.3 rsync 명령 익히기

하위 디렉터리를 포함해 디렉터리 전체를 다른 곳으로 복사할 때 cp -r 명령이나 cp -a 명령을 사용하는 사람이 많다.

📁 chpater11 〉 learn_rsync
```
$ cp -a dir1 dir2
```

처음 복사하는 것이라면 cp 명령으로도 괜찮지만, 원본 디렉터리(dir1)를 수정한 후 다시 복사하려면 cp 명령은 변경하지 않은 것까지 모든 내용을 다시 복사하므로 낭비가 심하다.

rsync 명령은 원본 디렉터리와 대상 디렉터리의 다른 부분만을 복사하므로 cp보다 조금 더 똑똑하다.

```
$ rsync -a dir1/ dir2
```

> **Note** 위의 명령에서 dir1 뒤의 슬래시는 dir1 디렉터리 안의 파일을 복사하라는 의미다. 이 슬래시가 없으면, rsync 명령은 dir1 디렉터리 자체를 복사하므로 dir2/dir1 디렉터리가 생긴다.

복사한 후 나중에 dir1 디렉터리에 파일을 추가했다면 rsync 명령은 두 번째 복사에서 파일 하나만 복사한다. dir1 디렉터리 내 파일의 한 줄만 수정했다면 역시 마찬가지로 이 한 줄만 복사된다.

이는 복잡한 디렉터리 구조를 여러 번 반복해서 복사할 때 아주 유용하고 효율적이다. 또한, SSH 접속을 통해 원격 서버로도 복사할 수 있다.

rsync 명령에는 다양한 옵션이 있다. 여기서는 그중 유용한 것을 골라 소개한다.

-v (verbose)
복사된 파일의 이름을 출력한다.

-n
(실제 복사하지 않고) 복사하는 척한다. -v 옵션과 함께 사용하면 어떤 파일이 복사되는지 확인할 수 있다.

-x
파일 시스템 경계를 넘어가지 않도록 한다.

효율적인 파일 복사 작업을 위해 rsync 명령을 잘 익혀두기를 권한다. 코빈 브라운(Korbin Brown)이 포스팅한 'Rsync Examples in Linux'(https://oreil.ly/7gHCi)의 예제와 man 도움말을 숙지하면 좋다.

11.2.4 다른 스크립트 언어 익히기

셸 스크립트는 편리하고 강력한 기능을 제공하지만 몇 가지 큰 단점을 갖고 있다. 예를 들면 공백 문자를 포함하는 파일명을 다루기에 까다롭다. 지정된 파일을 삭제하는 다음과 같은 간단한 bash 스크립트를 살펴보자.

📁 chpater11 〉 learn_another_scripting_language
```
#!/bin/bash
BOOKTITLE="Slow Inefficient Linux"
rm $BOOKTITLE                          # 이렇게 하면 안 된다
```

위 스크립트를 보면 둘째 줄에서 Slow Inefficient Linux라는 이름의 파일이 삭제될 것 같지만, 실행 결과는 그렇지 않다. 이 스크립트를 실제로 실행하면 Slow, Inefficient, Linux라는 이름의 파일을 찾아 삭제를 시도한다. rm 명령의 실행보다 $BOOKTITLE 변수의 값이 먼저 평가되기 때문이다. 공백 문자로 인해 세 개의 파일명으로 해석되므로 다음과 같은 명령으로 해석된다.

```
rm Slow Efficient Linux
```

그러면 세 개의 인수로 rm 명령이 실행되고 의도하지 않은 파일이 삭제된다. 의도대로 파일을 삭제하려면 $BOOKTITLE을 다음과 같이 큰따옴표로 감싸야 한다.

```
rm "$BOOKTITLE"
```

그러면 다음 명령이 실행되는 것과 같다.

```
rm "Slow Efficient Linux"
```

이렇듯 까다로우면서도 자칫하면 큰 문제를 일으킬 수 있는 단점이 여럿 있으므로, 셸 스크립트는 중요한 일을 처리하는 데는 적합하지 않다. 따라서 펄이나 PHP, 파이썬, 루비 같은 또 다른 스크립트 언어를 익혀두기를 권하고 싶다. 이들 스크립트 언어는 공백 문자를 제대로 처리할 수 있으며 데이터 구조를 다룰 수 있다. 또한, 강력한 문자열 조작 기능뿐 아니라 계산 기능까지 지원하는 등 셸 스크립트에 비해 장점이 많다.

복잡한 한 줄 명령이나 간단한 스크립트까지는 셸 스크립트를 활용하되, 더욱 복잡하고 중요한 일은 이들 스크립트 언어를 사용하는 것이 낫다. 온라인에 여러 스크립트 언어의 튜토리얼이 있으므로 마음에 드는 것을 골라 익혀보길 바란다.

11.2.5 프로그래밍이 아닌 작업에 make 명령 활용하기

make 프로그램은 정해진 규칙에 따라 파일을 업데이트한다. 이 프로그램은 본래 소프트웨어 개발 작업을 돕기 위해 만들어졌지만, 잘 활용하면 일상적인 리눅스 사용에도 큰 도움이 된다.

chapter1.txt, chapter2.txt, chapter3.txt라는 세 개의 파일이 있다고 가정해보자. 여기에 이들 파일을 합친 내용이 담긴 book.txt라는 파일이 하나 더 있다. chapter 파일 중 하나를 수정하고 나면 다시 chapter 파일들을 합쳐 book.txt 파일을 만들어야 한다. 즉, 다음 명령과 같은 작업이 필요하다.

📁 chpater11 〉 use_make
```
$ cat chapter1.txt chapter2.txt chapter3.txt > book.txt
```

바로 이런 경우에 make를 유용하게 사용할 수 있다. 정리하면 다음과 같다.

- 여러 개의 파일이 있다.
- 파일 간에 관계가 있다(chapter 파일들이 수정될 때마다 book.txt 파일이 수정돼야 함).
- book.txt 파일을 업데이트하는 명령이 필요하다.

make 명령은 규칙과 명령이 담긴 설정 파일(주로 'Makefile'이라는 이름으로 작성된다)을 읽고 이를 따르는 방식으로 동작한다. 예를 들어 다음의 Makefile 규칙은 book.txt 파일의 내용이 세 개의 chapter 파일로 결정된다는 내용을 기술한 것이다.

```
book.txt:    chapter1.txt chapter2.txt chapter3.txt
```

규칙의 적용 대상(여기서는 book.txt)의 마지막 수정 시각이 의존 대상(chapter 파일들)보다 오래됐다면, 적용 대상이 최신 상태가 아니라고 간주한다. 그리고 이 뒤에 지정된 명령으로 적용 대상을 최신 상태로 업데이트한다.

```
book.txt:    chapter1.txt chapter2.txt chapter3.txt
             cat chapter1.txt chapter2.txt chapter3.txt > book.txt
```

make 명령만 실행하면 이러한 규칙이 적용된다.

```
$ ls
Makefile  chapter1.txt  chapter2.txt  chapter3.txt
$ make
cat chapter1.txt chapter2.txt chapter3.txt > book.txt      # make 명령이 실행한 명령
$ ls
Makefile  book.txt  chapter1.txt  chapter2.txt  chapter3.txt
$ make
make: 'book.txt' is up to date.
$ vim chapter2.txt                                          # chapter 파일을 수정한다
$ make
cat chapter1.txt chapter2.txt chapter3.txt > book.txt
```

make 명령은 본래 프로그래밍 작업을 위해 만든 프로그램이지만, 조금만 익히면 프로그래밍이 아닌 작업에도 충분히 활용할 수 있다. 다른 파일의 내용으로 만들어지는 파일이 있다면, 그 규칙을 Makefile에 작성하기만 하면 된다.

이 책의 원고를 집필하고 수정할 때도 make 명령을 사용했다. 이 책의 원고는 아스키닥(AsciiDoc)이라는 조판용 언어로 작성해서 주기적으로 웹 브라우저로 볼 수 있는 HTML 포맷으로 변환했는데, 이 책의 아스키닥 원고를 HTML로 변환하는 명령은 다음과 같았다.

```
%.html:     %.asciidoc
            asciidoctor -o $@ $<
```

이 명령의 의미는 다음과 같다. 확장자가 .asciidoc인 파일(%.asciidoc)을 찾아 같은 이름의 .html 파일(%.html)을 생성하라. html 파일의 마지막 수정 시간이 asciidoc 파일보다 오래됐다면 asciidoctor 명령을 실행해 의존하는 파일($<)로부터 대상 html 파일(-o $@)을 재생성하라. 그럼 알아보기는 조금 까다롭지만 간결하게 규칙을 작성할 수 있다. 이제 make 명령 한 번이면, 여러분이 읽고 있는 책의 HTML 원고 파일을 최신 상태로 업데이트할 수 있다.

```
$ ls ch11*
ch11.asciidoc
$ make ch11.html
asciidoctor -o ch11.html ch11.asciidoc
$ ls ch11*
ch11.asciidoc  ch11.html
$ firefox ch11.html                      # HTML 파일 확인하기
```

간단한 규칙부터 연습하면 한 시간 이내에 make 명령을 익숙하게 사용할 수 있으며, 익히는 데 들인 노력과 시간이 아깝지 않을 것이다. makefiletutorial.com에서 도움이 될 만한 튜토리얼을 추가로 찾아볼 수 있다.

11.2.6 일상적으로 수정하는 파일에 형상 관리 적용하기

파일을 수정했다가 파일 내용을 망쳐버리지는 않을지 걱정한 적이 있는가? 지금까지는 두려움 때문에 백업 파일을 복사해두고 파일을 수정해왔을 것이다. 파일을 잘못 수정했다면 원래 상태로 되돌릴 수 있도록 말이다.

```
$ cp myfile myfile.bak
```

하지만 파일 수가 많아진다면 이러한 방법을 쓰기 어려워진다. 수십 내지 수백 개에 이르는 파일을 수십 명에서 수백 명의 사람들이 동시에 수정하고 있다면 어떻게 될까? Git이나 서브버전 같은 형상 관리 도구는 파일의 버전 관리를 둘러싼 문제를 편리하게 해결하고자 만들어진 도구다.

Git은 소프트웨어의 소스 코드를 관리하는 목적으로 이미 널리 쓰이고 있다. 소스 코드 파일이 아니더라도, 여러분에게 중요한 텍스트 파일이 있다면 형상 관리 도구로 파일을 관리하는 것을 권하고 싶다. 개인적인 파일이든 /etc 디렉터리에 담긴 운영체제의 파일이든 상관없다. 6.5.2절 '다른 컴퓨터로 환경 파일 가져가기'에서는 bash 설정 파일을 형상 관리 도구로 관리하는 방법을 소개했다.

이 책의 원고를 관리하는 데도 Git을 사용했기 때문에 특별한 방법을 쓰지 않고도 원고를 다양한 방향으로 동시에 작성해나갈 수 있었다. 이 책은 세 가지 버전으로 관리됐다. 첫 번째는 지금까지 작성된 전체 원고였고, 두 번째는 편집자에게 검토를 맡긴 장만 모아놓은 원고였으며, 세 번째는 새로운 아이디어를 적용 중인 장만 모아놓은 원고였다. 원고를 작성하다가 내용이 마음에 들지 않으면 명령 한 번에 이전 상태로 되돌아갈 수 있었다.

Git의 사용법은 이 책의 주제를 벗어나므로 여러분이 형상 관리 도구의 장점을 느낄 수 있도록 기본적인 워크플로만을 소개한다. 현재 작업 디렉터리를 Git 저장소로 만들려면 다음 명령을 실행한다.

```
$ git init
```

몇몇 파일을 수정한 다음, 이들 파일을 '스테이징 영역'에 추가한다. 파일을 스테이징 영역에 추가한다는 것은 해당 파일을 지금의 상태로 해서 새로운 버전으로 만들겠다는 뜻이다.

```
$ git add .
```

변경 사항에 대한 주석과 함께 새로운 버전을 만든다.

```
$ git commit -m "X를 Y로 수정함"
```

그리고 버전 히스토리를 확인한다.

```
$ git log
```

이 외에도 파일을 이전 버전으로 되돌리는 방법과 다른 서버에 버전을 저장(푸시)하는 방법 등이 있지만, 이에 대한 자세한 내용은 Git 튜토리얼(https://oreil.ly/0AlOu)을 참고하길 바란다.

11.3 정리

이 책을 마지막까지 읽어주신 독자 여러분께 저자로서 감사드린다. 리눅스 실력을 한층 끌어올려 주겠다고 했던 이 책 첫머리의 약속이 지켜졌길 바란다. 부디 행복한 컴퓨팅이 되길!

부록 A
리눅스 기초 사용법

A.1 명령과 인수, 옵션

A.2 파일 시스템과 디렉터리, 경로

A.3 디렉터리 이동하기

A.4 파일 생성 및 편집하기

A.5 파일 및 디렉터리 다루기

A.6 파일 내용 확인하기

A.7 파일 권한 조정하기

A.8 프로세스 다루기

A.9 참조 문서 보기

A.10 셸 스크립트

A.11 슈퍼 유저 권한 획득하기

A.12 참고 도서 목록

리눅스 기초 사용법이 잘 기억나지 않는다면, 간단히 여러분의 기억을 되살려보자(리눅스를 정말 처음 사용해본다면, 이 부록의 내용만으로는 부족하다. 따라서 이 부록 마지막의 독서 목록을 참고해 따로 공부하길 바란다).

A.1 명령과 인수, 옵션

명령행에서 리눅스 명령을 실행하려면 명령을 입력한 후 Enter 키를 누르면 된다. 실행 중인 명령을 강제 종료하려면 Ctrl+C를 누르면 된다.

간단한 리눅스 명령은 프로그램의 이름을 나타내는 한 단어면 족하다. 그 뒤로 인수라고 하는 문자열이 온다. 예를 들어 다음 명령은 프로그램의 이름인 ls와 두 개의 인수로 구성된다.

```
$ ls -l /bin
```

인수 중에 대시(-) 기호로 시작되는 것을 옵션이라고 한다. 옵션은 프로그램의 동작에 변화를 주기 위해 사용한다. 옵션 외의 인수로는 파일명, 디렉터리명, 사용자명, 호스트명 등 프로그램이 필요로 하는 정보를 담은 문자열이 쓰인다. 옵션은 대체로(항상은 아니다) 다른 인수보다 앞에 온다.

옵션은 프로그램에 따라 여러 가지 형태가 될 수 있다.

- 한 문자 형태(예: -l). 간혹 다른 값이 뒤에 따르는 형태도 있다(예: -n 10). 문자와 값 사이에 오는 공백 문자는 대개 생략 가능하다(예: -n10).

- 두 개의 대시 기호 뒤에 오는 하나의 단어 형태(예: --long). 간혹 다른 값이 뒤에 따르는 형태도 있다(예: --block-size 100). 옵션과 값 사이에 오는 공백 문자는 대개 등호 기호로 갈음할 수 있다(예: --block-size=100).

- 하나의 대시 기호 뒤에 오는 하나의 단어 형태(예: -type). 간혹 다른 값이 뒤에 따르는 형태도 있다(예: -type f). 이러한 형태의 옵션이 사용되는 명령은 비교적 드물다. find가 이러한 예다.

- 대시가 없는 한 문자 형태. 이러한 형태의 옵션이 사용되는 명령도 드물다. tar가 이러한 예다.

여러 개의 옵션을 하나의 대시 기호 뒤에 이어 쓸 수 있는 명령도 있다. 예를 들어 ls -al은 ls -a -l과 같은 의미다.

같은 문자열을 사용하는 옵션이라도 프로그램에 따라 의미가 달라질 수 있다. ls -l의 -l은 '긴 (long) 출력 형식'이라는 뜻이지만, wc -l의 -l은 '텍스트의 줄(line)'을 의미한다. 또한, 두 프로그램에서 서로 다른 옵션을 같은 의미로 사용하기도 한다. '출력 내용을 적게, 또는 출력 내용 없이'라는 의미로 -q 옵션을 사용하는 프로그램이 있는가 하면, 같은 의미로 -s 옵션을 사용하는 프로그램도 있다. 이러한 비일관성 역시 리눅스를 익히기 어렵게 하는 요인 중 하나다. 하지만 언젠가는 익숙해지게 될 것이다.

A.2 파일 시스템과 디렉터리, 경로

리눅스에서 파일은 트리 구조(그림 A-1)를 갖는 디렉터리(폴더) 안에 위치한다. 이 트리 구조는 역슬래시 기호로 나타내는 루트 디렉터리라는 특별한 디렉터리로부터 시작된다. 디렉터리에는 파일과 다른 디렉터리(하위 디렉터리)가 포함될 수 있다. 예를 들어 Music 디렉터리 안에 mp3 디렉터리와 SheetMusic 디렉터리가 있다면, 이들 디렉터리를 하위 디렉터리라 하고 Music 디렉터리를 이들 디렉터리의 부모 디렉터리라 한다. 같은 부모 디렉터리를 갖는 디렉터리는 서로 형제 디렉터리라고 한다.

트리 구조 내의 경로는 슬래시 기호로 구분되는 디렉터리명의 연속열로 나타낼 수 있다. /home/smith/Music/mp3와 같은 식이다. 경로의 마지막에는 파일명이 올 수 있다(예: /home/smith/Music/mp3/catalog.txt). 또 앞서 본 두 개의 경로는 절대 경로(absolute path)라고 한다. 루트 디렉터리로부터 경로가 시작(슬래시 기호로 시작)하기 때문이다. 반면 루트 디렉터리로부터 시작하지 않는(슬래시 기호로 시작하지 않는) 경로는 상대 경로(relative path)라고 한다. 현재 디렉터리를 기준으로 하는 경로이기 때문이다. 현재 디렉터리가 /home/smith/Music이라면 mp3(하위 디렉터리) 또는 mp3/catalog.txt(파일) 등의 상대 경로가 있을 수 있다. catalog.txt처럼 파일명만 있더라도 /home/smith/Music/mp3를 기준으로 하는 상대 경로가 된다.

두 개의 특별한 상대 경로가 있다. 하나는 점(.)으로 표현되는 현재 디렉터리이고, 다른 하나는 현재 디렉터리의 부모 디렉터리를 나타내는 두 개의 점(..)이다.[1] 이들 역시 다른 경로에 포함돼 사용될 수 있다. 예를 들어 현재 디렉터리가 /home/smith/Music/mp3일 때 상대 경로 ..은 Music 디렉터리가 되며, ../../../..은 루트 디렉터리, ../SheetMusic은 mp3의 형제 디렉터리를 가리킨다.

▼ 그림 A-1 리눅스 디렉터리 트리의 경로

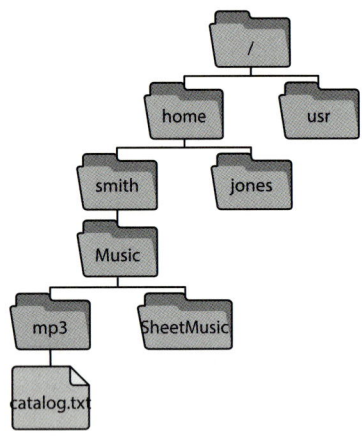

여러분을 비롯해 모든 리눅스 시스템의 사용자는 그 안에서 자유롭게 파일과 디렉터리를 만들고 수정하고 삭제할 수 있는 자신만의 디렉터리를 갖는다. 이 디렉터리를 홈 디렉터리(home directory)라고 한다. 홈 디렉터리의 경로는 대개 /home/smith와 같이 /home/ 뒤로 사용자명이 이어지는 형태다.

A.3 디렉터리 이동하기

명령행은 항상 어떤 디렉터리에 위치한 상태다. 이 디렉터리를 현재 디렉터리(current directory), 작업 디렉터리(working directory), 현재 작업 디렉터리(current working directory)라고 한다. 지금 작업하고 있는 디렉터리를 확인하려면 pwd 명령을 사용한다.

---

1 .과 ..은 셸이 평가하는 표현식이 아니며, 모든 디렉터리에 존재하는 하드 링크다.

appendix01

```
$ pwd
/home/smith                    # smith 사용자의 홈 디렉터리
```

다른 디렉터리로 이동하려면 cd('change directory'를 의미한다) 명령 뒤에 이동하려는 디렉터리의 (상대 혹은 절대) 경로를 입력한다.

```
$ cd /usr/local                # 절대 경로
$ cd bin                       # /usr/local/bin을 가리키는 상대 경로
$ cd ../etc                    # /usr/local/etc를 가리키는 상대 경로
```

A.4 파일 생성 및 편집하기

파일을 편집할 때는 다음과 같은 명령을 실행해 리눅스 표준 편집기를 사용한다.

emacs
이맥스를 실행한 다음, Ctrl+h에 이어서 t 키를 눌러 튜토리얼을 확인한다.

nano
nano-editor.org에서 참조 문서를 확인한다.

vim 또는 vi
vimtutor 명령을 실행해 튜토리얼을 확인한다.

새로운 파일을 생성할 때는 파일명을 인수로 편집기를 실행한다.

```
$ nano newfile.txt
```

touch 명령으로 새로운 파일을 생성할 수도 있다. 원하는 파일명을 인수로 실행한다.

```
$ touch funky.txt
$ ls
funky.txt
```

A.5 파일 및 디렉터리 다루기

어떤 디렉터리(기본값은 현재 작업 디렉터리) 안에 있는 파일의 목록을 확인하려면 ls 명령을 사용한다.

📁 appendix01 〉 file_and_directory_handling

```
$ ls
animals.txt
```

파일이나 디렉터리의 속성을 함께 확인하려면 -l 옵션을 사용한다.

```
$ ls -l
-rw-r--r--  1  smith  smith  325  Jul 3 17:44  animals.txt
```

왼쪽부터 파일 권한(-rw-r--r--), 파일의 소유자(smith) 및 소유 그룹(smith), 파일의 크기(바이트 단위, 325), 최종 수정 일자(Jul 3 17:44), 파일명의 정보다.

기본 설정에서 ls 명령은 .으로 시작되는 파일명을 출력하지 않는다. 이러한 파일을 점 파일(dot file) 또는 숨은 파일(hidden file)이라고 하며, 이들 파일까지 확인하려면 -a 옵션을 사용한다.

```
$ ls -a
.bashrc   .bash_profile   animals.txt
```

파일을 복사하려면 cp 명령을 사용한다. 원본 파일명과 대상 파일명을 인수로 지정한다.

```
$ cp animals.txt beasts.txt
$ ls
animals.txt   beasts.txt
```

파일의 이름을 변경하려면 mv('move'를 의미한다) 명령을 사용한다. 원본 파일명과 대상 파일명을 인수로 지정한다.

```
$ mv beasts.txt   creatures.txt
$ ls
animals.txt   creatures.txt
```

파일을 삭제할 때는 rm('remove'를 의미한다) 명령을 사용한다.

```
$ rm creatures.txt
```

> ⚠️ **Warning** 리눅스의 파일 삭제 기능은 그리 친절하지 않다. rm 명령은 "정말 삭제할까요?"와 같은 질문을 하는 법이 없으며 파일을 복원할 수 있는 휴지통 기능도 없다.

디렉터리를 생성하려면 mkdir, 디렉터리의 이름을 변경하려면 mv, 디렉터리를 삭제하려면(빈 디렉터리에 한함) rmdir 명령을 사용한다.

```
$ mkdir testdir
$ ls
animals.txt  testdir
$ mv testdir newname
$ ls
animals.txt  newname
$ rmdir newname
$ ls
animals.txt
```

다른 디렉터리로 파일(또는 디렉터리)을 복사하려면 다음과 같이 한다.

```
$ touch file1 file2 file3
$ mkdir dir
$ ls
dir  file1  file2  file3
$ cp file1 file2 file3 dir
$ ls
dir  file1  file2  file3
$ ls dir
file1  file2  file3
$ rm file1 file2 file3
```

이어서 파일 또는 디렉터리를 다른 디렉터리로 이동시켜보자.

```
$ touch thing1 thing2 thing3
$ ls
dir  thing1  thing2  thing3
$ mv thing1 thing2 thing3 dir
$ ls
dir
```

```
$ ls dir
file1   file2   file3   thing1   thing2   thing3
```

디렉터리와 그 내용물을 모두 삭제하려면 rm -rf 명령을 사용한다. 이 명령은 되돌릴 수 없으므로 조심해서 사용해야 한다. 안전하게 파일을 삭제하는 방법은 3.2.3절 '파일 삭제 실수는 이제 안녕'에서 설명했으니 해당 내용을 참고하라.

```
$ rm -rf dir
```

A.6 파일 내용 확인하기

텍스트 파일의 내용을 화면에 출력하려면 cat 명령을 사용한다.

```
$ cat animals.txt
```

텍스트 파일의 내용을 한 화면씩 넘겨가면서 보려면 less 명령을 사용한다.

```
$ less animals.txt
```

less 명령이 실행되는 중이라면 스페이스바를 눌러 파일의 내용을 한 화면씩 넘길 수 있다. less 명령을 종료하려면 q 키를 누른다. 도움말은 h 키를 누른다.

A.7 파일 권한 조정하기

사용자 및 그룹에 대해 파일의 쓰기 권한, 읽기 권한, 실행 가능 여부를 조정하려면 chmod 명령을 사용한다. 그림 A-2는 파일 권한을 기술하는 방법이다.

▼ 그림 A-2 파일 권한을 기술하는 방법

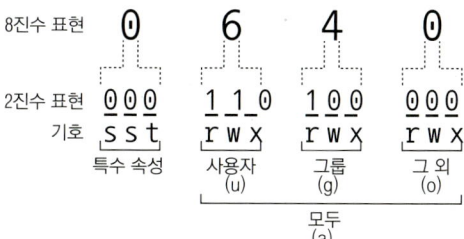

chmod 명령의 몇 가지 사용 예를 살펴보자. 파일을 쓰는 것은 나만 할 수 있고 파일을 읽는 것은 모두가 가능하게 하려면, 다음과 같이 권한을 조정한다.

📁 appendix01 〉 file_permissions

```
$ chmod 644 animals.txt
$ ls -l
-rw-r--r-- 1 smith smith 325 Jul 3 17:44 animals.txt
```

내가 아닌 다른 사용자는 파일을 읽거나 쓰지 못하게 하려면 다음과 같이 한다.

```
$ chmod 600 animals.txt
$ ls -l
-rw------- 1 smith smith 325 Jul 3 17:44 animals.txt
```

모든 사용자가 읽을 수 있고 들어올 수 있지만, 쓰는 것은 나만 할 수 있는 디렉터리를 만들려면 다음과 같이 한다.

```
$ mkdir dir
$ chmod 755 dir
$ ls -l
drwxr-xr-x 2 smith smith 4096 Oct 1 12:44 dir
```

다른 사용자가 디렉터리를 읽거나 쓰지 못하게 하려면 다음과 같이 한다.

```
$ chmod 700 dir
$ ls -l
drwx------ 2 smith smith 4096 Oct 1 12:44 dir
```

시스템 내 모든 파일과 디렉터리를 읽고 쓸 수 있는 슈퍼 유저에게는 일반적인 권한 설정이 적용되지 않는다.

A.8 프로세스 다루기

리눅스 명령을 실행하면 하나 이상의 프로세스가 생성된다. 각 프로세스에는 숫자로 된 프로세스 식별자(PID)가 부여된다. 현재 사용자가 실행 중인 프로세스를 확인하려면 ps 명령을 사용한다.

```
$ ps
    PID TTY          TIME CMD
   5152 pts/11   00:00:00 bash
 117280 pts/11   00:00:00 emacs
 117273 pts/11   00:00:00 ps
```

모든 사용자가 실행 중인 프로세스를 확인하려면 다음과 같이 한다.

```
$ ps -uax
```

자신이 실행 중인 프로세스를 강제 종료하려면 kill 명령에 PID를 인수로 지정한다. 슈퍼 유저(시스템 관리자)는 어떤 프로세스라도 강제 종료할 수 있다.

```
$ kill 117280
[1]+  Exit 15                 emacs animals.txt
```

A.9 참조 문서 보기

man 명령은 리눅스 시스템의 표준 명령에 대한 참조 문서를 출력하는 명령이다. man 뒤에 대상 명령을 인수로 입력하면 된다. 예를 들어 cat 명령의 참조 문서를 보고 싶다면, 다음과 같이 한다.

```
$ man cat
```

man 명령으로 볼 수 있는 참조 문서를 man 도움말(manpage)이라고 한다. 'grep의 man 도움말을 확인하시오'라는 말을 들었다면 man grep 명령을 쓰면 된다.

man 명령은 less 명령[2]을 사용해 한 번에 한 화면씩 참조 문서를 출력한다. 따라서 less에서 쓰인 키 조작 방법을 그대로 쓸 수 있다. 표 A-1은 less의 주요 키 조작 방법을 정리한 것이다.

▼ 표 A-1 man 도움말을 볼 때 쓰이는 less 명령의 주요 키 조작 방법

키 조작	기능
h	도움말(less 명령의 조작법)
스페이스바	다음 페이지로
b	이전 페이지로
Enter	한 줄 아래로 스크롤
<	문서 처음으로 이동
>	문서 끝으로 이동
/	정방향 검색(검색어 입력 후 Enter 키 누름)
?	역방향 검색(검색어 입력 후 Enter 키 누름)
n	검색어의 다음 출현 위치로 이동
q	man 명령 종료

A.10 셸 스크립트

여러 개의 리눅스 명령을 하나로 묶어 실행하려면 다음과 같이 한다.

1. 여러 개의 명령을 한 파일 안에 기재한다.
2. 셸 스크립트의 마법 같은 첫 번째 줄을 작성한다.
3. chmod로 파일을 실행 가능하도록 설정한다.
4. 파일을 실행한다.

---

2 셸 변수 PAGER의 값을 재정의하면 다른 명령이 사용된다.

이러한 파일을 스크립트 또는 셸 스크립트라고 한다. 셸 스크립트의 마법 같은 첫 번째 줄은 #! 기호 뒤에 스크립트를 실행할 프로그램을 기재한 것이다.[3]

```
#!/bin/bash
```

다음 셸 스크립트는 인사 메시지와 오늘의 날짜를 출력한다. # 기호로 시작되는 줄은 주석이다.

```
#!/bin/bash
# 셸 스크립트 예제
echo "Hello there!"
date
```

편집기를 사용해 위 내용을 howdy라는 이름의 파일에 저장한다. 그리고 이 파일을 실행 가능하도록 설정한다.

📁 appendix01 〉 shell_scripts

```
$ chmod 755 howdy        # 실행 권한을 포함해 모든 권한을 설정한다
$ chmod +x howdy         # 실행 권한만을 추가로 부여한다
```

그리고 스크립트를 실행한다.

```
$ ./howdy
Hello there!
Fri Sep 10 17:00:52 EDT 2023
```

스크립트 이름 앞에 오는 ./ 기호는 스크립트 파일이 현재 디렉터리에 있다는 뜻이다. 이 기호를 빼먹으면 스크립트 파일을 찾지 못한다.[4]

```
$ howdy
howdy: command not found
```

리눅스 셸에는 스크립트를 작성할 때 유용한 프로그래밍 언어 기능이 있다. 예를 들어 bash는 if 문과 for 및 while 반복문 같은 제어 구조를 지원한다. 그중 몇 가지 예가 책 전반에 흩어져 있다. 자세한 문법은 man bash의 man 도움말을 참고하라.

---

[3] 이 마법의 줄을 생략하면 기본 셸이 스크립트 실행을 맡는다. 따라서 이 줄 추가를 습관화하는 것이 좋다.

[4] 그 이유는 대개 현재 디렉터리가 보안 문제로 인해 셸의 검색 경로에 포함되지 않기 때문이다. 검색 경로에 현재 디렉터리를 포함하게 되면, 공격자가 악의적인 스크립트를 ls라는 이름으로 현재 디렉터리에 넣을 수 있다. 이 상태에서 무심코 ls를 입력하면 ls 명령 대신 이 악의적인 스크립트가 대신 실행된다.

A.11 슈퍼 유저 권한 획득하기

파일이나 디렉터리 중에는 여러분을 포함한 일반 사용자가 접근할 수 없는 것들이 있다.

```
$ touch /usr/local/avocado        # 시스템 디렉터리에 파일 생성을 시도한다
touch: cannot touch '/usr/local/avocado': Permission denied
```

이러한 파일에 접근하려고 하면 'Permission Denied'라는 메시지를 보게 된다. 이들 파일은 슈퍼 유저(root)만 접근할 수 있다. 대부분의 리눅스 시스템에는 sudo('수두'라고 발음한다)라는 프로그램이 있어 한 명령을 실행하는 동안 일반 사용자가 슈퍼 유저 권한을 갖도록 해준다. 리눅스를 직접 설치했다면, 여러분의 계정 역시 sudo 명령을 사용할 수 있을 것이다. 이와 달리 다른 사람의 리눅스 시스템을 사용 중이라면, sudo 명령을 사용할 권한이 없을 수도 있다. 이런 경우에는 시스템 관리자에게 문의해 확인해보자.

여러분이 sudo 명령을 사용할 권한이 있다면, sudo 뒤에 슈퍼 유저 권한으로 실행하려는 명령을 입력하면 된다. 그럼 여러분의 신원을 확인하기 위해 패스워드를 물어볼 것이다. 패스워드를 제대로 입력하면 슈퍼 유저 권한으로 명령이 실행된다.

```
$ sudo touch /usr/local/avocado/        # root의 권한으로 파일을 생성한다
[sudo] password for smith: 패스워드 입력
$ ls -l /usr/local/avocado              # 파일 목록을 확인한다
-rw-r--r-- 1 root root 0 Sep 10 17:17 avocado
$ sudo rm /usr/local/avocado            # root의 권한으로 파일을 삭제한다
```

설정에 따라 sudo 명령에 여러분의 패스워드가 일시적으로 저장되기도 한다. 이 경우 패스워드를 매번 묻지 않을 수 있다.

A.12 참고 도서 목록

리눅스의 기본적인 사용법을 더 알고 싶다면, 나의 또 다른 책 〈Linux Pocker Guide: Essential Commands〉(O'Reilly, 2016)를 참고하거나 온라인 튜토리얼을 찾아보길 바란다(https://oreil.ly/KLTji).

부록 B

bash 외의 다른
셸을 위한 도움말

이 책에서는 독자가 bash를 셸로 사용한다고 상정한다. 따라서 bash가 아닌 다른 셸을 사용하는 독자가 있다면 표 B-1을 참고하길 바란다. 체크 표시는 호환 여부를 의미한다. 즉, 해당 기능이 bash를 다룬 예제와 동일하게 동작하는지를 나타내지만, 세부적인 동작은 bash와 다를 수 있다. 따라서 각 내용에 해당하는 각주를 유의해서 읽어두길 바란다.

> **Note ≡** 여러분이 사용하는 로그인 셸의 종류와 상관없이 #!/bin/bash로 시작하는 스크립트는 bash에 의해 실행된다.

또한, 여러분의 시스템에 어떤 셸이 설치돼 있는지 확인하려면 해당 셸의 이름을 입력하면 된다. 로그인 셸을 변경하려면 man chsh의 man 도움말을 참고하라.

▼ 표 B-1 다른 셸에서도 사용할 수 있는 bash의 기능(알파벳순으로 정리함)

Bash 기능	dash	fish	ksh	tcsh	Zsh
alias 내장 명령	✓	✓ 그러나 alias name으로 별명의 정의를 확인할 수 없다.	✓	등호 기호를 사용하지 않는다. alias g grep	✓
백그라운드 실행(&)	✓	✓	✓	✓	✓
bash -c	dash -c	fish -c	ksh -c	tcsh -c	zsh -c
bash 명령	dash	fish	ksh	tcsh	zsh
/bin/bash에 위치한 bash 실행하기	/bin/dash	/bin/fish	/bin/ksh	/bin/tcsh	/bin/zsh
BASH_SUBSHELL 변수					
중괄호({}) 확장	seq로 대체	{a,b,c} 형태만 가능 {a..c} 형태는 사용 불가	✓	seq로 대체	✓
cd(이전 디렉터리 왕복)	✓	✓	✓	✓	✓
cd 내장 명령	✓	✓	✓	✓	✓
CDPATH 변수	✓	set CDPATH [값]	✓	set cdpath=(dir1 dir2 ···)	✓

↻ 계속

Bash 기능	dash	fish	ksh	tcsh	Zsh
명령 치환 $( )	✓	( ) 사용	✓	역따옴표 사용	✓
명령 치환 `	✓	( ) 사용	✓	✓	✓
명령행 편집(방향 키)		✓	✓[1]	✓	✓
명령행 편집 (이맥스 키 조합)		✓	✓[1]	✓	✓
명령행 편집 (Vim 키 조합) set -o vi			✓	bindkey -v 명령 실행	✓
complete 내장 명령		문법이 상이[2]	문법이 상이[2]	문법이 상이[2]	compdef[2]
조건부 리스트(&& ||)	✓	✓	✓	✓	✓
$HOME 안의 설정 파일 (자세한 내용은 man 도움말 참조)	.profile	.config/fish/ config.fish	.profile .kshrc	.cshrc	.zshenv .zprofile .zshrc .zlogin .zlogout
제어 구조 (if 문, 반복문 등)	✓	문법이 상이	✓	문법이 상이	✓
dirs 내장 명령		✓		✓	✓
echo 내장 명령	✓	✓	✓	✓	✓
별명 정의에서 \ 문자로 이스케이프	✓		✓	✓	✓
\ 문자로 이스케이프	✓	✓	✓	✓	✓
exec 내장 명령	✓	✓	✓	✓	✓
직전 종료 코드 참조 $?	✓	$status	✓	✓	✓
export 내장 명령	✓	set -x name [값]	✓	setenv name [값]	✓
함수	✓[3]	문법이 상이	✓		✓

◐ 계속

---

1 이 기능은 기본 설정에서 비활성 상태다. set -o emacs 명령으로 활성화한다. ksh 구 버전은 다르게 동작할 수도 있다.
2 사용자 정의 명령 자동 완성으로, complete 명령을 사용하거나 셸마다 다를 수 있다. 해당 셸의 man 도움말을 참조하라.
3 함수 정의 새 문법(function 키워드로 시작하는)을 지원하지 않는다.

Bash 기능	dash	fish	ksh	tcsh	Zsh
HISTCONTROL 변수					man 도움말에서 HIST_로 시작하는 변수에 대한 설명 참조
HISTFILE 변수		set fish_history [경로]	✓	set histfile=[경로]	✓
HISTFILESIZE 변수				set savehist =[값]	+SAVEHIST
history 내장 명령		✓ 이전 명령에 번호가 부여되지 않음	history 명령은 hist -1의 별명	✓	✓
history -c		history clear	~/.sh_history 파일 삭제 후 ksh 재시작	✓	history -p
히스토리 확장 (!, ^)				✓	✓
히스토리 증분 검색 Ctrl+R		명령의 앞부분을 입력 후 위 화살표 키로 검색, 오른쪽 화살표 키로 선택	✓[1,4]	✓[5]	✓[6]
history 숫자		history -[숫자]	history -N [숫자]	✓	history -[숫자]
명령 히스토리 열람 (방향 키)		✓	✓[1]	✓	✓
명령 히스토리 (이맥스 키 조합)		✓	✓[1]	✓	✓
명령 히스토리 (Vim 키 조합) set -o vi			✓	bindkey -v 실행	✓

◐ 계속

---

4 ksh의 히스토리 증분 검색은 다르게 동작한다. Ctrl+R 키를 누르고 문자열을 입력한 후 Enter 키를 누르면, 해당 문자열이 들어 있는 가장 최근 히스토리를 불러온다. Ctrl+R과 Enter 키를 다시 누르면, 역방향 검색으로 다음 일치를 불러온다. Enter 키를 누르면 실행된다.
5 증분 히스토리 검색 기능을 Ctrl+R 키로 사용하려면 bindkey ^R i-search-back 명령을 입력한다(셸 설정 파일에도 추가). 그래도 bash와는 동작이 조금 다르다. man tcsh의 man 도움말을 참조하라.
6 vi 모드에서는 / [검색할_문자열] + Enter 키를 입력한다. n을 누르면 다음 출현으로 이동한다.

Bash 기능	dash	fish	ksh	tcsh	Zsh
HISTSIZE 변수			✓		✓
fg, bg, Ctrl+Z, jobs	✓	✓	✓	✓[7]	✓
패턴 일치(*, ?, [ ])	✓	✓	✓	✓	✓
파이프	✓	✓	✓	✓	✓
popd 내장 명령		✓		✓	✓
프로세스 치환(<())			✓		✓
PS1 변수	✓	set ps1 [값]	v	set prompt=[값]	✓
pushd 내장 명령		✓		✓ 음수 인수는 사용 불가	✓
큰따옴표	✓	✓	✓	✓	✓
작은따옴표	✓	✓	✓	✓	✓
stderr로 리다이렉트 (2>)	✓	✓	✓		✓
stdin으로 리다이렉트 (<), stdout으로 리다이렉트(>, >>)	✓	✓	✓	✓	✓
stdout 및 stderr로 리다이렉트(&>)	2>&1을 붙여준다.[8]	✓	2>&1을 붙여준다.[8]	>&	✓
source 또는 .	.만 사용 가능		✓[9]	source만 사용 가능	✓
하위 셸에서 실행 (() 문법)	✓		✓	✓	✓
탭 자동 완성 (파일명)		✓	✓[1]	✓	✓
type 내장 명령	✓	✓	type은 whence -v 의 별명이다.	× 그러나 which는 내장 명령이다.	✓

◐ 계속

---

7   tcsh에서는 fg나 bg에서처럼 잡 번호가 자동으로 추적되지 않으므로 %1과 같이 따로 지정해줘야 한다.
8   명령 > 파일 2>&1과 같이 리다이렉트한다. 마지막의 2>&1은 '파일 디스크립터 2(stderr)로 리다이렉트하고, 파일 디스크립터 1(stdout)로 리다이렉트하라'는 뜻이다.
9   ./myfile과 같이 설정 파일의 경로를 명시적으로 전달해야 한다. 그렇지 않으면 셸이 설정 파일을 찾지 못한다. 아니면 설정 파일을 셸의 검색 경로에 둬도 된다.

Bash 기능	dash	fish	ksh	tcsh	Zsh
unalias 내장 명령	✓	functions --erase	✓	✓	✓
name=value 문법으로 변수 정의	✓	set name [값]	✓	set name=[값]	✓
$name 문법으로 변수 평가	✓	✓	✓	✓	✓

A

absolute path 275
alias 55
argument 26
asterisk 48
awk 122, 131

B

background 180
BASH_SUBSHELL 153
brace expansion 112

C

caret syntax 81
cd 검색 경로 91
cd search path 91
checksum 41
command 26
command history 33, 68
command-line editing 68
conditional list 161
configuration file 154
current directory 276
current working directory 276
cut 31

D

date 110
diff 127
directory stack 98
dirs 99

E

environment 63
environment variable 149
escape character 60
export 150
expression 49

F

find 113
foreground 180

G

grep 33, 117

H

head 30
history 69
home directory 276

I

incremental search 77
initialization file 64
input redirection 57
interactive shell 47

J

job 181
job control 181

293

L

line continuation character 61
local variable 149

N

non-interactive shell 47

O

one-shot window 240
output redirection 56

P

paste 126
pattern matching 48
pipe 24
pipeline 26
popd 100
process 147
process substitution 167
pushd 98

R

relative path 275
rev 129

S

search path 62
sed 131, 137
seq 110

shadowing 55
shell builtin 26
sort 35
source 156
Stack Overflow 142
startup file 64
stderr 57
stdin 25
stdout 25
subshell 153
substitution 163

T

tab completion 88
tac 125
tail 120
tr 129

U

unconditional list 163
uniq 38

W

wc 28
wildcard 48
working directory 276

X

xargs 175

Y

yes 115

ㄱ

개행 문자 61
검색 경로 62
결합 명령 26

ㄷ

단순 명령 26
대화형 셸 47
디렉터리 스택 98

ㄹ

리다이렉션 57

ㅁ

명령 26
명령 치환 164
명령행 편집 68
명령 히스토리 33, 68, 69
명시적 하위 셸 186
무조건 리스트 163

ㅂ

백그라운드 180
별명 55
부모 프로세스 147
비대화형 셸 47

ㅅ

상대 경로 275
섀도잉 55
설정 파일 154
셸 47
셸 내장 프로그램 26
셸 인스턴스 47
스택 오버플로 142
시작 파일 64
실행 중인 셸 47

ㅇ

애스터리스크 48
와일드카드 48
원샷 윈도 240
이맥스 스타일 82
이스케이프 문자 60
인수 26
인스턴스 47
입력 리다이렉션 57

ㅈ

자식 셸 153
자식 프로세스 147
작업 디렉터리 276
잡 181
잡 컨트롤 181
절대 경로 275
조건부 리스트 161
줄 연결 문자 61
중괄호 확장 109, 112
증분 검색 77
지역 변수 149

ㅊ

체크섬 41
초기화 파일 64
출력 리다이렉션 56
치환 163

ㅋ

캐럿 표기법 81
커서링 70, 80

ㅌ

탭 자동 완성 88

ㅍ

파이프 24
파이프라인 26
패턴 매칭 48
포어그라운드 180
표준 오류 57
표준 입력 25
표준 출력 25
표현식 49
프로그램 26
프로세스 147
프로세스 치환 167

ㅎ

하위 셸 153
현재 디렉터리 276
현재 셸 47
현재 작업 디렉터리 276
홈 디렉터리 276
환경 63
환경변수 149
히스토리 확장 72

기호

.bashrc 64